融资租赁企业法律风险防控研究

黄磊 陈广华 著

RONGZIZULINQIYE
FALÜFENGXIANFANGKONGYANJIU

中国政法大学出版社

2024·北京

声　　明　　1. 版权所有，侵权必究。

　　　　　　2. 如有缺页、倒装问题，由出版社负责退换。

图书在版编目（ＣＩＰ）数据

融资租赁企业法律风险防控研究／黄磊，陈广华著. —北京：中国政法大学出版社, 2023. 11
ISBN 978-7-5764-1228-4

Ⅰ.①融… Ⅱ.①黄… ②陈… Ⅲ.①融资－租赁－金融法－风险管理－研究－中国 Ⅳ.①D922.282.4

中国国家版本馆 CIP 数据核字(2023)第 243768 号

出　版　者	中国政法大学出版社
地　　　址	北京市海淀区西土城路 25 号
邮寄地址	北京 100088 信箱 8034 分箱　邮编 100088
网　　　址	http://www.cuplpress.com (网络实名：中国政法大学出版社)
电　　　话	010-58908586(编辑部) 58908334(邮购部)
编辑邮箱	zhengfadch@126.com
承　　印	北京中科印刷有限公司
开　　本	720mm×960mm　1/16
印　　张	15.75
字　　数	260 千字
版　　次	2023 年 11 月第 1 版
印　　次	2023 年 11 月第 1 次印刷
定　　价	89.00 元

目 录

第一章　融资租赁企业业务梳理 ……………………………………… 001
　第一节　融资租赁的本质属性 ………………………………………… 001
　第二节　融资租赁的相关主体 ………………………………………… 003
　第三节　融资租赁的种类 ……………………………………………… 006
　第四节　融资租赁的特殊性 …………………………………………… 012

第二章　融资租赁业务中对客户的风险识别与控制 ………………… 015
　第一节　风险管理之尽职调查 ………………………………………… 015
　第二节　大数据模型的运用 …………………………………………… 020

第三章　融资租赁物的风险控制 ……………………………………… 024
　第一节　租赁物的审查标准及细则 …………………………………… 024
　第二节　租赁物的风险及应对 ………………………………………… 031
　第三节　新型租赁物的认定及其合法性问题 ………………………… 045

第四章　融资租赁合同的风险控制 …………………………………… 053
　第一节　融资租赁合同文本的法律风险控制及应对 ………………… 053
　第二节　融资租赁合同无效的法律风险控制及应对 ………………… 055
　第三节　融资租赁合同解除的法律风险控制及应对 ………………… 057
　第四节　融资租赁合同违约责任的法律风险控制及应对 …………… 063

第五章　融资租赁项目的缓释方式 ·· 066

第一节　融资租赁中的抵押 ·· 066

第二节　融资租赁中的质押 ·· 079

第三节　融资租赁中的保证金 ·· 083

第四节　融资租赁中的回购 ·· 091

第五节　融资租赁中的保证 ·· 097

第六章　融资租赁纠纷的争议解决方式 ···································· 104

第一节　诉讼 ·· 104

第二节　仲裁 ·· 110

第三节　财产保全和强制执行 ·· 117

第七章　融资租赁企业风控体系建设——风险预警机制建设 ················ 123

第一节　风险预警要旨及制度 ·· 123

第二节　风险预警信息 ·· 124

第三节　风险预警处理流程 ·· 126

第四节　建立"法律、合规、风险、内控"一体化管理体系 ···················· 127

第五节　融资租赁企业保理及保险 ·· 133

附录1　融资租赁中疑难问题梳理 ·· 139

附录2　融资租赁相关法律条例梳理 ······································ 156

附录3　融资租赁合同模板 ·· 233

第一章

融资租赁企业业务梳理

第一节 融资租赁的本质属性

《中华人民共和国民法典》[1]、中国银保监会发布的《融资租赁公司监督管理暂行办法》和中国银行保险监督管理委员会发布的《金融租赁公司管理办法》对融资租赁作出的定义基本一致。比如，《民法典》第735条规定："融资租赁合同是出租人根据承租人对出卖人、租赁物的选择，向出卖人购买租赁物，提供给承租人使用，承租人支付租金的合同。"财政部发布的《企业会计准则第21号——租赁》（财会〔2006〕3号）主要基于租赁资产风险和收益归属对融资租赁作出定义，反映出了融资租赁与一般租赁的重要区别。财政部与国家税务总局《营业税改征增值税试点实施办法》（财税〔2016〕36号）、国际统一私法协会都从不同视角对融资租赁作出了定义。应当说，当前立法机关、监管部门、法律实务等各方面对融资租赁的认识尚不统一，但就融资租赁法律关系的本质属性而言，比较公认的是融资租赁的融资属性、融物属性、担保属性。

融资属性：判断融资租赁法律关系是否具有融资属性，主要是基于融资租赁合同的约定，最为核心的体现方式是租金的构成。根据《民法典》和《最高人民法院关于审理融资租赁合同纠纷案件适用法律问题的解释》的规定，融资租赁合同的租金是按照购买租赁物的全部或大部分成本，加上保证

---

[1] 本书涉及我国法律法规，直接使用简称，省去"中华人民共和国"字样，全书统一，后不赘述。

金、利息、罚息、咨询费、服务费、租赁物残值等计算而来。仅就租赁物的成本来说，也不仅仅是租赁物的购买价格，还包括运输费、保险费、装卸费等费用。融资租赁的租金反映的是用资成本，而非租赁物的使用价值。在融资租赁法律关系中，出租人的主要目的并非参与生产经营，而仅仅是为承租人提供资金；承租人的主要目的亦非使用出租人的租赁物，而是融资。融资租赁法律关系的融资属性决定了出租人具有固定收益，不承担经营风险，不承担租赁物瑕疵担保及租赁物毁损灭失责任，承租人对租赁物有选择权、索赔权。融资属性将融资租赁与合作、一般租赁区别开来。如果出租人承担全部经营风险，该法律关系本质上就是合作，而非融资租赁。如果承租人的主要目的是使用租赁物，租金反映的是租赁物的使用价值，该法律关系就是一般租赁。

融物属性：融资租赁法律关系必须要有租赁物，没有租赁物就不是融资租赁。如果出租人、承租人签订融资租赁合同，虚构租赁物，那就是典型的借贷。如果承租人虚构租赁物，与出租人签订售后回租融资租赁合同，那就是典型的合同欺诈，甚至是合同诈骗。这就是融资租赁法律关系的融物属性。融资租赁融的物是法律意义上的物，在建工程、物体的一部分、权利等非完整法律意义的物一般被排除在外。融资租赁融的物必须特定化，仅仅是概念化的不特定的物，不是真实存在的物，也难言是融资租赁的标的。融资租赁的"融"是买的意思，融的前提是租赁物的所有权归出租人。在最为典型的两种融资租赁中，直接融资租赁如果约定租赁物归承租人，那就没有"融"的属性，就不是融资租赁；售后回租应当依法发生物权变动，动产要完成交付，不动产要完成变更登记。对于"融物"而言，判断的时间是合同签订之时，合同履行中租赁物毁损、灭失，并不影响融资租赁合同的性质。租赁物是否真实存在，也不能仅凭合同条款的表述，而是要依据现场勘察或者法律拟制的真实情况作出判断。

担保属性：融资租赁作为一项非典型担保，已被法律实务、理论所认同。我国的融资租赁市场，大量存在售后回租现象，也就是将"融物"作为"融资"的担保，出租人虽然享有租赁物的所有权，但并非一般意义上的所有权，而仅是形式意义上的所有权，出租人并不实际享有所有权利益，在整个融资租赁过程中，无权无条件地按照"四权"处分租赁物，最后取回租赁物的价值也需要抵扣承租人的欠款。现实交易中存在所有权"功能化"的趋势。[1]

---

[1] 高圣平：《民法典动产担保权登记对抗规则的解释论》，载《中外法学》2020年第4期，第3页。

这一特点在融资租赁交易中体现得尤为明显。

第二节 融资租赁的相关主体

一、出租人

（一）出租人的分类

（1）厂商类出租人，即附属于设备制造厂商的出租人。一些机械、电子领域的大工业制造商，为扩大本企业产品的市场份额，增加销售量，通过在本企业内部设租赁部，或者另行设立租赁子公司，或者与其他专业性融资租赁公司合作，专门经营本企业产品在国内外市场的融资租赁业务。国际上比较著名的厂商类出租人有通用财务公司（GE Capital）、国际商业机器公司（IBM）、卡特彼勒公司（Caterpiller）、西门子信贷公司（Siexmns）等。这类出租人进行融资租赁的目的是运用融资租赁交易所具有的资本优势，提高本企业产品的综合竞争力，以此增加产品销售，扩大产品的市场份额。在进行具体的融资租赁交易安排时，这类出租人经常最大限度地发挥其自身优势，为客户提供租赁设备保养、维修、配件供应等方面的服务，并在融资租赁期限届满时提供更加灵活的选择余地，从而更好地满足客户对设备分期付款、表外融资、短期使用、免除技术更新风险等多方面的需求。

（2）金融机构类出租人，即银行、保险公司、证券公司等金融机构，该类金融机构利用其资金优势直接参与融资租赁交易，或者为了参与融资租赁交易而设立租赁部或租赁子公司，在融资租赁市场中占有重要地位。

（3）独立机构类出租人，即专门从事融资租赁业务的租赁公司，或者与租赁业务相关的财务咨询公司和经纪公司。这类出租人在开展融资租赁业务时，主要是用其专业的租赁技术，通过安排各种交易方式，面向特定客户群体，独立地开展融资租赁交易，保证各方利益的最大化。

（二）融资租赁合同中出租人的权利义务

融资租赁合同中的出租人享有以下权利：

（1）享有出租物的所有权。出租物是出租人依承租人选定的设备向供货人支付价款，取得出租物的物权，而后将出租物租赁给承租人使用，由承租人向出租人支付租金，在租赁期间，承租人应向出租人保证出租物的完好性和完整性。

（2）出租人享有保证在租赁期间内承租人对出租物的占有和处分。

（3）出租人享有按合同约定的时间、数额、方式收取租金的权利。承租人违反合同约定不交、少交、迟交租金，出租人可以解除合同，要求承租人承担违约责任，补交未交的租金。

（4）出租人享有因供货人的原因产生的索赔权利，出租人可以转让给承租人的权利。

（5）如果合同约定租赁期满的租赁物处置的方式是"退租"，出租人享有收回出租物，并要求承租人保证出租物完整的权利。

（6）因承租人的原因造成第三人的损害责任，出租人享有不承担义务的权利。

融资租赁合同中出租人应履行以下义务：

（1）按照合同约定，在收到承租人开立的出租物收据后，向供货人支付价款，确保供货合同的履行是保证租赁合同顺利实施的前提。

（2）保证按承租人选定的设备供货，未经承租人同意，不得变更其合同规定的内容。

（3）确立承租人在租赁期间对租赁物的占有和使用权，因出租人的原因导致承租人在租赁期间无法对租赁物行使占有和使用权的，由出租人承担赔偿责任。

二、承租人

承租人是融资租赁当事人之一，承租人享有的权利有：

（1）选择、确定出卖人和租赁物的权利。

（2）与受领买卖合同标的物有关的买受人权利。

（3）向出卖人索赔的权利。

（4）占有、使用租赁物的权利。

承租人应当承担的义务有：

（1）妥善保管及维修租赁物的义务。一方面，承租人应当妥善保管、使用租赁物，以维护出租人的利益，因为租赁物的所有权属于出租人。另一方面，承租人应当履行占有租赁物期间的维修义务，因为在融资租赁合同中，出租人不对租赁物的质量瑕疵负责。

（2）支付租金的义务。融资租赁合同的租金与一般租赁合同的租金不同，它并非承租人使用租赁物的对价，而是出租人提供融资的对价。在一般情况下，该租金是根据购买租赁物的成本以及出租人的合理利润确定的。因此，为保障出租人的利益，承租人应当按照约定支付租金。如承租人在经催告后在合理期限内仍不支付租金，出租人可以要求支付全部租金，也可以解除合同，收回租赁物。

（3）返还租赁物的义务。出租人和承租人可以约定租赁期间届满租赁物的归属。如果未确定租赁物的归属，或者虽有约定但并非归属承租人，则承租人应当在租赁期间届满时，将租赁物返还给出租人。

三、出卖人

在融资租赁中，出卖人享受的权利有：

（1）收取租金权。

（2）对租赁物的转让权。

（3）出租人解除合同的权利。

（4）租赁物的收回权。

出卖人的义务有：

（1）必须按照买卖合同规定的种类、规格、数量、质量、期限、地点履行交付义务。

（2）交付的费用一般由出卖人负担。

（3）交付与标的物有关的单证。这些单证一般包括产品合格证、使用说明书、保修单等。

（4）供货商在交付主标的物的同时，还应该交付合同规定的从物，如备件、特殊修理工具等。

（5）合同中内定有技术服务条款的，供货商除了交付标的物之外，还应该提供相应的技术服务。

出卖人应按照约定及时向承租人交付标的物的瑕疵担保责任。出卖人的对方当事人虽为出租人，但其应将标的物交付给承租人，这是约定的代出租人履行交付义务。也就是说，出卖人应当按照约定向承租人交付标的物，承租人享有与受领标的物有关的买受人的权利和义务。出卖人没有按照约定向承租人交付标的物的，为违约行为，应向出租人负违约责任。

第三节　融资租赁的种类

一、直接融资租赁

直接租赁，是指出租人按照承租人的指示，向出卖人购买租赁物，承租人支付租金的交易形式。

在整个租赁期间，承租人没有所有权，但享有使用权，并负责维修和保养租赁物件。出租人对物件的好坏不负任何责任，设备折旧在承租人一方。显著特征是包括三方当事人、两个合同，是典型的融资租赁交易形式。

直接融资租赁的一般性操作流程：

（1）承租人选择供货商和租赁物件；

（2）承租人向融资租赁公司提出融资租赁业务申请；

（3）融资租赁公司和承租人与供货厂商进行技术、商务谈判；

（4）融资租赁公司和承租人签订《融资租赁合同》；

（5）融资租赁公司与供货商签订《买卖合同》，购买租赁物；

（6）融资租赁公司用资本市场上筹集的资金作为贷款支付给供货厂商；

（7）供货商向承租人交付租赁物；

（8）承租人按期支付租金；

（9）租赁期满，在承租人正常履行合同的情况下，融资租赁公司将租赁物的所有权转移给承租人。

二、杠杆租赁

杠杆租赁，是指融资租赁公司通过以租金债权质押等方式向银行贷款的方式获得部分款项，用于支付全部设备金额的20%~40%的投资，即可获得设备所有权，享受百分之百的设备投资优惠。设备成本60%~80%的资金可以以设备为抵押向银行和其他金融机构贷款。贷款可以以设备本身和租赁费为保证，同时需出租人以设备第一抵押权、租赁合同收取租金的受让权为该贷款的担保。由于可以享受税收好处、操作规范、综合效益好、租金回收安全、费用低，因此一般被用于飞机、轮船、通信设备和大型成套设备的融资租赁。

杠杆租赁的特点：

（1）在直接融资租赁所有的合同及主体的基础上，至少加入了贷款协议以及贷款人；

（2）融资租赁公司必须在租期开始和租赁期间持有至少20%的最低投资额，但出租人拥有设备的法定所有权；

（3）因融资租赁公司用较少的投资获得了设备的所有权，为此采用加速折旧法，进而可以使融资租赁公司获得全部递延缴纳的所得税利益；

（4）租赁期满租赁物的残值应相当于原设备有效寿命的20%，或至少能使用1年；

（5）租赁期满后，承租人行使购买权时，支付的价格应不低于设备当时的市场价格；

（6）与一般贷款不同，杠杆租赁中的贷款人没有向出租人的追索权。

三、委托租赁

委托租赁，是指没有融资租赁资质的企业将其资金委托给融资租赁公司，开展融资租赁业务。

第一出租人同时是委托人，第二出租人同时是受托人。出租人接受委托人的资金或租赁标的物，根据委托人的书面委托，向委托人指定的承租人办理融资租赁业务。在租赁期内，租赁标的物的所有权归委托人，出租人只收取手续费，不承担风险。该交易模式使得本不具备融资租赁资质的企业能够实际开展融资租赁业务。一般企业可以利用租赁的所有权与使用权分离的特性，加速折旧，规避政策限制。

2000年《金融租赁公司管理办法》第18条第3项规定："经中国人民银行批准，金融租赁公司可经营下列本外币业务：……（三）接受法人或机构委托租赁资金……"可见，根据现行的监管法规，委托租赁中的委托人必须是法人，不得是自然人。受托人必须是法人，而且是获准具备经营融资租赁业务资格的法人，无论批准其设立的机构是中国人民银行还是国家发展和改革委员会。因此，它同时又必定是相关的融资租赁合同的出租人。

四、融资转租赁

转租赁，是指当事人欲开展融资租赁交易，因其信用等未达到出租人的认可，由出租人认可的第三方作为承租人签订合同，租赁物归该当事人实际使用，该当事人实际支付租金的交易形式。

转租赁交易形式使不适格承租人开展融资租赁交易成为可能，第三人往往与实际承租人之间有特殊的关联关系，或者以获取一定的租金差收益为目的。租赁物的所有权归第一出租方，转租至少涉及四个当事人：设备供应商、第一出租人、第二出租人（第一承租人）、第二承租人。转租至少涉及三份合同：购货合同、租赁合同、转让租赁合同。

此模式一般在国际进行。此时的业务做法同简单融资租赁无太大区别。出租方从其他租赁公司租赁设备的业务过程，由于是在金融机构间进行的，在实际操作过程中，只是依据购货合同确定融资金额，在购买租赁物件的资金运行方面始终与最终承租人没直接的联系。在做法上可以很灵活，有时租赁公司甚至直接将购货合同作为租赁资产签订转租赁合同。这种做法实际上是租赁公司融通资金的一种方式，租赁公司作为第一承租人不是设备的最终用户，因此也不能提取租赁物件的折旧。

五、售后回租

售后回租，是指出租人先行购买承租人所有的租赁物，再将该租赁物租赁给承租人使用，承租人支付租金的交易形式。

租赁期间，租赁资产的所有权发生转移，承租人只拥有租赁资产的使用权。双方可以约定，在租赁期满时，由承租人继续租赁或者以约定价格由承租人回购租赁资产。设备的买卖是形式上的交易，承租企业需将固定资产转为融资租入固定资产。该交易模式的特征是两个合同、两个当事人，出卖人与承租人合一。该模式具有盘活承租人存量资产的功能，多数适用于流动资金不足的企业。

售后回租的一般性操作流程：

（1）原始设备所有人将设备出售给融资租赁公司。

（2）融资租赁公司支付货款给原始设备所有人。

（3）原始设备所有人作为承租人向融资租赁公司租回卖出的设备。

（4）承租人即原始设备所有人定期支付租金给出租人（融资租赁公司）。

六、风险租赁

风险租赁,是指出租人以租赁债权和投资的方式将设备出租给承租人,以租金和股东权益作为回报的租赁模式。

在该模式下,租金仍是主要回报,占 50%左右,设备残值回报占 20%左右,一般不会超过 25%,这两项收益相对比较安全可靠,剩余按照双方的约定购买承租人的股权,以承租人的经营股权获得回报。出租人以股东身份参与承租人经营是该模式的最大特点,这种业务形式为高科技、高风险产业开辟了一条吸引投资的新渠道。

出租人将设备融资租赁给承租人,同时获得与设备成本相对应的股东权益,实际上是以承租人的部分股东权益作为出租人的租金的新型融资租赁形式。同时,出租人作为股东可以参与承租人的经营决策,增加了对承租人的影响。风险租赁为租赁双方带来了一般融资租赁所不能带来的好处,从而满足了租赁双方对风险和收益的不同偏好。

（一）对承租人的有利之处

1. 较好的融资渠道

风险租赁的承租方是风险企业,因为经营历史短、资金缺乏,银行一般不愿意贷款,所以其融资渠道较少,一般渠道的融资成本较高,风险租赁可以成为一种融资的重要手段。

2. 转移风险

即将股东权益的部分风险转移给出租人,即使出租人的股东权益不能获得收益,出租人也无权要求其他的补偿。如果采用抵押贷款,银行往往会要求以公司全部资产做抵押,一旦公司无力按期偿还贷款,公司的生存将难以保证。风险租赁中的租金支付义务,也只是以所租设备做"担保",承租方面临的风险相对较小。

3. 提高投资回报率

公司管理者的报酬往往基于投资回报率,而利用风险租赁将相对减少公司投资额,从而提高回报率,进而使管理者获得较高的报酬。

4. 较少的控制

与传统的风险投资相比,风险租赁出资人不寻求对投资对象资产及管理的高度控制,即使向风险企业派出代表进入董事会,也不谋求投票权,这使得一部分公司偏好于风险租赁。

(二) 对出租人的有利之处

尽管服务于风险企业存在一定风险,但出租人可以获取足够的好处以弥补风险:

1. 较高的回报

如果承租人经营良好,出租方可以得到股东权益的溢价收益,比一般的租赁交易收益要高 5%~10%,甚至更高。

2. 处理收益的灵活性

出租方从承租方那里获得的认股权,一旦承租方经营成功并上市,出租方既可以将其卖出获得变现,也可以持有股票获得股利收益。

3. 承租方破产

即使承租方破产,出租方也可以从出租设备的处置中获得一定的补偿。况且,一般风险租赁出租人不止一个,某一承租方的破产不会给出租方带来巨大的、难以承受的损失。

4. 可以扩大出租人的业务范围,增强其竞争力和市场份额

七、项目融资租赁

项目融资租赁,是指承租人以项目本身的财产和收益为保证,与出租人签订融资租赁合同。

出租人仅能对项目内的财产和收益对承租人进行追索,且出租人租金的收取以项目的现金流和效益来确定。出卖人(即租赁物品生产商)通过自己控股的租赁公司采取这种方式推销产品,扩大市场份额。出租人要面对的主要风险是租金不能收回的风险,产生这一风险的原因主要有两个:一是项目本身经营失败;二是承租人的信用不好。

项目融资租赁的参与主体和实施阶段比较多,其操作模式也比较复杂。项目融资租赁的参与主体除了出租人和承租人外,通常还包括参与租赁项目建设的设计承包商、施工承包商、监理承包商、设备供应商以及贷款融资的银行等金融机构。其实施主要包括项目融资建设、租赁、移交三个阶段。

八、联合租赁

联合租赁,是指由一个融资租赁公司牵头,出租人实际为多个融资租赁

公司，共同开展的融资租赁业务。该交易模式适用于融资金额特别大的项目，以解决单个融资租赁公司资金实力不足的问题。在目前的实务操作中，比较常见的形式有两种：一种是联合出租人租赁模式，另一种是联合承租人租赁模式。

"联合出租人模式"是指：多家有融资租赁资质的租赁公司为同一个融资租赁项目提供租赁融资，作为共同出租人共同与一个承租人签订《融资租赁协议》、提供融资租赁服务，并由其中一家租赁公司为牵头人，各家租赁公司按照各自所提供的租赁融资额的比例承担该融资租赁项目的风险，享有该融资租赁项目的收益。

"联合承租人模式"是指：有两个或两个以上承租人共同就一个融资租赁项目向出租人进行承租的融资租赁业务模式。目前暂无相关的法律法规或规范性文件对这种两个承租人共同进行承租的融资租赁模式进行界定，这种模式也被称作"共同租赁"。在该模式下，两个承租人共同与出租人签订融资租赁合同，其中一个承租人或两个承租人共同承担租金支付义务，租赁物实际上仅由两个承租人中的一个使用或由两个承租人共同使用，两个共同承租人之间通常具有关联关系。

实现联合租赁至少需要三个前提：其一，租赁方和联合租赁方要有共同的业务诉求；其二，双方的优势可以互补；其三，彼此信任，且双方要建立专业的团队来推动。

九、融资性经营租赁

融资性经营租赁（又叫残值租赁），是指在融资租赁的基础上计算租金时留有超过10%的余值，租期结束，承租人对租赁物件可选择续租、退租、留购，出租人在向承租人提供设备及使用权的同时，还提供设备的维修、保养等其他专门的服务，并承担设备过时风险的一种中短期融资与融物相结合的经济活动。

该交易模式常适用于二手交易市场发达的租赁物，如飞机、船舶、机动车等。出租人不仅出资，而且对租赁物的残值承担经营风险，对租赁物件可以提供维修保养，也可以不提供，会计上由出租人对租赁物件提取折旧。

1. 融资性经营租赁的操作流程

（1）承租人选择供应商和租赁物件；

（2）承租人向融资租赁公司提出融资租赁业务申请；

（3）融资租赁公司和承租人与供应商进行谈判；

（4）融资租赁公司和承租人签订《融资租赁合同》；

（5）融资租赁公司与供货商签订《买卖合同》，购买租赁物；

（6）融资租赁公司将资金支付给供应商；

（7）供应商向承租人交付租赁物；

（8）承租人按期支付租金；

（9）租赁期满，承租人履行全部义务，可以退租、续租或留购；

（10）若承租人退租，按照租赁物的余值进行处理，可在二手设备市场上出售或出租。

2. 融资性经营租赁的特点

（1）因在计算租金时留存了超过10%的余值，决定了融资租赁公司最后拥有设备残值，承担残值风险；

（2）在会计准则中，设备反映在融资租赁公司的资产负债表中，并且由融资租赁公司对租赁物件提取折旧；

（3）须有对设备残值的处理机制。

第四节　融资租赁的特殊性

金融租赁主要有以下几点特征：

（1）租赁设备的所有权与使用权分离；

（2）融资和融物相结合的交易，融通资金发挥主要作用；

（3）金融租赁作为一种信用方式，要求承租人按照合同约定分期支付租金；

（4）租赁期满，设备的处理一般有三种选择：续租、留购、退租，选择的方式一般在合同中注明。

金融租赁对促进实体经济发展，特别是支持资本密集型行业企业融资与固定资产投资有重要意义。具体而言，金融租赁具有以下优势：

（1）在承租人没有足够资金的情况下完成必要的固定资产投资；

（2）控制资产负债率，降低承租企业的债务风险；

（3）出租人利用转租人的租赁技能或租赁许可，实现承租人具有租赁许可与出租人具有设备资源优势的协同效应；

（4）承租人通过售后回租业务将固定资产变为现金，用以补充流动资金或购买新的设备。

一、融资租赁和银行信贷比较

1. 资金运动方式

企业向银行申请贷款用于购置设备，一般是先从银行贷款筹措资金，然后购置所要的设备，融资与购物往往是分别进行的，借贷与购物两笔业务是独立分开的。而融资租赁则是以"融物"的方式达到"融资"的目的，是以商品流通的方式进行的，资金运动紧紧伴随着物资运动，两次交易是结合在一起一次完成的，这是融资租赁与银行信贷最根本的区别。

2. 债权保障

由于银行信贷与融资租赁模式的不同，两者虽同为债权融资，但融资租赁除了债权，还有物权的保障。以企业需融资购置通用设备为例：企业若通过融资租赁的方式，需就设备支付一定的首付款并提交一部分保证金，这两笔资金通常占到设备总金额的30%，即对出租人而言设备还未交付，设备价值便打了一个七折；融资租赁公司会在付款后一个付租周期（如1个月）便开始收租金，对于融资租赁公司来说，资金可以快速地回收；承租人经营不善还不了租金的，融资租赁还可以将设备收回再处置，设备本身对于债权风险来说有一个很好的对抗。此外，融资租赁还可以通过后期对设备的管理，了解企业真实的运行状况，这种管理比单纯的抵押权管理更加精细。基于以上几点，物权对于融资租赁公司来说更是多了一层保障，相应的，融资租赁公司对于客户条件的限制也会比银行低。

3. 期限

银行信贷主要提供1年期以内的流动资金，即该业务占到银行信贷资产的绝大部分。而融资租赁主要解决企业3年~5年期的设备类固定资金需求。

二、融资租赁和赊销比较

在传统的设备流通中，一般是厂家主动或被动通过赊销（分期付款）给买方一个信用，以促进产品销售。赊销完全是建立在传统的商业信用上的，厂商一般只看客户之前的信用状况，很难评估客户现在及未来的还款能力。

而在我国信用体系建设尚不完善的情况下，客户的信用信息往往是不完整、不对称的，厂商若降低信用评估标准，会增加应收款，加大信用风险；若提高信用风险门槛，又会流失客户，出现销售难。

融资租赁不同于赊销，赊销是一旦将设备转移给客户，所有权和使用权就一并转移给了客户，至少是按客户的付款比例将部分所有权转移给了买方，而在融资租赁的租赁期内则由出租人保留设备的所有权。因此，融资租赁公司对于客户不仅掌握债权，比赊销更多了一层物权保障。即使客户出现拖欠租金的情况，融资租赁公司是可以依法收回处置、变卖设备的。但反过来，融资租赁相对于赊销而言，对客户的信用要求更严格，授信工作也更加精细。

可以说，赊销是一种粗放的信用销售模式，囿于信用信息体系的不完善而很难做大；而融资租赁介入销售，使得设备在流通过程中的信用管理更加规范，更容易帮助设备厂商将信用销售规模做大，适用的地域范围也更宽。

三、融资租赁与（风险）投资比较

新兴产业代表未来的经济发展方向，但是银行的理念是稳健或者说是相对保守的，让银行来支持新兴产业有一定的难度，因为银行往往一方面通过企业以往的业绩作出判断，另一方面要求企业提供足值的抵押担保措施。也就是说，银行更多地关注企业（债务人）的过去（过去的信用记录和过去积累的财富）；而融资租赁与投资（风投）类似，更看重企业的未来，这既包括承租人通过融资租赁设备本身产生的净现金流量，也包括承租人未来综合的还租能力。因此，融资租赁在为承租人设置信用条件的考察过程中，一般多与投资的思维接近，与风投更加类似。而从风险收益的角度比较，融资租赁一般比成功的风投收益低，相应的，对风险控制的要求比风投高。

第二章

融资租赁业务中对客户的风险识别与控制

第一节 风险管理之尽职调查

租前尽职调查,也可被称为审慎性调查,一般指投资方委托律师所、会计师所、税务所等专业服务机构,指派专业人员对目标企业、目标企业的关联企业、上述企业的股东等与交易有关主体的资产负债情况、经营经况、财务情况、重大债权债务法律关系以及潜在的交易或风险进行全面、细致的调查和分析,以尽可能了解目标公司的真实情况。在实践中,承租人往往通过虚构采购合同的方式向融资租赁公司骗取资金。融资租赁公司通常作为主张融资租赁法律关系成立的一方,需对租赁物的真实性承担举证责任。《民法典》第737条直接规定"当事人以虚构租赁物方式订立的融资租赁合同无效",进一步强调了出租人对租赁物真实性核查的注意义务。融资租赁公司若怠于核查租赁物的真实性,则可能面临合同无效的风险。

每一个融资租赁项目的尽职调查一般均可被分为财税尽职调查和法律尽职调查。基于融资租赁交易的目的是保障租赁资产的安全回收,也就是租金的按期顺利回收,而不是收购目标公司自己经营,所以尽职调查更应当偏重法律尽职调查。

在融资租赁项目立项前,大多数融资租赁公司已经对项目有了部分了解,法律尽职调查之目的是梳理、核查既有资料。同时,根据风险点或交易的重点提出新的调查需求,获取目标项目之相关资料并揭示真实客观情况,明确风险与排除风险。

一、尽职调查案例——"李某国有公司人员失职案"

李某系新疆英吉沙光伏电站项目负责人,其在未前往古瑞瓦特公司所在地和新疆英吉沙光伏电站项目所在地实地考察的情况下,仅凭与李某一的谈话和李某一提供的材料即撰写同意项目进行的调查报告;在风控部门提出风险初审意见后,李某隐瞒古瑞瓦特公司债权人与该融资租赁项目担保人的实际控制人均为李某一的事实,未认真核实抵押物比亚迪光伏电站的建设情况便就风险初审意见进行了答复;在项目评审会提出评审意见后,李某未按评审意见去核实新疆英吉沙项目的政府部门审批情况;在国资租赁公司放款后,李某未按期回复评审委员会中所述"配合运营管理部跟踪租赁标的物的供应和安装情况",也未"驻场监督项目进度",导致未能及时发现李某一将融资款挪作他用。综上,李某作为新疆英吉沙光伏电站项目负责人,在尽职调查、后续答复风控部门、项目评审会及租后管理等事项上,均未认真履行自己的工作职责,严重不负责任,对造成国有资产特别重大损失的后果具有不可推卸的责任。

本案也为融资租赁项目的合规尽调敲响了警钟,如何妥善地进行租赁前的尽职调查已经成了融资租赁企业必须纳入考虑的事项。下文列举了一些尽职调查需要重点关注的内容。

二、客户资信审查注意要点

1. 主体资格

主体资格调查指交易主体的资格,即卖方或承租人,在售后回租项目中卖方和承租人为同一人;担保主体;关联主体(比如交易主体分公司和子公司、母公司或股东)等。调查交易主体一般需要从工商登记、实际运营、不同行业的行政许可资质证照等方面核查。需要融资方提供的资料一般可包括:

(1) 企业法人营业执照(含税务登记证,组织机构代码证书)。

(2) 统计部门颁发的统计登记证。

(3) 社会保险登记证。

(4) 其他开展生产经营所需的证照(比如医疗机构许可证、卫生许可证等)。

(5) 工商登记档案,其中应当含有从设立到立项时的如下资料。

① 公司章程（或合资合同、合作合同）；
② 公司董监高的自然情况和任命情况；
③ 股份公司的发起人协议或出资协议；
④ 公司设立时的审批文件（国有资产管理部门的批复、相关行政主管机关的审批等）；
⑤ 股东或股本的变更资料（包括新进、退出、增减注册资本等）；
⑥ 股权的质押情况；
⑦ 分立、合并的相关资料；
⑧ 重大的并购或出售资产的情况资料；
⑨ 公司的资产剥离、置换及项目新设资料；
（6）关联公司第5点所述文件。

2. 资产

（1）目标项目资产。以回租为例，目标资产需要查明：来源、现状、价值、抵押、质押等，这要现场核查并保留音频或视频资料。目标资产是根，其他资产是担保，所以法律尽职调查的重点是目标资产（如果是一般的直租项目，则主要对生产厂家和承租人的商业计划书进行调查研究，以确定目标资产生产和交付及质量的可靠性）。

一般要求提供如下资料：
① 权属证明资料（购置发票、权属证书）；
② 相关登记机关查询权属登记的回单；
③ 来源文件（购置合同、说明书、赠与合同等）；
④ 财务价格。

（2）公司的其他资产，可由公司制作资产清单，一般会包括如下资产：
① 发起人出资资产的相关证明文件及权属转移文件或证书；
② 公司持有的股票、债券、票据、现金等；
③ 公司拥有的房屋土地的权属证书；
④ 公司拥有的被许可使用的财产；
⑤ 公司拥有的特许经营权；
⑥ 公司拥有的知识产权（专利、商票、著作权、使用许可协议、技术秘密等）；
⑦ 公司资产的保险措施（财产意外险等）。

3. 产品

产品涉及未来目标公司的收益是否稳定，也涉及租金的回收是否顺利，所以应当对产品进行专门的调研。

① 生产经营许可（项目建议书或可行性研究报告）；

② 产品本身的批准许可（比如医药用品、化妆品、保健品的批准号）；

③ 产品的原材料记录；

④ 产品的库存与销售记录；

⑤ 产品的生产标准与质量监督标准或证书；

⑥ 产品技术标准执行情况记录；

⑦ 产品的处罚或投诉记录；

⑧ 产品销售交付或质量不达标纠纷记录；

⑨ 环保达标文件或审批。

4. 财务资料

财务尽职调查会更加精细地调查财务资料，从财务的角度分析是否值得投放资金，但法律尽职调查如需对重大债权债务调查清楚，了解公司的重大资产变化与交易，也应当对财务的基本情况有所了解，以观察系统性或影响合同目的的风险。法律尽职调查应当获取的财务资料至少包括如下部分：

（1）目标公司及关联公司近三年的年度财务审计报告；

（2）目标公司近三年的财务报表（含月报、年报、资产负债表、利润表、损益表、纳税申报表、完税凭证）；

（3）上年度的财务预算和决算、本年度的财务预算与执行情况；

（4）未来三年的财务预测报告；

（5）近三年的现金流量表、存货盘点表和实地存货盘点记录；

（6）银行账户对账单与余额明细表；

（7）主要财产变动明细表；

（8）贷款明细表；

（9）中国人民银行征信中心出具的企业征信报告。

5. 管理团队与治理结构

好的公司治理结构奠定优秀团队的基础，也是公司正常运营的必备条件；一个优秀、诚信的企业需要一个优秀、诚信的管理团队，好的管理团队会有好的合作开端，更有可能有好的契约精神来保障融资租赁资产的顺利回收。

租赁资产的安全不但有赖于目标公司的硬指标，还有赖于企业管理软环境。所以审查治理结构和管理团队也很重要，其方向和资料一般有：《股东大会议事规则》《董事会议事规则》《监事会议事规则》《投资决策制度》、公司内控制度、近三年公司重大决策文件（可能为会议纪要等）。

6. 目标公司的重大合同、对外担保、债权债务及相关的诉讼仲裁等

重大合同、担保、债权债务一般是指对目标公司的资产产生巨大影响的，有可能会对融资租赁资产的回收形成重大障碍的合同、担保、债权债务。这种影响可能是增加目标公司的负债、影响目标公司流动性、影响目标公司的生产经营。比如，技术服务合同、技术转让合同、重大资产交易合同、商标使用许可、运输或仓储合同、公用设施使用合同、第三方重大担保、质押合同、重大交易或侵权行为引发的重大诉讼和仲裁。

7. 关联交易和同业竞争

为了全面了解项目，还应当对目标公司的关联交易和同业竞争情况进行调查，关联交易往往是公司将资产或现金进行挪移的重要方法，所以关联交易可能造成目标公司的资产和现金流缩水，以致丧失履行支付租金的能力，一旦发现重要关联交易主体存在，一定要让该关联交易主体作为担保方，对融资租赁项目承担连带责任，以化解关联交易的风险。

8. 人力资源管理

人力资源管理对生产性企业来讲也会产生系统性风险，所以人力资源管理制度、劳动合同、社会保险、安全生产教育培训等也是尽调关注点之一。

9. 行政违法或处罚

行政处罚的点很多，如环境保护、知识产权、产品质量、劳动安全，在审查生产经营证照时可能一并审查，也可能单独列出行政违法或处罚涉及的资料进行审查。

尽职调查不是生搬硬套搜集资料和比对文件，而是一项动态灵活的脑力劳动，通过交叉纵横的对比和分析去发现客观事实或潜在风险。需要举一反三，见微知著，认真细致，并有高度的责任心才能做到及格。但尽职调查不应当成为业务开展的绊脚石，而是应当成为业务开拓的护航者，发现问题并解决问题，是尽调之道，而不是发现问题直接拒绝交易。

第二节 大数据模型的运用

大数据技术可以通过收集存量客户的投资、控股、借贷、担保等情况以及股东和法人的关系，构建出企业之间的关系图谱。关系图谱通过数据之间的关联链接，将分散的碎片化数据有机结合起来。数据经处理之后，易于决策者理解，并为数据搜索、数据挖掘提供便利。租赁公司可以把核心企业作为切入点，将与之关联的企业作为一个整体，利用交往圈分析模型，持续观察企业间通信交往数据的变化情况。通过与基准数据的对比来洞察异常交往动态，从而监测此客户与其关联企业是否存在风险，能够有效地实现存量客户的管理，规避关联交易的风险。

一、互联网法律平台的建设规划与实践

法律知识数据库构建。法律知识数据库的构建和不断完善是构建融资租赁管理系统的基本前提。一个法律专业人员之所以具备处理各种法律问题的能力，在很大程度上是因为其完成了系统的法律知识学习与积累，并不断进行实地演练和操作。而法律知识数据库的形成过程，就是将这些法律知识转化成机器所能识别的语言，并植入人工智能，从而使系统储备丰富的法律知识，借助这些知识不断地实践，最终实现法律人工智能"像法律人一样思考"。在互联网时代，客观利用大数据整合分析结果、优化投放及提高效率，也是企业开拓业务的渠道之一。大数据在融资租赁业务中的使用，改变了传统的线下获客方式。一方面，通过大数据，租赁公司可以基于海量数据库找到有融资需求的客户，进行精准营销。另一方面，租赁公司也可以通过信贷机构的大数据，锁定近期在银行贷款较多的公司，结合其近期的资金需求，筛选出融资需求较大的客户，进而通过综合评估，判断其是否满足融资租赁的条件，精准目标定位。除此之外，租赁公司还可以从资金用途出发，通过供应厂商、招投标市场的大数据，找出近期需要购置飞机、船舶、医疗设备等大型设备的公司，进而发展成为潜在的直租客户。

法律审核与法律咨询自动化。借助海量的法律知识数据库，人工智能机器人能在几秒钟的时间内出具一份带有标准模板的法律意见书，并通过与企业法务人员的反复交流，对法律意见书进行修订与完善。在这个过程中，人

工智能机器人扮演了法律文书起草者的角色，而企业法务人员更像是一个管理者和纠偏者，对机器人暂时无法企及的部分进行补充和完善。借助机器，日常简单的法律咨询问题可以自动完成，无需法务人员再额外耗费时间去应付。

合同管理智能化。以合同起草为例，如果法律知识数据库已经完成了对海量合同文本的搜集与整理，那么合同办理人员或许只需要给予管理系统若干关键的命令，系统就能自动生成一份标准合同。再以合同履行为例，合同履行是合同管理中的关键环节，有效的合同管理能够最大限度地避免合同履约风险，通过设定合同履约的关键节点信息，借助智能化的合同管理信息系统，对履约过程进行实时管控，对违约行为及违约事件及时进行预警，并定期生成合同管理报告，提醒合同管理人员对合同管理中存在的问题不断进行修正和完善。

法律纠纷应对与风险预警智能化。虽然法律纠纷的解决依赖人与人之间的沟通，但可借助于人工智能及大数据挖掘技术，通过分析过去发生的同类纠纷和同类案件的裁判依据、胜诉率等，为企业法务人员解决纠纷提供最优策略。如美国知识产权诉讼研究公司提供的服务，通过对成千上万份判决书进行自然语言处理来预测案件结果。融资租赁作为金融的一个分支，风控无疑是重中之重，而信用风险管理更是整个风控工作的核心。传统的风险评估关注的往往只有企业客户过往的信贷数据和交易数据等静态数据，但事实上，企业的违约概率不仅关联于企业的历史信用，更与企业的实时经营数据和行业整体发展数据息息相关。此时，大数据技术的注入可以使项目的风险评估更加准确。大数据技术的作用之一就是对内外数据资源进行整合。在实操过程中，融资租赁公司对客户信息的分析往往不仅局限于公司内部的已知信息，更要借助外部机构所提供的征信信息、客户公共评价信息、收支消费信息、社会关联信息等，通过综合分析和研判，来识别客户需求，估算项目价值，预测客户违约概率。

个性化客户分类，优化运营管理。如今，大数据在融资租赁行业的应用越来越普遍，并在提升客户满意度、制定发展战略、开发新的产品与服务、保持竞争优势等方面对融资租赁公司产生重大影响。基于大数据，可将客户行为转化成为信息流，方便租赁公司直观了解不同客户的个性特征，进而优化产品和服务。例如，通过对客户还款时点的分析，筛选出好（从未逾期）、中（偶尔逾期）和差（逾期较多）的客户，进而为其提供差异化的金融产品和服务。此外，租赁公司可以通过爬虫技术，抓取全方位的行业、政策信息，对信息进行处理、研判，从而在发现负面信息后及时止损。例如，通过大数据了解到某个地区对融资租赁的政策趋紧，租赁公司应及时进行相应的策略调整。

当前，我国融资租赁业正处于转型发展的关键期。对于融资租赁公司来说，在推动经济高质量发展的浪潮下，进行业务创新，突破同质化竞争格局，更需加强"金融+科技"的运用，坚定不移地用好大数据、用活大数据，强化风控体系，帮助企业良性、稳健发展。

二、现代企业法务管理数字化建设保障

做好项目顶层设计。从公司战略出发，以全公司"一盘棋"视角，确定建设的长远发展方向、管理目标和基本原则；综合考虑融资租赁的业务特点、信息化进程、业务融合度以及企业技术能力等因素，合理选择同步或分批建设模式，通过自主研发、能力整合或跨界合作方式实现。

统筹推进项目管理。公司领导层要亲自参与，及时协调资源配套保障，决策重大问题，确保项目按计划推进；建立相匹配的资金投入机制，并将资金纳入企业预算统筹安排，保障资金到位；建立涵盖技术、法律、算法等各专业的复合型项目团队。

加强系统安全防护。使用自主可控、安全可靠的设备设施、工具软件、信息系统和服务平台，提升基础平台安全；搭建测试验证环境，强化安全检测评估，定期开展攻防演练，及时打好相关补丁，确保系统安全。

三、健全数字化管理系统

公司可以通过低代码构建平台为组织搭建集"合同管理、纠纷管理、证照管理、客户管理、数据分析、预警提示"于一体的数字化管理系统。通过管理信息系统的协同，助力实现融资租赁全过程的线上流程管控，合同信息库与合同流程管理一体化；提升风险管控能力，实现纠纷线索的风险预警，实现案件处置的风险管控，实现组织管理的风险防控；打造专业人才队伍，内部法务人员和外部律所律师统一管理、实现律所与案件管理的业务协同。在具体构建上，数字化管理系统可注重以下方面：

（1）合同全过程风险防控。通过低代码构建平台、对接内外系统、构建可信身份，结合各类组织运营中的实际情况，搭建了一个可信、高效、安全、协同的全程数字化合同管理平台，将法务管控贯穿于合同执行的各个阶段，确保拟稿、签订、履约、归档过程中的各种风险都能被及时预警。

（2）数字化证照管理。组织营业执照、各类资质证明文件等作为企业身份的重要法律依据，借用起来要跑几个部门、签字填单，耗费时间。在证照使用过程中监督不当难免遗失，有时存在证照过期问题，员工甚至对于使用哪些证照一无所知。因此可以建立证照管理系统，以电子化流程为基础，让企业各类证照实现信息智能维护、借用线上审批、全程跟踪、查询便捷的智能化管理模式。

（3）案件管理全过程数字化。案件管理全过程数字化主要可以表现为：①纠纷信息上报规范化，固定各阶段的表单填写内容，实现信息上报的规范化。②案件管理项目化若是需要诉讼，应根据流程内信息和数据，构建内部诉讼案件信息库，形成每个诉讼案件的电子卡片，案件信息展开详细可见，立案、处理、结案流程进展状况随时可查看。并且，通过案件台账，可快速查询到所有的案件信息，实时进行案件进度追踪办理。③案件信息联动化诉讼信息自动联动相关纠纷。一审、二审、仲裁办理等环节信息填报时，自动带出相关案件信息，便于查找。④办案资料档案化实现纠纷信息、诉讼信息、仲裁信息的档案化，案件相关附件归档，建立评分评价数据台账，建立组织内部统一的法务知识库，相关信息随时查询。

（4）数据统计报表。系统应根据组织实际需要，支持多角度、不同规则的数据分析统计功能，直观展示组织合同管理的状态，辅助科学决策。系统自动计算，实时更新，实现统计分析可视化。此外，能够按合同类型统计、按组织、时间等多维度进行统计，实现对客户质量的统计，为领导提供决策支持。

第三章

融资租赁物的风险控制

第一节 租赁物的审查标准及细则

一、关于租赁物的现行规定

（一）法律规定

现行法律并未就融资租赁租赁物的准入作出明确规定，但是《民法典》第737规定"当事人以虚构租赁物方式订立的融资租赁合同无效"。《最高人民法院关于审理融资租赁合同纠纷案件适用法律问题的解释》（以下简称《融资租赁司法解释》）第1条第1款也规定："人民法院应当根据民法典第七百三十五条的规定，结合标的物的性质、价值、租金的构成以及当事人的合同权利和义务，对是否构成融资租赁法律关系作出认定。"由此可见，法律虽未明确规定租赁物的特征，但也明确了融资租赁合同的租赁物必须真实存在，且法院具有依据标的物性质判断是否构成融资租赁关系的自由裁量权，可以以个案裁判的方式对租赁物应具有的属性作出司法上的认定。

（二）其他规范性文件规定

2014年《金融租赁公司管理办法》第4条规定："适用于融资租赁交易的租赁物为固定资产，银监会另有规定的除外。"第34条规定："售后回租业务的租赁物必须由承租人真实拥有并有权处分。金融租赁公司不得接受已设置任何抵押、权属存在争议或已被司法机关查封、扣押的财产或所有权存在瑕疵的财产作为售后回租业务的租赁物。"

《融资租赁公司监督管理暂行办法》第 7 条规定:"适用于融资租赁交易的租赁物为固定资产,另有规定的除外。融资租赁公司开展融资租赁业务应当以权属清晰、真实存在且能够产生收益的租赁物为载体。融资租赁公司不得接受已设置抵押、权属存在争议、已被司法机关查封、扣押的财产或所有权存在瑕疵的财产作为租赁物。"

《国务院国有资产监督管理委员会关于进一步促进中央企业所属融资租赁公司健康发展和加强风险防范的通知》规定:"规范租赁物管理,租赁物应当依法合规、真实存在,不得虚构,不得接受已设置抵押、权属存在争议、已被司法机关查封、扣押的财产或所有权存在瑕疵的财产作为租赁物,严格限制以不能变现的财产作为租赁物,不得对租赁物低值高买,融资租赁公司应当重视租赁物的风险缓释作用。"

《2019 年非银行领域"巩固治乱象成果 促进合规建设"工作要点》提到"违规以公益性资产、在建工程、未取得所有权或所有权存在瑕疵的财产作为租赁物",《2020 年非银行机构市场乱象整治"回头看"工作要点》提到"违规以未取得所有权或所有权存在瑕疵的财产作为租赁物"。

二、租赁物的适格性

结合上述法律法规等规范性文件,融资租赁关系中适格的租赁物应当符合以下要求。

(一)租赁物真实存在

租赁物真实存在是融资租赁关系得以成立的前提。真实存在是指租赁物实体上存在,不能是虚拟物品,更不能是虚构物品。租赁物真实存在,要求出租人(或承租人)提供的材料可以指向直接的、明确的租赁物,仅仅存在付款凭证、发票等材料,并不是租赁物真实存在的直接有力证据,这也是目前大部分融资租赁业务要开展现场尽调的原因。在能源领域如光伏、风电项目中,通过现场尽调可以核对光伏组件、风机等租赁物的品牌、型号、数量、坐落位置等,确认租赁物的真实性,在确保融资租赁法律关系成立中尤为关键。《民法典》第 737 规定"当事人以虚构租赁物方式订立的融资租赁合同无效",即要求融资租赁的租赁物应当真实存在,租赁物在签订合同时已经存在,或者在合同签订后的一定时间内能够产生。虚构租赁物订立融资租赁合同有两种情形:一是为规避放贷资质的监管限制,融资租赁公司与承租人共谋，在没有真实融资租赁物的情况下，给承租人提供资金支持；二是承租人以虚构的租赁物签订融资租赁合同，骗取融资租赁公司的资金支持。前者在司法实务中，更多的是如何辨别"名为融资租赁、实为民间借贷"的问题。而后者更多的是融资租赁公司在签订融资租赁合同前的尽职调查问题。但不论哪种情形，承租人一旦陷入难以为继的经营状态，各融资租赁公司的债权便会因为不存在特定的租赁物而事实上遭遇租金回款落空而又没有租赁物作为保障的情况。融资租赁兼有融资和融物的特征，若当事人的交易之间不存在真实的租赁物，仅有资金流水往来，即使合同名为"融资租赁合同"，也应当认定合同无效，按照其实际构成的法律关系处理。

典型案例：天津市市政建设开发有限责任公司、天津胜利宾馆有限公司融资租赁合同纠纷二审案〔（2020）最高法民终1154号〕

最高人民法院认为，虽然案涉当事人签订了《回租租赁合同》《回租买卖合同》，但根据《合同法》第237条有关融资租赁合同的定义的规定，以及《融资租赁司法解释》第1条人民法院应按照其实际构成的法律关系处理的规定可知，认定融资租赁法律关系需要对几项重要参考因素加以考量，即标的物的性质、价值、租金的构成以及当事人的合同权利和义务。售后回租是指，租赁物本身是承租人所有的，承租人为了实现其融资目的而将该物的所有权转让给出租人，再从出租人处租回的交易方式。本案中，《回租买卖合同》项下的租赁物（胜利宾馆）出让价仅为350 000 000元，明显低于其实际价值601 728 000元，故一审法院认定的长城租赁公司、大通租赁公司与胜利宾馆之间不存在真实的融资租赁关系而实质上成立了民间借贷法律关系并无不当，本院对此不持异议。

在该案中，法院将法律关系认定为"名租实贷"的关键，在于租赁物的出让价明显偏离了实际价值。在我们的检索范围内，有多个案例基于出让价与实际价值之间的悬殊而否定了融资租赁的法律定性。在监管上，《融资租赁公司监督管理暂行办法》第17条第2款也规定："售后回租业务中，融资租赁公司对租赁物的买入价格应当有合理的、不违反会计准则的定价依据作为参考，不得低值高买。"此条规定与上述裁判规则的原理相通。北京、浙江等地的工作指引均提示了这一监管规则。因此，须高度关注租赁物价格偏离问题对售后回租法律关系认定的影响。

售后回租作为融资租赁的模式之一，其最重要的特征是具备融资与融物的双重属性，二者缺一不可。若没有实际租赁物或者租赁物的所有权未从出卖人处移转至出租人，应认定该类融资租赁合同没有融物的属性，仅有资金空转，该情形属于名为融资租赁，实为借贷关系，此种合同大概率被认定为借款合同。因此，在实务中，出租人需要与承租人签订租赁物买卖合同，明确租赁物的所有权已经合法地从承租人转移至出租人处，并合理规范标的物的性质、价值、租金的构成以及当事人的合同权利和义务。

（二）租赁物必须是可特定化的有形物

融资租赁的"融物"属性意味着租赁物应为法律意义上的物，真实存在且特定化。根据原银监会和商务部关于租赁物范围的规定可知：租赁物必须是有形物，无形物不得单独作为租赁物。但若将无形物附加在有形物上，二者结合为整体，则可以作为租赁物，但其价值不得超过租赁财产价值的1/2。同时，租赁物必须特定具体化，而不能是种类物、笼统的物，如不能是某某动产设备一批。租赁物必须是可标注具体名称、型号、规格、数量、存放地点等能与其他同种类的物品相区别的流通物。不存在真实明确的租赁物，一般认定不存在真实的融资租赁法律关系。一方面，如租赁物本身并不存在，交易各方之间仅有资金往来，则显然不能构成融资租赁法律关系。另一方面，融资租赁标的物应当特定、有具体明确的指向，且能够通过登记公示的方式实现与其他物的区分。如在［2015］穗中法民四初字第37号案件中，双方约定的租赁物为"一批机械设备"，且出租人未能提供其他能将标的物特定化的证据。因租赁物不能特定，法院对出租人主张对租赁物享有所有权的主张不予支持。在司法实践中，若租赁物不具体特定，难以与其他物进行区分，则无法发挥担保租金债权的功能，不能构成融资租赁关系。

典型案例：［2015］沪一中民六商终字第115号

具体案情：

2010年9月28日，仲利国际公司、宏盛化纤公司与案外人杨某签订了一份《委托购买合同》，约定仲利国际公司委托宏盛化纤公司向案外人杨某购买机器设备旧浸胶机一套并出租给宏盛化纤公司，标的物总价为人民币5 150 000元。

同日，仲利国际公司与宏盛化纤公司又签订了一份《租赁合同》，约定仲利国际公司作为出租人以租赁方式向宏盛化纤公司出租上述机器设备，租赁期限自 2010 年 9 月 30 日起至 2013 年 9 月 30 日止。首付租金 1 150 000 元应于 2010 年 9 月 30 日支付，余下租金共计 34 期，自 2010 年 11 月 10 日起每隔一个月同一日支付。

同日，葛益宏、梁丽英在《保证书》上盖章签字，承诺就仲利国际公司与宏盛化纤公司所签订的《租赁合同》中的全部应付款项，包括租金、延付利息、违约金、费用以及其他应付款项等承担连带保证责任，保证期间自开立之日起至主合同债务履行期届满之日起 2 年。

2010 年 9 月 30 日，宏盛化纤公司向仲利国际公司出具《租赁物交付与验收证明书》一份，确认已收到租赁物并经验收合格。截至 2012 年 11 月 10 日，宏盛化纤公司向仲利国际公司支付了 25 期租金，共计 3 720 000 元。自 2012 年 12 月 10 日起，宏盛化纤公司未再支付租金，尚欠仲利国际公司剩余租金共计 1 070 000 元。（原审法院另查明，宏盛化纤公司的企业名称于 2011 年 2 月 24 日由三门县宏盛纺织品有限公司变更为三门宏盛化纤有限公司。）

法院判决：

原审法院认为，本案系争《租赁合同》和《委托购买合同》项下标的物为"旧浸胶机一套"。庭审中，仲利国际公司表示该标的物系一整套设备，但具体包含的设备名称、型号及数量均不清楚，仲利国际公司亦未能提供任何证据证明系争标的物是一整套设备。因此，对于仲利国际公司的诉请，本案不作处理，待系争标的物的具体规格、型号、数量可以加以明确、系争标的物可以特定化后，仲利国际公司可另行起诉（二审法院驳回上诉，维持原判）。

上诉人仲利国际公司依据涉案的《租赁合同》及《委托购买合同》，要求被上诉人宏盛化纤公司转移《租赁合同》项下的租赁标的物并支付相应违约金，并依据涉案的《保证书》，要求两被上诉人葛某宏及梁某英共同承担连带保证责任。除了提交合同文本之外，还应当就其所要求返还的系争标的物的具体设备名称、型号以及数量等，提供充分的证据予以佐证。本案中，三名被上诉人宏盛化纤公司、葛某宏及梁某英一审、二审均未能到庭应诉，在此情况下，本案相关事实缺乏对方当事人的确认，上诉人对于自己的诉求，事实依据不足，原审法院依法驳回其诉讼请求，并无不当。

（三）租赁物权属清晰且所有权能够转移

在融资租赁法律关系中，租赁物的所有权和使用权相分离，出租人享有租赁物名义上的所有权，承租人享有租赁物的使用权，包括占有、使用、收益的权益。特别是在售后回租业务中，承租人鉴于对租赁物事先现实的占有使用的外观原则，往往存在重复融资、无权处分等侵害其他权利人的情形，因而在该种业务类型中，租赁物所有权与处分权权利归属必须清晰明确，且在物权变动过程中，也应当明晰，应符合物权变动规则。

第一，租赁物的所有权应当明晰、不存在任何权利瑕疵。《融资租赁企业监督管理办法》第10条第1款规定："融资租赁企业开展融资租赁业务应当以权属清晰、真实存在且能够产生收益权的租赁物为载体。"2014年《金融租赁公司管理办法》第34条规定："售后回租业务的租赁物必须由承租人真实拥有并有权处分。金融租赁公司不得接受已设置任何抵押、权属存在争议或已被司法机关查封、扣押的财产或所有权存在瑕疵的财产作为售后回租业务的租赁物。"

依据上述规定可知：在融资租赁业务中，租赁物必须是不存在任何权利瑕疵的物品。但在售后回租业务中，若承租人未经抵押权人同意将抵押财产转让给出租人或承租人将其无权处分的租赁物转让给出租人，则融资租赁合同和转让合同的效力应该如何认定，二者是否构成融资租赁法律关系？同时，在此还需要明确的一点是：动产因添附而附合于不动产之上时，该动产在满足特定条件时，仍可以作为融资租赁的标的物。《最高人民法院关于贯彻执行〈中华人民共和国民法通则〉若干问题的意见（试行）》（已失效）第86条规定："非产权人在使用他人的财产上增添附属物，财产所有人同意增添，并就财产返还时附属物如何处理有约定的，按约定办理；没有约定又协商不成，能够拆除的，可以责令拆除；不能拆除的，也可以折价归财产所有人，造成财产所有人损失的，应当负赔偿责任。"第87条规定："有附属物的财产，附属物随财产所有权的转移而转移。但当事人另有约定又不违法的，按约定处理。"依据上述规定可知：当事人若对添附的财产所有权有约定，则约定优先。即当事人可以通过合同约定的方式确定添附于不动产之上的动产的所有权，以达到盘活资产的目的。

最高人民法院民事审判第二庭在《最高人民法院关于融资租赁合同司法解释理解与适用》一书中讲道："设备添附于不动产之上，与以房地产、商品房作为租赁物有显著区别，前者租赁的是设备，后者租赁的是房地产、商品房本身以此类添附、建设在不动产之上的设备作为租赁物的融资租赁合同，仍然是融资租赁合同，但要注意的是，此类租赁物对于出租人而言，可能存在物权担保功能较弱的风险，但此属于融资租赁公司的经营风险问题，不属于融资租赁合同的性质认定问题。"

第二，租赁物所有权转移过程必须明晰。2014年《金融租赁公司管理办法》第32条规定："金融租赁公司应当合法取得租赁物的所有权。"《融资租赁企业监督管理办法》第18条规定："按照国家法律规定租赁物的权属应当登记的，融资租赁企业须依法办理相关登记手续。若租赁物不属于需要登记的财产类别，鼓励融资租赁企业在商务主管部门指定的系统进行登记，明示租赁物所有权。"

依据上述规定可知：租赁物所有权的转移过程应当清晰、明确，且应当按照法律规定发生物权变动效力。若租赁物的所有权客观上无法转移，则不能构成融资租赁法律关系。如法律明确规定的属于国家所有的铁路、公路、电力设施、电信设施和油气管道等基础设施，因其所有权无法转移给出租人，故不能成为租赁物。但若非专属于国家所有的基础设施，则可因其原始所有权人可按照"谁投资、谁受益"的原则取得该基础设施的所有权，因而其转让所有权并不存在障碍，故可以作为租赁物。

（四）租赁物能够产生收益

对于"能够产生收益"，可以从两个方面来理解。

对于承租人来讲，租赁物应当具有使用价值，该使用价值也是融资租赁融物功能的体现。承租人能够通过使用租赁物获得收益，该收益可以是直接的，也可以是间接的。如汽运公司将公司所有的客车作为租赁物，那么通过客车运营获得的票价收入即该租赁物获得的直接收益；如果以公司的办公设备作为租赁物，那么该公司通过日常使用办公设备完成交易而获取的经营利润即为该租赁物产生的间接收益。公益性资产不得作为融资租赁物的缘由之一正是基于此。如市政道路、公共水利设施、非收费管网等公益性资产因无法带来经营性收入而不符合"能够产生收益"这一特征。

对于出租人来讲，租赁物应当具有交易价值，也称担保价值，即出租人能够在承租人无法按期支付租金时通过处置租赁物获得收益，从而起到风险缓释作用。这就要求租赁物本身能够流转且其流转不受任何第三方干扰。而公益性资产因其流通受限，被抵押、扣押、查封的财产因权利瑕疵而无法被顺利处置以实现租金受偿，进而也就无法成为适格的租赁物。

（五）租赁物为非消耗物

消耗物是指不能重复使用，仅一次性有效使用就灭失或品质发生变化之物。如果租赁物为消耗物，随着承租人的使用，租赁物将消耗殆尽，融资租赁公司对租赁物的所有权将无法得到保障，缺乏提供"物之担保"的可能性。换句话说，作为融资租赁物的"物"，除需具备使用价值外还需具备担保属性。在司法实践中，一般认为，消耗物不具备能够长期使用的功能和价值，不符合《融资租赁公司监督管理暂行办法》关于租赁物应当属于固定资产的要求，较难被认定为租赁物。如天津市高级人民法院颁布的《天津法院融资租赁合同纠纷案件审理标准（试行）》规定，以易耗物、消耗品等为租赁物的，不认定为融资租赁合同关系。

（六）租赁物可流通

租赁物的所有权和使用权相分离，实现融资租赁公司享有租赁物的所有权，承租人享有对租赁物占有、使用、收益的权利是融资租赁法律关系的应有之义。租赁物除须具备事实上的可流通性，还须为法律上的可流通之物，即租赁物不得是法律法规明令禁止持有、流通、交易的物，如毒品、枪支等。如租赁物的买卖和租赁违反法律及行政法规的禁止性规定，则"融物"功能便会丧失，融资租赁法律关系的合法性基础亦将丧失。不仅法律关系不能受到法律的保护，甚至还会引致相应的刑责。

综上，融资租赁公司在从事融资租赁交易时，应严格遵守租赁物适格的要求，即租赁物必须真实存在、租赁物为固定资产、租赁物权属清晰且所有权能够转移以及租赁物能够产生收益。

第二节 租赁物的风险及应对

一、租赁物的适格性风险及应对措施——特殊"租赁物"适格性的判断

租赁物是融资租赁合同的核心和基础，租赁物是否适格将影响到融资租赁合同法律关系的认定。如果出现无实际租赁物、租赁物所有权未发生转移、租赁物的价值明显偏离等租赁物不适格的情形，则融资租赁法律关系可能会被否定，按照实际构成的法律关系处理。通常而言，如果租赁物不适格，当事人之间的法律关系由于只剩下"融资"属性，故主要以构成借贷法律关系

处理。尽管如上文所述，对融资租赁租赁物的适格性，司法实践中有基本的判断标准。但是在实操中，基于融资租赁的强金融属性，业务实践中出现了诸多为满足形式要求而作为底层资产的争议性融资租赁物，对该类租赁物的适格性判断需要特别关注：

（一）以房地产等不动产作为租赁物

我国法律并没有禁止以房地产等不动产作为租赁物，但是考虑到融资租赁"融资"和"融物"的双重属性，司法裁判对此性质的认定争议较大。目前，最高人民法院在《中华人民共和国民法典合同编理解与适用（三）》中的观点为：

（1）对租赁物包括企业厂房、设备在内的融资租赁合同，构成融资租赁合同关系。最高人民法院认为，此类租赁物符合国家有关租赁物为固定资产的规定，体现出了融资与融物相结合的融资租赁特征，也符合通过融资租赁支持实体经济的产业政策。从权利义务关系的设定上来看，将企业的厂房、设备的所有权转移给出租人，并在此基础上建立的融资租赁合同关系符合《民法典》第735条有关融资租赁合同的权利义务关系的规定。就商业地产而言，其承租人为融资需要，以融资租赁合同的方式取得商业地产的使用权，并实际占有、使用租赁物，出租人作为租赁物的所有权人，在其物权担保得到保障的前提下，提供融资便利，并不违反法律法规的强制性规定，也并非政府房地产调控政策的调整对象和目标，故也不应以其租赁物为不动产而否定融资租赁合同的性质和效力。

（2）以在建住宅商品房项目作为租赁物，以房地产开发商作为承租人，以租赁公司作为出租人的"融资租赁合同"，不构成融资租赁合同关系。最高人民法院认为，房地产在建项目尚不具备法律上的所有权，故出租人并未实际取得房地产项目的所有权，此与租赁期间出租人享有对租赁物的所有权的特征相背离；房地产开发商作为承租人，并非租赁物的实际使用人，其租赁在建房地产项目，也并非为使用租赁物，而是通过房地产项目来取得贷款融资；在建房地产并不属于实质意义上的固定资产。

典型案例：佛山海晟金融租赁股份有限公司与宁阳盛运环保电力有限公司、安徽盛运环保（集团）股份有限公司民间借贷纠纷

具体案情：

2017年4月28日，海晟公司作为甲方，宁阳盛运公司作为乙方，双方签订了《融资租赁合同》，约定双方采取售后回租的方式，由海晟公司为宁阳盛运公司提供融资租赁服务。约定：租赁本金为1亿元，租赁期限为36个月，起租方式为投放协议起租，租赁期数为12期，名义货价为100元；租金支付方式为：第1期租金的计划收租日为2017年5月14日，以后按照指定日支付租金，最后一期的计划收租日为2020年3月14日，具体以《实际租金支付表》为准。《租赁物明细表》记载的租赁物名称为"宁阳盛运环保电力有限公司工程资产及设备"，原值173 951 762.02元，租赁物整体转让总价款为1亿元。

同日，海晟公司作为甲方，宁阳盛运公司作为乙方，双方签订《租赁物转让协议》，对租赁物的转让进行了约定。该合同附件《租赁物转让明细表》记载的租赁物为"宁阳盛运环保电力有限公司工程资产及设备"，租赁物整体转让价款为1亿元。海晟公司与安徽盛运公司及开晓胜分别签订《保证合同》。

2018年2月23日，海晟公司通过中国邮政速递向宁阳盛运公司发出《宣布融资租赁合同提前到期通知书》，宣布《融资租赁合同》于2018年2月22日提前到期，要求宁阳盛运公司向海晟公司清偿《融资租赁合同》项下的全部租金、逾期利息、违约金及相关款项。同日，海晟公司通过中国邮政速递向安徽盛运公司、开某胜发出《宣布融资租赁提前到期、履行担保责任通知书》，宣布《融资租赁合同》于2018年2月22日提前到期，要求宁阳盛运公司向海晟公司清偿《融资租赁合同》项下的全部租金、逾期利息、违约金及相关款项，安徽盛运公司、开某胜连带清偿该债务。该邮件未妥投。

法院判决：

关于诉争合同关系的法律性质问题。

依已查明事实可知，海晟公司与宁阳盛运公司签订了《融资租赁合同》及《租赁物转让协议》，约定宁阳盛运公司将其自有的价值173 951 762.02元的资产，作价1亿元出卖给海晟公司，再通过融资租赁合同将该部分"租赁物"从海晟公司租回，即双方以售后回租的方式开展融资租赁业务。根据《融资租赁司法解释》第2条"承租人将其自有物出卖给出租人，再通过融资租赁合同将租赁物从出租人处租回，人民法院不应仅以承租人和出卖人系同一人为由认定不构成融资租赁法律关系"的规定，以售后回租的方式进行融资租赁不为法律所禁止。

对于租赁物，仅描述为宁阳盛运公司的"工程资产及设备"，而未对其具体构成进行明确。在本案的诉讼过程中，应本院要求，海晟公司提交了《租赁物明细表》这一区别于前述《融资租赁合同》附件二的另一份明细表，对租赁物进行了统计罗列，明确为原值分别是 43 533 835.51 元、72 235 000 元、3 015 000 元、5 433 000 元与 49 734 926.51 元的宁阳盛运公司主厂房、生活垃圾焚烧炉、汽轮发电机、锅炉及其他资产 5 项。

对于宁阳盛运公司主厂房，经审查，本院认定，其在诉争合同关系确立时仍为在建工程。根据《合同法》第 237 条关于"融资租赁合同是出租人根据承租人对出卖人、租赁物的选择，向出卖人购买租赁物，提供给承租人使用，承租人支付租金的合同"的规定，租赁物的所有权由出卖人转移给出租人为融资租赁合同关系的法定构成要件之一。本案双方虽采取售后回租的特殊融资租赁方式，形成承租人与出卖人的重合，但此种方式并不能否定前述租赁物所有权转移的融资租赁根本特性。然而，就宁阳盛运公司主厂房这一租赁物而言，由于其仍为在建工程，尚不完全具备法律上"物"的特性，不存在转让所有权的适当性，因此海晟公司与宁阳盛运公司约定以宁阳盛运公司主厂房作为租赁物不符合法律的规定。

（3）对以城市的市区道路、保障房等限制流通物作为租赁物的"融资租赁合同"，不应认定构成融资租赁关系。最高人民法院认为，融资租赁交易的特点系以购买租赁物、保留租赁物所有权的方式为租金债权提供担保，因限制流通物无法变价抵偿，不具有担保功能，故不适宜作为融资租赁交易的租赁物。实务中，存在以城市的市区道路、保障房等限制流通物作为租赁物的情形，实际上是变相扩大了政府债务风险，租赁物本身并不具有担保功能，出租人无法取得租赁物的所有权，承租人也不能实际占有、使用租赁物，故此种交易不应当被认定为融资租赁合同关系。

（二）建筑物附属设施为租赁物

建筑物附属设施作为融资租赁物的法律风险在于：①出租人将因承租人无权处分而无法取得租赁物所有权。建筑物附属设施属于实现建筑物基础公共功能的设备，具有权属上的共有性。如取之作为融资租赁租赁物，承租人应能够处分，即在整栋建筑物内不存在其他不动产或房屋所有权人，如果存在的话，则应取得其共同同意。未经共同同意，出租人无法在"形式"上取得相应所有权。②由于建筑物附属设施作为租赁物的所有权无法实现独立移转，出租人亦不能通过取回租赁物、予以变现等方式来实现其租金债权。所以，从担保功能的发挥角度来看，以建筑物附属设施作为租赁物亦无法实现前述目的。③经共有人同意处分的附属设施作为融资租赁物在与抵押权存在冲突时，将依照《民法典》规定的顺位规则确定优先受偿权。

因此，建筑物附属设施作为融资租赁物的业务，虽然司法观点对其租赁物的适格性相对认可，且出租人所面临的租赁物担保功能弱化的经营风险并不影响融资租赁合同性质的认定，但鉴于建筑物附属设施的所有权移转要求较难实现，当事人间交易的物权效力、担保功能或将受损，故从商业操作的可行性出发建议谨慎选择。

可以污水管网、电力架空架、基站等存在须添附于不动产上的资产作为租赁物。在《最高人民法院关于融资租赁合同司法解释理解与适用》一书中，最高人民法院认为，污水管网、电力架空线、基站等添附于土地等不动产之上，与以商品房、房地产作为租赁物有显著区别。前者租赁的是设备，后者租赁的是房地产、商品房本身。正如国际统一私法协会《租赁示范法》第2条所规定的，租赁物不会仅因其附着于或嵌入不动产而不再是租赁物。但需要注意的是，此类租赁物可能存在物权担保功能较弱的问题，但此属于融资租赁公司的经营风险问题，不属于融资租赁合同的性质认定问题。案件名称：中国外贸金融租赁有限公司与上海云峰（集团）有限公司等融资租赁合同纠纷一审民事判决书。案号：[2016]京01民初151号

裁判意见：关于租售物的性质问题。《融资租赁合同》第2条约定，租售物为《租售物清单》载明的构筑物及其附属设施，具体包括铁路专用线基土石方、铁路专用线桥梁、铁路专用线涵洞、铁路专用线防风抑尘网墙等。上述租赁物确属于"铁路专用线"的一部分，甚至添附到了不动产之上，但不应因此否定本案的《融资租赁合同》性质。其一，我国目前有关融资租赁的规范性文件并未对不动产及其附着物作为融资租赁物作出明确的限制，亦未规定动产因附着于不动产或成为不动产的一部分而不再是租赁物；其二，虽然构筑物及添附其上的附属设施属于不动产，且上述附属设施需添附于土地等不动产之上发挥其效用，但租赁物不会因其附着于或者嵌入于不动产而不再是租赁物，仍有其动产本身属性和独立性，只是该类租赁物被添附后，相对于出租人而言，可能存在物权担保功能减弱的问题，存有风险，融资租赁

合同的交易关系的基本价值会无法实现,但此本属融资租赁公司的经营风险,不属于融资租赁合同性质认定问题,如认定上述添附、建设在不动产之上的设备不能作为租赁物,与融资租赁的本质不符。

风险防范:一是融资租赁公司应根据公司战略和发展规划,确定目标行业和租赁物种类,选择熟悉的行业租赁物以规避合规性风险。具体而言,融资租赁公司可以制定项目准入制度,在准入制度中对租赁物进行规范,对非固定资产类租赁物、产权不清晰的租赁物,存在抵押、扣押、查封等可能导致权利瑕疵的租赁物明确排除在外。二是在合同中增设防范租赁物不合规风险的条款。例如,融资租赁公司可以在租赁合同或从属担保合同中规定,如果因租赁合同被认定为其他合同或无效合同,担保人不因此免责等。

二、租赁物所有权变动风险及应对措施

融资租赁交易的租期较长,接近于租赁物的经济寿命,期限通常在 3 年至 5 年,也有 10 年以上的。较长的租赁期限会使得融资租赁公司的租赁融资具有长期风险投资的性质。在租赁期间,承租人是租赁物的实际使用人,出租人对租赁物所有权的控制力较弱,实践中承租人向第三人抵押租赁物、转租或者以租赁物进行投资的行为时有发生,出租人要加强对这类租赁物所有权风险的防范。

典型案例:[2015] 湘高法民二终字第 110 号

具体案情:

2011 年 11 月 8 日,远东公司作为出租人(甲方)与承租人(乙方)益林公司签署 4 份《融资租赁合同》。同日,远东公司作为买方、经纬公司作为卖方、益林公司作为使用方共同签署了与以上《融资租赁合同》相对应的《购买合同》4 份。

2012 年 9 月 17 日,益林公司与津市农行签署《最高额抵押合同》(1 号),约定担保的主债权为自 2012 年 9 月 17 日起至 2015 年 9 月 16 日止,债务人益林公司在抵押权人处办理主合同项下约定业务所形成的主债权,最高债权本金余额为 1361 万元,上述期间仅指主合同签订时间,不包括债务到期时间。

9 月 20 日,益林公司与津市农行签署《流动资金借款合同》(以下简称

12号《流动资金借款合同》），借款金额1361万元，借款期限自2012年9月20日起至2013年9月16日止；借款采用抵押及保证担保方式，其中抵押担保方式的担保合同为1号《最高额抵押合同》。

2013年9月27日，益林公司与津市农行签署《最高额抵押合同》（以下简称9号《最高额抵押合同》），约定担保的主债权为自2013年9月27日起至2015年9月26日止，债务人益林公司在抵押权人处办理主合同项下约定业务所形成的主债权，最高债权本金余额为3293万元，上述期间仅指主合同签订时间，不包括债务到期时间；双方还约定将12号、16号《流动资金借款合同》及20号《流动资金借款合同》、3份《流动资金借款合同》纳入本合同担保范围。

法院判决：

本案双方争议的焦点问题是：津市农行对涉案18台设备的抵押权是否善意取得、是否对抵押物享有优先受偿权。涉案18套设备系益林公司与远东公司于2011年11月8日签订了4份《融资租赁合同》而取得的租赁物，双方合同明确约定，不得以任何方式影响远东公司依法依约对租赁物件的所有权，益林公司绝不出售、转让、分租、转租租赁物件，不在租赁物件上设置任何抵押权或其他担保权益。但益林公司未经远东公司同意，将租赁物18套设备抵押给津市农行并办理抵押登记。同时，益林公司在被远东公司因融资租赁合同纠纷起诉至浦东新区人民法院，并在2013年5月8日收到浦东新区人民法院送达的保全裁定及查封、扣押设备清单，且向浦东新区人民法院作出"不会对查封的财产有转移、毁损、抵押等行为，若有违反，愿意承担相应法律责任"的承诺的情况下，仍将查封财产抵押给津市农行，明显损害了远东公司的合法权益，益林公司应承担相应的民事责任。

风险防控措施：

第一，核实采购合同和发票信息。融资租赁公司要求承租人提供购买设备的原始合同和发票，仔细核对合同信息和发票信息是否与承租人信息保持一致，以确认租赁物的所有权。

其一，审查采购合同时，不仅要看合同原件，更要注意核对合同项下物品的真实性，支付凭证和发票等能否与合同列明信息一一对应。融资租赁公司应在放款前的尽调中要求承租人提供租赁物购买合同、发票、入库单、签收单、设备具体型号、编号等材料的原件并留存加盖公章复印件。

其二，租赁物清单往往作为融资租赁合同的附件存在，反映的是出租人与承租人之间租赁物的具体情况。在租赁物清单中应当明确租赁物的具体情况，包括名称、型号、数量、规格、技术性能等，且均须与真实租赁物能够一一对应。

其三，发票是根据议定条件由购买方向出售方付款的重要凭证，是证明租赁物真实存在的重要证据；核查发票必须注意日期、数量、产品名称，同时要注意核对发票的真实性和完整性，本文前述案例出租方提供租赁物发票与真实发票和设备无法对应是认定租赁物不存在的重要原因。

第二，注重对租赁物进行实地察访的环节，对租赁物要进行现场取证的留档工作，包括拍照、视频等。在留档过程中，应在租赁物所有权或型号等标识之处进行重点记录，并对拍摄的时间及地点作出明确的标注。此外，也可通过为租赁物办理保险的方式证明租赁物真实存在，因为保险公司在出具保单过程中往往会对租赁物进行现场调查，故投保材料与一般证明材料结合能够有效证明租赁物的真实性。

第三，落实融资租赁交易登记。中国人民银行征信中心为规范与促进融资租赁业发展建立了融资租赁登记公示系统，在公示系统中为租赁物办理融资租赁登记，具有一定的公示作用，可以在一定程度上起到对抗善意第三人的效力。融资租赁业务的开展过程中存在前期调查、租赁物确定、实际放款、后续管理等多项程序，且融资租赁公司内部也有相应的审批流程，因此初次尽调与签约或实际发放融资款之间存在较长的时间间隔。在实际发放融资款项前，建议对融资租赁物的实际情况以及中登网登记情况再次进行确认，防止在上述期间内融资租赁物的权属发生变更导致权利落空。

第四，办理租赁物的抵押登记。在融资租赁交易中，租赁物所有权是属于出租人，不存在进行抵押登记的问题。但在融资租赁实践中，融资租赁公司为防止承租人在承租期间将租赁物转让或抵押给第三人，通常要求承租人办理抵押登记将租赁物抵押给自己，以保护租赁物的所有权。

三、租赁物毁损灭失风险及应对措施

融资租赁物毁损灭失的典型案例：2013 年 3 月 4 日，苏州驰瑞精密机械有限公司与富邑融资租赁公司签订融资租赁合同，约定租赁期限 2 年，约定租赁物不论因任何原因而丧失形态或者虽然形态完整但不再具有任何实用性的交易风险全部归于承租人出租且没有修复可能性。保险公司赔偿后诉至法院要求承租人承担赔偿责任。一审、二审法院都判决出租人将保险金扣除剩余租金及利息后支付给承租人，保险人的代位求偿权不能成立。融资租赁期内租赁物毁损、灭失，出租人的物权终局丧失，此时只能主张债权。该案由于购买了保险，所以保险公司可以对出租人进行赔偿，但在出租人未购买保险的情况下，出租人没有物权的担保，很难实现租金利益。

典型案例：[2014] 苏中商终字第 00921 号

具体案情：

2012 年 12 月 6 日，被保险人苏州富邑租赁有限公司为其所有的租赁给生产企业的机械设备向太保苏州分公司投保财产一切险，保险期间为 2013 年 3 月 8 日至 2014 年 3 月 7 日。

2013 年 3 月 4 日，驰瑞机械公司（承租人、乙方）与苏州富邑融资租赁有限公司（出租人、甲方）签订融资租赁合同一份，在租赁事项一栏中约定：租赁物为立式加工中心，购买价格为 39 万元，使用地点为苏州工业园区唯亭镇富民家庭作坊创业园×幢×号厂房，租赁期间为 2013 年 3 月 6 日至 2015 年 3 月 5 日，租金支付方式为每一个月为一期，共 24 期。

2013 年 11 月 5 日，苏州市公安消防支队工业园区大队出具《火灾事故认定书》一份，写明：2013 年 9 月 30 日 3 时 10 分，苏州市 110 指挥中心接到报警称，位于苏州工业园区蠡塘路×号的苏州工业园区唯亭联发投资有限公司西区富民孵化基地发生火灾，火灾未造成人员伤亡。火灾主要烧毁设备、房屋等。

因驰瑞机械公司所租赁的设备即型号为 CNM560 的立式加工中心在此次火灾中受损，经苏州爱迪克国际贸易有限公司现场测定，认定该设备已无修复可能性，并据此出具了相关证明。2013 年 11 月 18 日，驰瑞机械公司出具无力偿还说明，写明该公司于 2013 年 9 月 30 日凌晨发生火灾，厂房及内部资产全部烧毁，损失惨重，已无能力偿还苏州富邑融资租赁有限公司机器款。

在理赔过程中，苏州富邑融资租赁有限公司向太保苏州分公司出具权益转让书一份，写明："你公司签发的财产一切险保险单承保我单位苏州富邑租赁有限公司，保险金额为人民币叁拾玖万元，于 2013 年 9 月 30 日因火灾出险受损。根据应由第三者驰瑞机械公司负责赔偿损失。按照保险条款第三十四条规定,请你司将上述损失先予赔付。同时,我单位将追偿权转移给你司,并协助你公司共同向第三者追偿损失。"2013年12月30日,太保苏州分公司将保险理赔款支付至苏州富邑融资租赁有限公司账户。

法院判决:

首先,不论是本案所涉《融资租赁合同》第8条关于租赁物毁损灭失情形下承租人仍应承担给付义务的约定,还是《融资租赁司法解释》第7条关于租赁物毁损、灭失的风险由承租人承担的规定,均是明确租赁物毁损、灭失情形下的风险负担规则,并不能据此直接推定租赁物毁损、灭失的,承租人即当然存在违约行为,进而应承担违约责任,而是仍应根据租赁物毁损、灭失的原因来进行判断。若租赁物系意外毁损、灭失,即由于不可归责于承租人的原因而产生,承租人对于出租人因此而产生的损失并不负赔偿责任,其所应承担的给付义务仅是基于法律规定或合同约定而承担的风险负担义务。

其次,本案所涉租赁物的毁损、灭失系由于不可归责于承租人驰瑞机械公司的原因造成,虽然驰瑞机械公司依据合同约定仍负有向出租人苏州富邑融资租赁有限公司给付租金的义务,但这并非驰瑞机械公司存在违约行为而应承担的违约责任。

最后,驰瑞机械公司应向出租人苏州富邑融资租赁有限公司承担给付租金的义务,系基于双方关于租赁物毁损、灭失情形下风险负担的约定而负担的给付义务,而非承担租赁物毁损、灭失的赔偿责任。综上,太保苏州分公司认为驰瑞机械公司存在违约行为而主张向其行使代位求偿权的上诉理由不能成立。

风险防控措施:

第一,要求承租人继续支付租金。与传统租赁方式不同,《融资租赁司法解释》规定,在承租人占有租赁物期间,租赁物毁损、灭失的风险由承租人承担,不能免除承租人继续支付租金的义务。该司法解释认定,在出现不可归咎于出租人原因的情况下发生毁损灭失风险时,融资租赁公司可以据此要求承租人继续支付租金。

第二,在融资租赁合同中约定承租人购买租赁物保险,包括第三者责任险、财产一切险和机器损坏险等符合惯例的保险,并规定出租人为第一受益人。通过为租赁物购买保险的方式来转移风险是一种常见的毁损灭失风险防范措施，通常在合同签订阶段就已经约定了承租人对租赁物相关保险权益的购买，从而出租人能有效规避租赁物毁损灭失等带来的损失，同时由于事先已经通过合同方式规范了保险权益转让的方式与途径，相关权益在转让时一般不存在争议，从而也有利于融资租赁交易的持续、稳定进行。

四、租赁物第三人善意风险及应对措施

承租人擅自处分租赁物的典型案例：财务公司将 2 台数控机床约定租期 2 年，交由某港公司使用，但是由精密机械公司与该财务公司签订融资租赁合同，按月支付租金；在精密机械公司与其经营人刘某某付清租金之前，租赁物所有权归财务公司租金；在机械公司与其经营人刘某某付清租金之前，租赁物所有权归财务公司。在租赁期间内，精密机械公司仅仅支付了 11 期租金便不再支付。之后，某港公司在另一起诉讼中将租赁物折价返还给了机床的生产厂家。承租人精密机械公司未经所有权人财务公司同意擅自将租赁物折价返还给销售公司，使出租人无法收回租赁物，侵害了财务公司的利益。承租人构成无权处分。本案的争议焦点是承租人与供应商就租赁物作出处理，其实质上反映的是第三人能否善意取得，第三人善意取得物权后出租人如何维护自己的权利，两者的矛盾是司法实务面临的现实困境。

风险防控措施：

2014 年《融资租赁司法解释》第 9 条规定的 4 个例外实际上为排除其他金融机构的"善意"提供了指导方向。2014 年《融资租赁司法解释》第 9 条规定："承租人或者租赁物的实际使用人，未经出租人同意转让租赁物或者在租赁物上设立其他物权，第三人依据物权法第一百零六条的规定取得租赁物的所有权或者其他物权，出租人主张第三人物权权利不成立的，人民法院不予支持，但有下列情形之一的除外：（一）出租人已在租赁物的显著位置作出标识，第三人在与承租人交易时知道或者应当知道该物为租赁物的；（二）出租人授权承租人将租赁物抵押给出租人并在登记机关依法办理抵押权登记的；（三）第三人与承租人交易时，未按照法律、行政法规、行业或者地区主管部门的规定在相应机构进行融资租赁交易查询的；（四）出租人有证据证明第三人知道或者应当知道交易标的物为租赁物的其他情形。"

1. 贴标识

在租赁物机身的显著位置贴上融资租赁公司标识,以与其他设备相区分。但是,标识和铭牌都很容易被承租人恶意拆除,难以区分租赁物,该措施很难取得实际的法律效果,存在承租人故意将所有机器设备的铭牌与标识拆除(致使设备不能对应特定的租赁合同),导致多家金融机构数年后依然不能依法处理设备的情况。应采用相应的技术手段,将设备的铭牌或融资租赁的标识信息刻在租赁机身上,使其不能被轻易拆除,以确保第三人在与承租人交易时知道或者应当知道该物为租赁物。资产管理部门也应该定期巡视承租人,查看租赁物是否完好,铭牌和标识是否清晰,发现问题及时处理。

如出租人在租赁物的显著位置曾经作出标识,但是在承租人或租赁物的实际使用者与第三人交易时,该标识已经不存在,法律上推定第三人具有善意,在此情况下,第三人依然能取得设备的所有权。但如果标识是承租人或者实际使用人恶意去除,且第三人知道或者应当知道该恶意去除情形,则不能认定第三人为善意,不能适用善意取得制度。或者,第三人在标识存在之时知道该标的物的实际归属,且知道标识虽然不存在,但其所有权并未改变,也不能认定其具有善意。但是,以上的举证责任一般由出租人承担,在实物中取得这类证据的难度较大。

2. 办抵押

由于融资租赁尚无法律、法规强制规定的登记公示制度,为了达到公示的效果,实务界多年前就开始利用抵押登记制度。具体操作方法是在签订融资租赁合同后,作为租赁物所有权人的出租人授权承租人将租赁物抵押给出租人,即租赁公司既是所有权人,又是抵押权人。这种做法虽然在法律理论方面存在诸多争议,部分法院也对此做法提出质疑,但根据《最高人民法院关于适用〈中华人民共和国担保法〉若干问题的解释》(以下简称《担保法解释》)第77条的规定"同一财产向两个以上债权人抵押的,顺序在先的抵押权与该财产的所有权归属一人时,该财产的所有权人可以以其抵押权对抗顺序在后的抵押权"。由此可见,最高人民法院对于所有权人和抵押权人为同一人是持肯定态度的,2014年《融资租赁司法解释》"出租人授权承租人将租赁物抵押给出租人并在登记机关依法办理抵押权登记的"的规定也是基于此种态度。虽然相关司法解释对法院审理此类案件提供了指导意见,但最高人民法院的司法解释无法指导登记机关办理这类抵押登记。实务中,在办理抵押登记时，各地登记机关对此问题的看法不一，很多地方的登记机关不同意将租赁物抵押给租赁公司，这给融资租赁项目的操作带来了极大的不确定性。目前尚无一劳永逸解决此类问题的方法，只能在项目操作过程中提前与当地的登记机关沟通，做好不能抵押的预案。

3. 融资租赁登记

目前，我国已有的融资租赁交易登记查询系统有两个：一是2009年由中国人民银行批准建立，由人民银行征信中心开发运行的融资租赁登记公示系统，即中登网；二是由商务部2013年开发建立的融资租赁业务登记系统，该系统主要针对的是非金融系的租赁公司。因无法律、法规的强制性规定，融资租赁登记尚无与抵押登记一样登记对抗第三人的法律效果，其登记效果弱于抵押登记，但是租赁公司应该及时在相应的系统登记，以确保在一定范围内起到公示效果。

2014年《融资租赁司法解释》第9条规定"第三人与承租人交易时，未按照法律、行政法规、行业或者地区主管部门的规定在相应机构进行融资租赁交易查询的"可以排除第三人的"善意取得"，但是其作用范围有限（无法律、法规的强制性规定），仅限于"行业或者地区主管部门的规定"。

人民银行制定了银行业融资租赁查询的行业规范。《中国人民银行关于使用融资租赁登记公示系统进行融资租赁交易查询的通知》（银发〔2014〕93号）第3条明确规定："银行等机构作为资金融出方在办理资产抵押、质押和受让等业务时，应当对抵押物、质物的权属和价值以及实现抵押权、质权的可行性进行严格审查，并登录融资租赁登记公示系统查询相关标的物的权属状况，以避免抵押物、质物为承租人不具有所有权的租赁物而影响金融债权的实现。"银行因自身原因未在系统查询融资租赁交易而以出租人的租赁物作为抵押、质押给承租人贷款时不能善意取得租赁物的抵押权或质押。该规定仅对银行起规范作用，未包含融资租赁公司、小贷公司等机构及个人，即使登记了，出租人也难以完全规避租赁物被善意取得的风险。

为解决公示效力不足的问题，部分地区（如天津市）为完善融资租赁市场环境，对融资租赁的登记对抗第三人效力作了进一步完善，明确了不查询不构成善意，还将适用范围从银行扩展到了其他金融机构。《天津市高级人民法院关于审理融资租赁物权属争议案件的指导意见（试行）》强调了第三人未在中登网进行查询的视为未尽到审慎注意义务而不构成善意。同时，《天津金融办、人民银行天津分行、天津市商务委、天津银监局关于做好融资租赁登记和查询工作的通知》将上述的"第三人"规定为银行、金融资产管理公司、信托公司、财务公司、汽车金融公司、消费金融公司、金融租赁公司、外商投资融资租赁公司、内资融资租赁试点企业、典当行、小额贷款公司、融资性担保公司。虽然天津文件中的登记对抗对象依然不包括个人，出租人的风险依然未完全规避，但其还是走在了国内前列，对将融资租赁业务放在天津的子公司依然能起到较好的保护作用。

4. 交易价格是否合理

对价合理是第三人善意取得租赁物物权的先决条件，但对于何为"合理价格"《民法典》却没有明确规定。《最高人民法院关于适用〈中华人民共和国民法典〉物权编的解释（一）》第 18 条规定："民法典第三百一十一条第一款第二项所称'合理的价格'，应当根据转让标的物的性质、数量以及付款方式等具体情况，参考转让时交易地市场价格以及交易习惯等因素综合认定。"该规定较为笼统，难以指导实务。结合《最高人民法院关于适用〈中华人民共和国合同法〉若干问题的解释（二）》（以下简称《合同法解释（二）》）第 19 条对"明显不合理的低价"的规定来判断，即以是否低于或高于当地指导价或者市场交易价的 30% 作为判断参考。

确定部分租赁物市场的交易价格亦有难度，融资租赁物多为二手设备，很多设备无权威、统一的二手设备市场，交易较为混乱，如加工中心、车床、铣床等二手机床很难形成公允的市场交易价格。这大大增加了诉讼中的举证难度。但是大型印刷机、工程机械这种有完善的二手市场的，市场价值较为容易确定，租赁物的流通性、二手市场的价格透明度等因素也是风险评估要考虑的。

5. 将承租人不良记录统一记载和公示

目前，我国法律对承租人恶意处置租赁物缺乏有效的惩戒措施，这是导致类似的"善意取得"事件频发的重要原因之一。因此，不能为了追求交易的稳定性而仅强调保护善意第三人的利益，也要在实践操作层面考虑对物权处分人恶意行为的处罚。否则，真正的所有权人的利益将被置于何地？

对于这一问题，建议将承租人不良记录纳入征信系统。因为目前的政策走向将使这个提议成为现实。一来，自 2015 年 6 月天津首先试点允许融资租赁公司及商业保理公司接入人民银行征信系统以来，截至目前已陆续有百余家融资租赁公司接入了人民银行征信系统；二来，融资租赁公司统一归口国家金融监督管理总局监管的"政策靴子"一旦落地，原本因为监管层面分割管理导致的融资租赁公司之间的待遇落差应该会得以改善。所以，央行征信系统的接入将使相关人士都可以查询到恶意承租人的不良记录，让其因为一次失信行为而寸步难行，提高违约成本，从而对其他承租人起到惩戒和引导作用，避免类似问题的再次发生。

第三节　新型租赁物的认定及其合法性问题

一、以无形资产作为租赁物

（一）无形资产作为融资租赁物的特征

（1）标的物具有无形性（或非物质性）。在传统融资租赁交易中，租赁物通常为有体物，主要表现为设备、车辆、船舶、航空器等能够带来经济效益的动产。而无形资产融资租赁的标的物（比如知识产权），则表现出了显著的无形性特征。

（2）交易结构具有独特性。知识产权融资租赁与传统的融资租赁模式一样，也由两个合同与三方主体构成，但在这类交易中，交易主体间实际上构成的是一种"融资性许可"的关系。

（3）交易流程具有复杂性。知识产权融资租赁的登记备案手续更加繁琐。在知识产权融资租赁交易的过程中，不仅出租方从权利人手中取得相应权利时需要在相关部门进行登记备案，在特定情形下，其许可使用的行为也需要履行一定的登记备案手续。

（二）无形资产作为融资租赁物的立法现状及司法实践

近年来，平均增速超15%的文化创意产业因为"轻资产、高风险"特点而面临着无法通过传统融资渠道向银行融资的困境。为解决"市场失灵"造成文化企业融资困难，2014年9月，北京市国有文化资产监督管理办公室发起成立了全国首家文化融资租赁公司——北京市文化科技融资租赁股份有限公司（以下简称"北京文科"）。2015年4月，北京华夏乐章文化传播有限公司以《纳斯尔丁·阿凡提》和《冰川奇缘》两部音乐剧版权为标的物，从北京文科成功融资500万元，成为国内首笔以版权为标的物的融资租赁交易。

针对广播影视、动漫、游戏、文艺演出等行业，文科租赁已建立起了多种融资租赁经营模式。北京在文化融资租赁上的"试水"具有标杆意义。2016年4月，广州市人民政府提出"推动文化融资担保、文化融资租赁"等集聚发展。2016年9月山西省政府明确"知识产权可入股、分红、质押、租赁"。随后，包头市、福建省、天津市、青海省、内蒙古自治区等先后出台了有关知识产权融资租赁或无形资产融资租赁的鼓励政策。无形资产融资租赁交易实际上得到了中央和地方政府的大力支持。

在金融监管领域，基于目前监管规定对租赁物应为固定资产的规定，知识产权等无形资产似乎无法被作为租赁物。但是，将知识产权作为租赁物具有相当大的市场需求。其实，早在2014年，北京市国有文化资产监督管理办公室就发起成立了全国首家文化融资租赁公司——北京文科，并于2015年4月开展了首笔以版权为标的物的融资租赁交易。虽然无形资产作为租赁物具有可观的市场前景，但经过多年发展，无形资产融资租赁业务仍处于探索阶段。根本原因在于，目前的法律未明确规定无形资产属于适格租赁物。未来几年，无形资产融资租赁的市场需求是否会倒逼监管范围的放开值得进一步关注。

在司法裁判领域，以无形资产作为租赁物的融资租赁合同是否一定无效存在不同观点。在《最高人民法院关于融资租赁合同司法解释理解与适用》一书中，最高人民法院民事审判第二庭认为，以商标权、专利权及单纯的软件作为租赁标的物，其实质关系多为知识产权的质押或许可使用，不构成融资租赁法律关系。但近年来，部分司法案例并未完全坚持这一观点。如2021年3月24日，天津市滨海新区人民法院东疆保税港区融资租赁中心法庭就天津市首例涉无形资产融资租赁合同纠纷作出判决，认定了以电视栏目著作权为标的物的融资租赁合同效力，支持了出租人的主张。

另，就以生物资产作为租赁物而言，在上海浦东新区人民法院审理的"海尔融资租赁股份有限公司与张掖市恒源农业发展有限公司、临泽县旭丰肉牛养殖专业合作社等融资租赁合同纠纷"（案号［2018］沪0115民初72832号）中，法院也认可了以生物资产作为租赁物。法院认为，法律、法规原则上不禁止以生物资产作为融资租赁标的物，对于本案中以奶牛为租赁物，因奶牛具有"牛耳标"等身份标识，能够特定化，且不易消耗，符合租赁物的法律特征。

（三）无形资产融资租赁的合法性

1. 无形资产与"租赁物"相关法律和政策的契合分析

从上述关于融资租赁业务的监督管理办法及支持文化产业发展的相关政策来看，无形资产作为融资租赁物有足够的法律及政策空间：

（1）在法律基本面上，国家目前并未明确否定以无形资产作为融资租赁业务中的租赁物。根据民法"法无禁止即允许"的原则，既然《民法典》及相关法律法规并未禁止以无形资产开展融资租赁，那么无形资产在满足融资租赁物的属性的情况下，就应当被允许作为租赁物。

（2）在政策基本面上，国家及地方政府积极推动文化产业融资租赁业务发展，明确肯定了以文化为主的无形资产可以作为融资租赁业务的租赁物。

2. 无形资产与"租赁物"属性的契合分析

原银保监会发布的《融资租赁公司监督管理暂行办法》第7条第2款明确表明："融资租赁公司开展融资租赁业务应当以权属清晰、真实存在且能够产生收益的租赁物为载体。……"这款规定同样出现在商务部印发的《融资租赁企业监督管理办法》第10条中。

从上述条款可以看出，权属清晰、真实存在、能够产生收益是租赁物最基本的特征。以专利权、著作权、商标权为主要代表的无形资产均拥有租赁物所属的上述三个属性：

（1）权属清晰：注册登记制度明确保障了上述三种权利的归属，也同时满足融资租赁业务中所有权变更的需求。

（2）真实存在：专利、著作、商标虽然都属于会计制度上的无形资产，但均可通过企业的经营行为明确体现在经济活动中，该无形资产最终变现生产出来的具体产品，也是其真实性的间接证明；且注册登记制度本身就是真实性的体现。

（3）能够产生收益：虽不同于固定资产能在具体环境和准确时点上被看见使用过程和使用结果，但在整体层面和某个经营周期上，专利、著作、商标三种权利是企业从事某种产品生产和销售的基础，是经济活动的原始起点。尤其是对于当前的科技型企业和文化类产业，无形资产是他们的核心价值和竞争力所在，也是其经营收益的主要来源。

3. 无形资产与融资租赁具有天然"新经济"契合优势

中小高新技术企业往往具有高技术、高投资、高风险的特性，其拥有价值不菲的科技专利，但又受限于资金短缺，无法采买设备或配套技术转化科技成果，产生实际经济效益。文化公司往往属于轻资产型企业，但是银行融资要求固定资产抵押融资，因此导致文化公司很难利用其诸如著作权等知识产权融资。这些资产都显著区别于传统固定资产，企业发展模式也显著区别于传统企业。在这种背景下，传统融资模式难以满足企业的发展需求。

无形资产开展融资租赁便为解决文化公司及中小高新技术企业融资难问题提供了重要的突破口，可以使得企业获得流动资金、盘活企业知识产权，对推动我国产业创新升级、带动新兴产业发展和促进经济结构调整具有重要作用，与此类新型企业的发展具有天然的契合优势。

4. 无形资产与"营商环境优化"的契合分析

营商环境是指市场主体在准入、生产经营、退出等过程中涉及的政务环境、市场环境、法治环境、人文环境等有关外部因素和条件的总和。文化、科技类企业落地时，必然会对营商环境进行充分考量，如某地政府、法院等对无形资产融资租赁、无形资产质押持支持、认可的态度，支持企业扩大融资标的物，并予以税收、审批等多方面予以支持，那么必然会吸引文化、科技类公司纷沓而至。

二、构筑物作为租赁物的适格性

（一）构筑物的定义

我国法律法规当前并未对构筑物进行明确定义，根据《中华人民共和国民法典物权编理解与适用（下）》，构筑物主要是指不具有居住或者生产经营功能的人工建造物，比如道路、桥梁、隧道、水池、水塔、纪念碑等。住房和城乡建设部编制的《构筑物工程工程量计算规范（征求意见稿）》对构筑物的定义是：为某种使用目的而建造的、人们一般不直接在其内部进行生产和生活活动的工程实体或附属建筑设施，包括混凝土构筑物［如水塔、贮仓（库）、冷却塔、工业隧道、电梯井等］、砌体构筑物（如井、烟囱、烟道、沟道等）、措施项目（如脚手架工程等）。

就能源领域而言，如风电项目中的风电机组基础（与塔架连接支撑风电机组的构筑物）、箱变基础、水库项目中的引水涵洞、隧道等，如果仅仅因其添附于房屋或土地上不能移动或移动对资产价值不利而认为其不能作为租赁物，显然不符合融资租赁的本质。比如，在最高人民法院审理的"中水电北固建设机械有限公司与成都市裕邑丝绸有限责任公司等融资租赁合同纠纷案"中，租赁物为覆盖全厂区的电网、煤气管网、自来水管网，且不是独立的可分割物，最高人民法院并未以不符合租赁物的性质为由否定融资租赁合同的性质。

（二）构筑物权属登记

需要注意的是，根据《不动产登记暂行条例》第5条的规定，构筑物所有权应当办理登记。在司法实务中，融资租赁公司因无法取得租赁物的所有权或租赁物所有权无法办理变更登记而被认为融资租赁法律关系不成立的案件不在少数（如北京市高级人民法院［2017］京民初109号案件、北京市高级人民法院［2019］京民终170号案件）。不过，在司法实务中也不乏司法机关认为租赁物是否能进行权属转移登记并非认定融资租赁关系是否成立的因素（例如江苏省人民法院［2018］苏民终861号案件和天津市高级人民法院［2019］津民终333号案件）的情况。

在新能源领域，光伏项目中的组件、支架和风电项目中的风机、塔筒、箱式变压器等作为租赁物当无分歧。但在实务中，对于风电机组基础、箱变基础等构筑物的不动产权证办理并不常见，大部分地区并未出台相应的权属登记政策。因此，在实践中，构筑物作为租赁物开展融资租赁业务存在无法办理确权登记（变更登记）的问题。故前述构筑物作为不动产，因无法进行有效的登记而权属公示效力有限。在承租人违约的情况下，出租人仅具有理论上的租赁物取回权，实际上并不可行，或者取回后租赁物价值基本丧失，租金债权的担保功能难以实现。但上述缺陷并不能因此成为否定其适格性的理由。基于此，构筑物可以作为适格租赁物，因无法取回或无法发挥担保功能属于商业风险，应由当事人自行判断并承担。

此外，在实践操作中，对于权属登记有明确规定且可实际办理权属登记的构筑物而言，完成构筑物的权属变更登记应为确认其权属清晰、为出租人所有的最有力、最直接的证据。然而，对于权属无法办理转移登记的构筑物而言，融资租赁公司应密切关注当地相关登记政策及类似案件的司法裁判趋势。

（三）不同种类的构筑物

1. 道路、桥梁、沟、洞、台、站、码头等涉交通类构筑物

一般而言，道路、桥梁、台、站等构筑物应归为不动产，在企业账簿上多登记为固定资产或在建工程，具有作为适格租赁物的基本条件。但是，由

于目前我国不动产登记中心对作为不动产的道路、桥梁、沟、洞、台并不具有初始所有权登记的功能，因此在开展融资租赁业务时更不能进行所有权转移登记。据此，除非与所附着土地一并转让，否则出租人难以获取所有权。而对于未办理所有权转移登记的构筑物，从现行司法判例来看，可能会被据此否定融资租赁法律性质。但是，对于道路、桥梁等的附属设备，并不能因为附着在不动产之上而否定其作为动产的属性。如北京市第一中级人民法院［2016］京01民初151号民事判决书认为，铁路专用线基土石方、铁路专用线桥梁、铁路专用线涵洞、铁路专用线防风抑尘网墙等附属物具有独立性及动产本身的属性，可以作为融资租赁标的物。

2. 水电气暖管网类构筑物

水电气暖管网类资产属于动产，可通过占有改定的方式实现所有权转移。在售后回租模式下，既有判例倾向于认为已经投入使用、与厂区结合的水电气暖管道等管网类资产符合融资租赁标的物要求，可以开展融资租赁业务。最高人民法院［2017］最高法民2175号再审审查与审判监督民事裁定书认为，电网、煤气管网、自来水管网具备融资与融物相结合的特征，不存在仅有资金空转的情形。而对于厂区厂房、商业大厦、楼宇内的水、电、气等管网，应注意其可能系厂房、生产线、房产等的附属设施，可能随厂房、生产线、房产的转移或抵押而被一并纳入。如新疆维吾尔自治区高级人民法院［2019］新民初17号判决书以建筑物区分所有权的共有性质否定了承租人对附属设施的处分权，并据此否定了出租人对案涉租赁物的权利。

3. 矿井巷道类构筑物

矿井、巷道类构筑物应为不动产。虽然产权清晰明确、具有一定的价值，但矿井、巷道多未进行单独的所有权登记，且离开矿产资源，矿井、巷道本身不具有现实的市场交易价值。这决定了矿井、巷道要进行现实意义的物权转让，应随同采矿权和矿区土地使用权一并转让。但作为类金融机构的融资租赁公司，不具有受让采矿权及矿区土地使用权的资质，也就难以将矿井、巷道所有权登记在出租人名下。北京市高级人民法院［2019］京民终170号民事判决书在认可矿井、巷道真实存在、具有独立价值的同时，还明确矿井、巷道所有权必须连同矿区采矿权及矿区使用权资质一并转让，融资租赁公司不具有受让资质而无法获得其所有权的，不构成融资租赁法律关系。但现实中亦存在不细分井巷工程不动产属性的案例，如天津市高级人民法院［2019］

津民终333号民事判决书就仅仅关注了矿山井巷自身的真实性，并未查明融资租赁公司实际受让获取井巷所有权的现实可能性，认定构成融资租赁法律关系。

4. 钢结构类构筑物

现有案例将钢结构认定为动产，出租人可以通过占有改定取得所有权。如上海金融法院［2019］沪74民终913号民事判决书、上海市高级人民法院［2020］沪民终339号民事判决书认为，钢结构及其附属设施客观存在、易于辨认。虽与不动产、玻璃幕墙等共同构成建筑物，但仍具有相对独立性，可以作为融资租赁物。但钢结构作为厂房、构筑物的建筑形式，是否一定应归属为动产，并不能通过前述案例得到统一的结论。在此前的实践案例中就有钢结构厂房办理了房屋所有权证的例证。如是，则钢结构具有被认定为不动产的现实可能性，应依据不动产权属转移之规定办理所有权转移登记，融资租赁公司才能实际获得钢结构的所有权。

5. 充电设施类构筑物

根据天津市高级人民法院［2020］津民终370号民事判决书，加气站构筑物及其他辅助设施权清晰可特定、租赁物价值经评估机构确定，符合融资租赁的融资、融物的特点。但该判决并未区分构筑物与辅助设施的具体内容，亦未对构筑物是动产还是不动产、出租人可否实际获得不动产类构筑物所有权等问题作出认定，只是笼统地以构筑物符合租赁物要求、双方达成租赁合意认定构成融资租赁法律关系。结合案例结果来看，倾向于认为充电设备属于动产范畴，可以作为融资租赁物。

6. 电梯、风力发电设备、发电机组类构筑物

电梯、风力发电设备、发电机组等动产，虽然一定要添附在不动产之上方具有使用条件，但并不会因其与不动产的结合而否定其动产的性质，因此以前述标的作为租赁物开展融资租赁业务，具有以占有改定的方式转移所有权的可能性。但由于前述标的一定要结合不动产方具有使用条件，从主从角度来看，前述设备一般系房屋、台基等不动产的从物。因此，在开展融资租赁业务时，应注意对房屋、台基等不动产的权属及其物上负担的调查，以免因主物的权属或物上负担受到不利影响。

7. 工业厂房、仓库、仓储设施类构筑物

工业厂房、仓库等属于不动产，开展融资租赁业务时，出租人应依据不

动产权属转移登记的要求办理相关手续，否则即可能因出租人未取得所有权而否定其融资租赁的法律性质。如北京市高级人民法院［2018］京民终276号民事判决书认为，未取得相关不动产权利证明的，权利不发生转让，仅有融资，没有租赁，不符合融资租赁合同的法律特征。

第四章

融资租赁合同的风险控制

第一节 融资租赁合同文本的法律风险控制及应对

合同管理的基本程序是：合同范本的制作、合同内容的审查和修订、合同的签订。因此，本书将主要从这三个方面简述如何防范控制融资租赁的租中合同风险。

一、融资租赁合同范本的制作

为了方便开展业务，融资租赁公司应当制作合同范本，并要求业务拓展部门熟知合同范本的内容。合同范本的制作应当由专业律师会同融资租赁公司的风险控制部共同制作，力求最大限度地匹配公司的经营需求、经营能力、主营业务方向、风险控制目标等。制作融资租赁合同的范本应当遵循依法、权利义务对等、配套文件齐全、分类明确的原则。

（1）所谓依法，是指应当符合《合同法》《国务院办公厅关于加快融资租赁业发展的指导意见》《融资租赁司法解释》等相关法律、法规、规章和地方性文件的规定，以避免合同的全部条款或部分条款无效。

（2）所谓权利义务对等，是指既不能忽视出租人可能面临的风险，又不能一味地压榨承租人，导致权利义务严重失衡或违约后果过分严重，应当充分考量多方权利义务，做到互相平衡。

（3）所谓配套文件齐全，是指融资租赁合同根据融资租赁的类型和交易结构的不同，应当具备不同但完备、齐全的合同文件。比如，买卖合同、租赁合同、融资租赁合同、回购合同、保证合同（抵押合同、质押合同）、租赁物列表、租金支付列表、租赁物交接清单等。

（4）所谓分类明确，是指根据营业项目的标的物分属不同行业，对合同进行分类。比如，机械类、房地产类、特许经营权类、PPP 项目类、车辆使用权类等。

二、合同内容的审查和修订

合同内容的审查和修订是指每一个项目经过投资决策机构表决通过之后，应当根据尽职调查的内容和结论、决策机构的表决意见、该项目的具体特点对交易文本进行修改和完善。合同的主体、内容方面，对合同的准确性、完备性、权利义务关系的明确性、救济手段和争议解决的针对性等进行全面审查。

为了保障审查的效率和实用性，合同审查的一般程序为：

（1）业务拓展部门提出交易流程风险节点及修订意见；

（2）法务和风险控制部对需修正或添加的条款进行梳理，并在范本基础上融合完善，形成初审文本；

（3）由业务拓展部门对修改完善的文本再次进行审查或与承租人沟通拟定文稿后，交由法务或风险控制部进一步完善；

（4）交由主管领导审批后固化交用（如有新的修改意见则由法务部门再次审核）。

三、合同的签订

融资租赁合同的签订可以说是资金拨付前的最后一道关卡。因为合同是交易中最重要的文件，没有之一。所以，签订合同必须确保合同签订行为的合法有效，确保前期交易目的的实现、确保合同文本能够落到实处。因此，应当关注以下几点：

1. 签约主体的审查

审查公章的合法有效性，签订合同一般应当使用已在公章管理部门备案的单位公章或单位合同专用章，该公章应当与前期存档或授权书的公章一致，如有不同则应当责成承租人说明理由。加盖印章应当由适当的或授权的公章管理人员当面加盖，不得通过邮寄转送。另外，签约公章对应的主体应当确系审核批准的承租人、保证人、出卖人等,签约文本应当加盖骑缝章。

2. 经手人(负责人)

经手人或负责人的签字,应当为本人亲笔当面签署;经手人或负责人不是法定代表人的,应当出具加盖公司公章和法定代表人亲笔签名的授权委托书。

3. 签约文本的制备与审查

签约文本应当由出租人打印制备;出租人未能打印制备的应当逐条核对审查该文本与固化交用文本的一致性。

签约文本应当齐备,每一项合同文本都应当具备,且每一文本的数量都应当足够,不得短缺;每一份文件的页码和字行都不得缺失。

4. 签约

承租人完成合同签字盖章手续后,再由出租人签字盖章;签字盖章时应当注意签约日期、签约地点等的加注。完成签约后,应当存档并移交财务部门备查以作为付款审查要件。

第二节 融资租赁合同无效的法律风险控制及应对

融资租赁法律关系无效并不必然等于合同本身无效,并因此影响到各项担保的效力。对于仅因其实质上不构成融资租赁法律关系而不适用融资租赁法律规定的,可按照合同约定或者其实际构成的法律关系认定合同的性质、效力。融资租赁合同无效后,租赁物的归属应按照《民法典》第760条的规定处理,但租赁物的归属处理并不影响损害赔偿请求权的行使,无过错一方仍可就所遭受的损失要求造成损失的过错方承担赔偿责任。

《融资租赁司法解释》第1条第2款规定:"对名为融资租赁合同,但实际上不构成融资租赁法律关系的,人民法院应按照其实际构成的法律关系处理。"据此,融资租赁法律关系无效并不必然等于合同本身无效,并因此影响到各项担保的效力。对于名为融资租赁合同但实质上不构成融资租赁法律关系的是否认定无效取决于两个因素:一是其实际构成的合同关系类型;二是此类合同是否具备法定的合同无效情形。实践中比较常见的是名为融资租赁实为借贷的合同,此类合同应按照借贷的法律关系进行处理,如果存在诈骗、非法集资等合同无效情形,应当认定合同无效。如果当事人所掩盖的目的并不违法,则应按照《民法典》第 146 条的规定使被掩盖的法律行为生效。

在通常情况下,融资租赁合同被认定为无效后,应当将租赁物返还给出租人,但由于融资租赁合同具有其特殊性,合同无效的处理应当综合考量合同无效的原因以及租赁物效用的发挥。根据《民法典》第 760 条的规定,融资租赁合同无效时,应按照以下顺序确定租赁物的归属:①充分尊重当事人意思自治,允许当事人对合同无效后租赁物归属作出约定;②当事人之间无约定或约定不明的,租赁物原则上应返还给出租人;③尊重融资租赁合同特性,在因承租人原因致使融资租赁合同无效,出租人不请求返还或者返还后会显著降低租赁物效用的情况下,租赁物所有权归承租人并由承租人给予出租人合理补偿。

此外,结合《民法典》第 157 条的规定,合同无效的法律后果有二:一是返还财产,二是赔偿损失。就融资租赁纠纷而言,《民法典》第 760 条已明确了融资租赁合同无效后的租赁物归属处理,该项处理并不影响损害赔偿请求权的行使,无过错一方仍可就所遭受的损失要求造成损失的过错方承担赔偿责任。

案件名称:陈某先与陈某融资租赁合同纠纷二审民事判决书

具体案情:

2011 年 5 月 30 日,四川杰通汽车贸易有限公司(甲方)(以下简称"杰通公司")与陈某先(乙方)签订《汽车销售分期付款合同》,就汽车价款、付款情况及杰通公司将陈某先所购的 50 辆华菱重卡交付给陈某等相关事项进行约定。双方按下列方式交货:杰通公司委托货运公司将 50 辆华菱重卡送到陈某指定的地点,到货地点为云南省怒江州泸水县片马镇,收货人为陈某或陈某指定的接收验货人。

合同签订后,2011 年 6 月 9 日至 2012 年 3 月 8 日,陈某先通过现金、卡汇等方式分 29 次向杰通公司支付了 1910 万元购车款。2011 年 7 月 8 日起至 8 月 3 日,杰通公司委托马鞍山市云河镇储运有限公司陆续将 50 辆华菱重卡运往云南省怒江州泸水县片马镇交付给陈某。

2011 年 8 月 10 日,陈某(甲方)与陈某先(乙方)签订《承包合作协议》,约定:①陈某先自愿将合股的 50 台华菱重卡汽车以承包的形式承包给陈某,承包期限为 2 年。即 2011 年 8 月 11 日至 2013 年 8 月 10 日。②承包金为每台车每月 4 万元，50 台车每月合计金额 200 万元，每月陈某按期支付给陈某先。

法院判决：

合同无效后，陈某是否应当返还陈某先购车款 1910 万并赔偿相应损失；陈某先是否应当返还陈某代付的 405 万购车款及赔偿陈某主张的损失。根据 2014 年《融资租赁司法解释》第 4 条"融资租赁合同被认定无效，当事人就合同无效情形下租赁物归属有约定的，从其约定；未约定或者约定不明，且当事人协商不成的，租赁物应当返还出租人。但因承租人原因导致合同无效，出租人不要求返还租赁物，或者租赁物正在使用，返还出租人后会显著降低租赁物价值和效用的，人民法院可以判决租赁物所有权归承租人，并根据合同履行情况和租金支付情况，由承租人就租赁物进行折价补偿"的规定，从二审查证的事实看，可以认定目前诉争车辆仍由陈某在控制、占有，结合双方签订合同的主要目的系为满足陈某的需求，客观上诉争车辆也按照陈某的需求从事了矿石运输，为陈某创造了收益，在此种情形下，原审法院判令汽车的所有权归属承租方，由陈某返还陈某先购车款，并从收到全部车辆后按中国人民银行同期贷款基准利率赔偿损失符合公平原则。陈某原审法院基于合同无效后对双方权利义务处理不当的上诉理由不能成立，不予支持。

第三节　融资租赁合同解除的法律风险控制及应对

解除制度，是融资租赁法律关系中非常典型和特殊的制度，体现了融资与融物结合、物权保障与债权保护兼备的法律特征。按照《民法典》《融资租赁司法解释》的规定，存在法定或约定情形的，出租人可以解除合同，收回租赁物，并要求赔偿损失。融资租赁合同解除后，会导致损失赔偿、租赁物取回、买卖合同处置等法律后果，极易引发争议。

一、以时点认定为争议的合同解除权

解除时点，是合同权利义务终止的界点，是计算出租人损失尤其是确定违约金计算基数和天数的依据，也是固定租赁物现时状态的节点，对各方的权利义务影响重大。

(一) 解除权行使的复杂性由四方面交织而成

启动的单方性。从性质来看,解除权是一种形成权,权利人一方的意思表示即得使法律关系发生变化。在该权利项下,出租人单方意思到达对方时即为合同解除时点。解除权无须第三方裁判即可行使,同时又会对合同效力产生根本影响,容易引发争议。

条件的多重性。按照《融资租赁司法解释》的规定,合同解除应符合法定或约定条件。这些条件或牵涉其他合同及当事人,或较难认定。一是合同效力瑕疵,包括买卖合同解除、被确认无效或撤销且未能重新签订,因出卖人或承租人原因致使融资租赁合同目的不能实现;二是租赁物瑕疵,包括质量瑕疵,意外毁损、灭失且不能修复或替代,权利瑕疵,未经出租人同意被转让、出租等;三是租金支付瑕疵,主要是承租人违约支付或拖欠达到法定标准,经催告后仍未支付。

催告的法定性。从实施程序看,合同解除权主要包括催告前置型(欠付租金的)和直接解除型(其他情形)两种。其中,在欠付租金项下,无论是法定还是约定解除,都需要进行催告。该催告系法定义务,无法通过约定免除。由此,该等解除,出租人要作出催告、解除两次明确的意思表示,并送达对方。

现实的复杂性。法律程序、条件上的复杂和交叉,欠租案件的多发,当事人关于解除条件是否成就的争议,加之认识不到位、操作不严谨等因素,实践中,普遍存在通过诉讼解除合同的情况。而在诉讼中,出租人又往往未经催告或未保留催告证据。

(二) 诉讼中关于解除时点认定的争议

关于直接诉请解除合同时解除时点的争议,往往掺杂着诉讼性质、效力上的分歧。对此,最高人民法院对《融资租赁司法解释》的解读也存在两种截然不同的观点,侧面体现了实践中的判决不一。

一种观点认为,该诉讼为确认之诉,原告应明确合同解除时间。按确认之诉的规则,诉讼请求应为"请求确认合同于某日解除",必须明确解除时间。观点有:确认之诉下,对于起诉前已经依法行使解除通知的,该通知日期即为解除日。未行使的,载明解除意思的诉状既可产生解除通知的效果,又可产生催告效力。因此,如为催告前置型解除,可以起诉状副本送达日为催告日,开庭日为解除日;如为非催告前置型解除,可以起诉状副本送达日或开庭日为解除日。

另一观点认为，该诉讼为形成之诉，可直接判令合同解除。按形成之诉的规则，诉讼请求应为"请求法院判决合同解除"，解除时点无需明确，依判决生效时间确定。理由在于：直接起诉解除合同的，意味着放弃了单方发出通知即可解除合同的私力救济方式；提起诉讼意味着向法院表达诉请，请求法院判断是否符合解除条件、能否解除，送达起诉状副本不产生向对方行使解除权的法律后果。

（三）解除时点认定的"三步走"

解除权虽为形成权，在生效方式上有一定的特殊性，但归根结底还是权利的一种，出租人可以自主选择是否行使以及行使方式、范围等。对于通过诉讼行使的，可以通过"三步走"处理：

第一步，明确诉讼性质，明确诉讼目的"为请求确认合同解除，还是判令合同解除"。第二步，确认是否依法行使，即是否符合条件、依法催告、经过合理期间、已发出解除意思表示等。第三步，确定如何解除。对诉前已行使解除权的，解除通知自到达对方之日起，就产生解除效果，只能提起确认之诉，请求确认合同于通知到达之日解除。对诉前未行使解除权并请求判令解除的，根据辩论终结前解除条件是否成就判令是否解除，无须确定解除时点，判决生效日即为解除日；对起诉要求确认解除的，则以解除意思到达对方之日为解除日，确认于该日解除。

二、以残值实现为切入点的租赁物取回权

合同解除后，租赁物取回和变现，是出租人权益的重要保障。按照2014年《融资租赁司法解释》第22条第1款的规定，出租人选择请求解除融资租赁合同，同时请求收回租赁物并赔偿损失的，人民法院应予支持。损失赔偿范围为承租人全部未付租金及其他费用与收回租赁物价值的差额。残值实现是取回的目的和核心，但与取回权一样，都面临诸多尴尬和不足。

（一）尴尬和不足体现在两个方面

第一，处置方式选择上的纠结。取回权的行使主要有两种方式：自力取回和公力救济。而这两种方式都有致命伤。其中，自力取回高效、便捷，能够自主实现租赁物控制、定价和变现。但是，如果承租人对租赁物变现价值、方式不认可，认为租赁物足以覆盖全部债务的，也容易引发争议；而公力救

济，主要是通过法院诉讼、执行取回或拍卖、变卖，能够实现程序正义、减少次生纠纷，较为公允、客观，容易被各方接受，但也存在周期长、效率低、变数大等问题，不利于出租人权利的保护。

第二，破产申报时的选择尴尬。承租人破产的，出租人债权申报方式主要有两种：一种是一并申报型，既主张租赁物所有权，又主张全部未付租金、违约金等债权；第二种是只主张全部债权，或主张收回租赁物并在全部债权中扣除租赁物价值。从出租人的角度看，无疑第一种方式更为有利，但从2014年《融资租赁司法解释》第22条规定的精神来看，第二种主张方式则更符合法理。实践中，考虑到权益保护最大化，以及租赁物残值确价争议大、抵扣额度确定难、周期长、变现率差等因素，出租人很少主动按第二种方式主张，但对于第一种申报方式，各地态度又并不一致。

（二）自力取回往往存在突出问题

租赁物的取回，是出租人物上权利的自然延续。对于一些容易取回变现的车辆、机器设备等，很多出租人习惯性地选择自力取回。但在取回中，容易产生以下问题：

第一，瑕疵取回。项目出险后，为防夜长梦多，在未经依法催告并解除合同的情况下，突袭取回、悄悄取回或暴力取回，既违反平静占有担保义务，侵害承租人合同项下仍在延续的使用权，又容易引发双方冲突，还存在触犯盗窃罪等刑事责任的可能。

第二，简易处置。租赁物取回后，出租人普遍存在自行处置的情况，表现为：自行联系买家，与买家协定价格并低价转卖；自行委托评估机构，并与评估机构串通，严重做低租赁物价格，然后通过关联交易等方式转让，损害承租人利益。

第三，取回无着。对于特种设备、构筑物、附着物等，物理上的取回成本巨大，且无意义，更好的方式是对所有权进行变现，通过原地债务重组、转卖等方式，由新的当事人自主或自行接收。但是，受到二手设备市场及信息平台缺乏、设备重新利用成本高、与同类企业需求难对接等现实制约，无论是物理上的取回，还是所有权直接变现，难度均较大。

（三）租赁物残值实现应遵守三原则

综上，在租赁物取回和处置上，除了努力建立统一的二手市场，统一司法裁判思路外，出租人还应遵循以下原则：

第一，合法性原则。取回权的行使应具备合法基础。合同解除是租赁物取回的基础，未经解除的，承租人仍享有租赁物上的占有、使用和收益权利，该等权利并不因其拖欠租金而当然消灭。因此，出租人欲取回租赁物的，应以依法依约解除合同为首要前提。

第二，预防性原则。按照2014年《融资租赁司法解释》第23条第1款的规定："诉讼期间承租人与出租人对租赁物的价值有争议的，人民法院可以按照融资租赁合同的约定确定租赁物价值；融资租赁合同未约定或者约定不明的，可以参照融资租赁合同约定的租赁物折旧以及合同到期后租赁物的残值确定租赁物价值。"参照该等规定，对于租赁物的残值计算和折旧方法等，可以通过在融资租赁合同中提前约定的方式，予以明确。

第三，公允性原则。租赁物的处置应体现公允价值。按照2014年《融资租赁司法解释》第22条第2款的规定，承租人或者出租人认为依前款确定的价值严重偏离租赁物实际价值的，可以请求人民法院委托有资质的机构评估或者拍卖确定。也即，无论是否提前约定，租赁物的处置都应当体现实际价值，不能发生严重偏离。至于该实际价值的确定，我们认为，应结合租赁物成新度、实际变现难度、市场情况等综合评估确定。

三、以解除行使为盲区的买卖合同处分权

融资租赁法律关系往往涉及融资租赁合同、买卖合同两个合同，牵涉出租人、承租人、出卖人三方主体。按照《融资租赁司法解释》等的规定，买卖合同解除且未能重新订立的，融资租赁合同目的落空，出租人和承租人均可予以解除。但出租人支付租赁物购买价款后解除租赁合同的，买卖合同是否一并依法解除，法律并无规定，实务界也莫衷一是。

（一）融资租赁合同解除并不必然导致买卖合同解除

首先，认为融资租赁合同解除后买卖合同一并解除的观点并无依据。尽管融资租赁合同与买卖合同具有法律上的牵连关系，两者在合同目的、履行内容、实现路径等上具有统一性，但是二者仍有不同。表现在：一是主体及效力不同。从当事人来看，合同双方分别为出租人、承租人，出租人、卖方；就合同效力和形式来看，二者相互联系，又彼此独立，各成一体。二是合同解除本身是一种选择权。虽然合同解除权是形成权，经权利人单方意思表示即可发生相应的法律后果，但与其他权利一样，权利人依然可以选择是否行

使及行使范围。

其次,买卖合同继续履行对于衡平各方利益具有重要价值。租赁物未交付或者发生附合、混同等情况无法返还的,融资租赁合同解除后,出租人有权选择要求出卖人赔偿或承租人赔偿。要求承租人赔偿的,因无法扣除租赁物价值,故承租人的赔偿与租金总额无异。在该等情况下,若买卖合同继续有效,则承租人可基于出租人的让渡要求出卖人继续履行买卖合同项下交付、维修、质量瑕疵担保等义务,从而获得租赁物的物上保障,而非仅可选择债权保护。此外,出卖人的交付等义务也不会因违约行为而豁免,各方利益得到较好衡平。

(二) 买卖合同解除权的行使与限制

首先,出租人可同时起诉解除买卖合同和融资租赁合同。出租人可以根据买卖合同关系,对出卖人主张损失赔偿请求权;也可以根据融资租赁关系,向承租人主张损失赔偿请求权。出租人同时起诉要求解除买卖合同和融资租赁合同的,并要求出卖人和承租人赔偿的,二者的债务构成不真正连带之债,出租人可同时或分别向任一人主张,一方赔偿后,另一债务人的赔偿责任相应减免。不真正连带债务人之间不存在内部分摊关系,即使其内部互偿也非分摊关系,而是基于终局的责任承担。由此,承租人赔偿后,可以基于合同约定或《融资租赁司法解释》的规定,根据各自的责任大小,向出卖人索赔。

其次,融资租赁合同在先解除的,出租人可有条件解除买卖合同。就出租人(买卖合同买方)而言,因融资租赁合同已经解除,其得以从承租人处要求赔偿。若已全额获偿,其在买卖合同项下已无损失,合同解除权利应让渡于承租人;若其与承租人的纠纷已经执结完毕或承租人已经破产,而仅部分获偿,虽然法律无明确规定,但出租人应仍可依法或依约要求解除买卖合同,并要求出卖人赔偿剩余部分的损失。此外,无论融资租赁合同解除原因为哪种,对于出卖人来说,出租人支付全部价款,其亦交付了租赁物,则买卖合同项下主要义务已经履行完毕,解除权自然消失;若其未履行买卖合同项下的义务,存在违约行为,则不应取得买卖合同解除权。

最后,承租人索赔权对出租人买卖合同解除权的限制。承租人可以基于融资租赁合同和买卖合同直接向出卖人主张受领租赁物、索赔等。按照《融资租赁司法解释》的规定,承租人行使索赔权的,出租人及时提供必要协助,否则承担赔偿责任。由此,在买卖合同解除上,出租人应当根据承租人的清偿情况、买卖合同履行情况、出租人的受偿情况、承租人的索赔要求等，综合考量如何行使。对于承租人全部履行融资租赁合同项下义务的，买卖合同项下包括索赔权、解除权在内的权利，应当一并转移至承租人。

第四节 融资租赁合同违约责任的法律风险控制及应对

一、承租人支付首付款的抵扣处理

甲租赁公司与乙公司签订融资租赁合同，约定：首付款为 165 000 元，租期分为 24 个月，月租金为 19 058 元，租金共计 457 392 元。后乙公司向甲租赁公司支付了首付款及 5 期租金后未再支付后续款项。甲租赁公司遂起诉要求乙公司支付所有未付租金 400 218 元。

审判：系争融资租赁合同付款明细栏已约定，合同租金总计为 457 392 元，该合同同时又有首付款为 165 000 元的约定，但并未明确所谓首付款是否为租金的一部分。鉴于系争融资租赁合同为甲租赁公司提供的格式条款，依照合同法中关于格式条款的不利解释原则，应作出不利于甲租赁公司的解释。现甲租赁公司未能举证证明双方当事人曾就租金总额为 622 492 元达成合意，故该首付款可以冲抵租金。

解析：承租人在订立融资租赁合同之初支付所谓的首付款等款项。该款项的性质和用途应以合同的约定为准。当发生承租人违约事件时，出租人要求将首付款优先抵扣违约金、迟延利息或作为总租金之外独立的一期租金抵扣的，应当具有合同依据。合同约定了首付款的性质、抵扣方式和顺序的，在该约定不违反法律规定的情况下，应从约定。当合同约定不明或对此未作约定时，从出租人系格式合同的提供方以及合同双方利益平衡的角度综合考虑，应以合同明确约定的租金总额为基准，将首付款在未付租金中予以抵扣。

二、出租人不能既要求解除合同收回租赁物，又要求支付全部未付租金

李某与甲租赁公司签订融资租赁合同，约定根据李某的要求向乙公司购买挖掘机一台交李某承租使用。后甲租赁公司向乙公司购买了上述挖掘机并

交付李某。因李某欠付租金，甲租赁公司诉至法院，请求判令：①解除融资租赁合同，李某返还租赁物；②要求李某支付到期及未到期租金共计155万元及罚息36万元。

审判：法院经审理认为，若解除合同收回租赁物之后，出租人还能主张所有未付租金，则可能因债务人无力支付的事实而获得超出合同正常履行可得利益之外的利益。故根据合同双方权利义务相一致的原则，现甲租赁公司与李某均同意解除合同，则甲租赁公司不能主张解除合同之后的未到期租金。至于若收回租赁物不能弥补其损失，则应当在评估或处置租赁物之后主张。

解析：出租人同时提出解除合同收回租赁物和要求支付全部租金的诉请的，为避免出租人可能获得超出合同正常履行利益之外的双重赔偿，导致处理结果明显不公，法院应向出租人释明，告知出租人择其一行使权利。出租人可以根据承租人的履行能力和诚信情况，在一诉中作出最具债权实现可能的诉讼请求选择。出租人选择主张解除合同收回租赁物的，同时有权向承租人主张损失赔偿。合同约定租赁期限届满后承租人以支付象征性价款取得租赁物所有权，损失的范围应是全部未付租金及其他费用与收回租赁物价值的差额。

三、出租人可一并向承租人、回购人主张债权

甲租赁公司与李某签订融资租赁合同，乙公司是融资租赁合同项下租赁物的出卖人，甲租赁公司与乙公司就融资租赁合同的履行又签订回购担保合同。后因李某未付租金，甲租赁公司起诉要求李某支付全部未付租金，并要求乙公司支付约定回购款。乙公司辩称，融资租赁合同与回购合同是两个法律关系，不应一并审理。

审判：法院经审理认为，尽管李某与乙公司对甲租赁公司所承担责任的性质有所不同，但均系甲租赁公司出于保护系争融资租赁合同债权得以实现而分别与李某、乙公司合意设立。在任何义务一方履行相应给付义务之后，其他义务方相应的给付义务将予以免除，甲租赁公司的主张未超出其合同利益。因此，甲租赁公司就融资租赁合同项下的损失向李某、乙公司主张权利，于法无悖。

解析：回购合同的设立以降低出租人融资租赁合同债权风险为目的，回购合同与融资租赁合同具有关联性。回购款金额与未付租金基本一致，债权

范围具有一致性。当债权的主张对象存在数个给付主体时，债权人有权选择对其最有效率和最具保障性的权利救济方式。若出租人选择就承租人的违约责任和回购人的回购责任一并提起诉讼，虽然责任性质不同，但是系针对同一债务，一并审理更有利于融资租赁交易事实的查明和纠纷的解决。任何一方责任主体按照法院判决履行了对出租人的债务给付义务的，其他责任主体对出租人的给付义务将予以相应免除，出租人亦无法获得多重赔偿。

第五章

融资租赁项目的缓释方式

第一节 融资租赁中的抵押

在融资租赁领域，抵押经常伴随发生。主要包括三种情形：一是承租人或者第三方将其除租赁物以外的财产对出租人进行的抵押，此等情形较多；二是出租人抵押，是指出租人为了获得外部融资提供的抵押，包括向资金提供方的银行或第三方机构直接提供抵押和向担保方提供反担保；三是承租人对租赁物的抵押，是指经出租人授权，承租人将租赁物抵押给出租人并依法办理抵押登记的情形，主要目的是防止出现承租人将租赁物转让、抵押、质押等经营风险。

一、融资租赁出租人是否享有"自物抵押"租赁物的抵押权？

为保护出租人利益，《融资租赁司法解释》规定了"自物抵押"。但出租人是否因"自物抵押"而享有抵押权进而享有优先受偿权存在争议。对于融资租赁自物抵押的法律效力，司法实践存在两种不同的做法，其一，既承认出租人的所有权，也允许出租人向承租人主张优先受偿权。其二，认为抵押登记只是出租人表明自己是租赁物所有权的方式，不承认所有权人可以在其所有物上设立抵押权的法律效力，因而只承认在这种情况下，出租人的所有权能够对抗善意第三人主张的物权。

最高人民法院在中国青旅实业发展有限责任公司、锦银金融租赁有限责任公司融资租赁合同纠纷中认为：在融资租赁法律关系中，根据出租人与承租人在《融资租赁合同》中的有关约定，在判决生效之前，租赁物所有权归出租人所有，故出租人主张对租赁物行使抵押权，与案涉交易性质相矛盾，不予支持。同时，最高人民法院在蛟河凯迪绿色能源开发有限公司、凯迪生态环境科技股份有限公司融资租赁合同纠纷中认为：在融资租赁法律关系中，根据出租人与承租人签订的《最高额抵押合同》，承租人将租赁物抵押给出租人并完成了抵押登记，出租人因此对租赁物享有抵押权，出租人有权在合同约定条件成熟时，行使对租赁物的抵押权。

郑州市中级人民法院认为：在融资租赁法律关系中，虽然承租人将租赁物抵押至出租人，并办理了抵押登记，但根据双方签订的《融租租赁合同》有关约定，出租人为租赁物的唯一所有权人。因此，该等抵押物非承租人自己提供的物的担保，出租人有权依据法律规定，就物的担保实现债权。

而苏州市中级人民法院认为［2016］苏 05 民终 5599 号及北京第二中级人民法院［2017］京 02 民终 5051 号案件判决认定出租人实际享有所有权，其主张优先受偿权不应被支持。

（一）案情简介

（1）中国青旅实业发展有限责任公司、锦银金融租赁有限责任公司融资租赁合同纠纷［2019］最高法民终 222 号。

2017 年 12 月 26 日，锦银金融租赁有限责任公司（简称"锦银公司"）（甲方、买受人）与苏州静思园有限公司（简称"苏州静思园公司"）（乙方、出卖人）签订编号为锦银［2017］回字 012 号－购 01 号《买卖合同》，其中约定：第 3.2 条：甲乙双方确认本合同项下租赁物购买价款为 8 亿元整；第 4.1 条：鉴于乙方将自己拥有的租赁物转让给甲方并从甲方处回租该租赁物，本合同中的租赁物并不实际交付给甲方；第 4.2 条：甲、乙双方确认，租赁物所有权在甲方支付全部租赁物购买价款时即从乙方转移至甲方。租赁物为四块灵璧石，编号分别为 01020101×××××××（存放于园林大门西侧）、01020101×××××××（存放于停车场）、01020101×××××××（存放于静思园园林）、01020101×××××××（存放于静思园园林小姐楼北门）。

同日，锦银公司（出租人）与苏州静思园公司（承租人甲）、中国青旅实业发展有限责任公司（简称"中青旅公司"承租人乙）鉴于：承租人甲同意向锦银公司转让其享有所有权之资产，再由承租人甲、乙向出租人租回该等资产，出租人同意上述转让并将该等资产租赁给承租人使用，承租人采用售后回租方式租用上述资产,并向出租人支付租金及其他应付款项,签订了编号为锦银〔2017〕回字012号《融资租赁合同》(售后回租-资产-共同承租)。

同日,锦银公司(甲方、抵押权人)与苏州静思园公司(乙方、抵押人)签订编号为锦银〔2017〕回字012号-抵01号《抵押合同》,约定:为保证上述锦银〔2017〕回字012号《融资租赁合同》所涉锦银公司债权的实现,苏州静思园公司以其所有的分别存放于园林大门西侧、停车场、静思园园林、静思园园林小姐楼北门的编号分别为01020101×××××××、01020101×××××××、01020101×××××××、01020101×××××××四块灵璧石向锦银公司提供抵押担保。

上述合同签订后,2018年1月5日,锦银公司依锦银〔2017〕回字012号-购01号《买卖合同》的约定一次性向苏州静思园公司支付了租赁物购买价款8亿元整。同日,苏州静思园公司向锦银公司出具《所有权转移证书(致买受人)》,确认已于2018年1月5日收到租赁物购买价款,共计8亿元。截至锦银公司起诉之日,苏州静思园公司、中青旅公司欠付第1期租金本金7.9亿元、未到期租金(第2期至第8期)共计10 974 858.33元(含本金及利息)。锦银公司诉至法院。

(2)蛟河凯迪绿色能源开发有限公司、凯迪生态环境科技股份有限公司融资租赁合同纠纷〔2019〕最高法民终547号。

2017年12月22日,上海大唐融资租赁有限公司(简称"大唐租赁公司")作为出租人,蛟河凯迪绿色能源开发有限公司(简称"蛟河能源公司")、凯迪生态环境科技股份有限公司(简称"凯迪生态公司")作为共同承租人签订了《融资租赁合同》(合同编号:SHDT-YW-2017H0024),该合同约定租赁物为位于吉林省蛟河市河北街深圳大街×号的蛟河生物质发电设备;租赁本金为3.65亿元;租赁期限自起租日起计算共6年;承租人每3个月向出租人支付一次租金,共分24期支付;保证金为1500万元;手续费为6 679 500元;租赁物留购名义价款100元。

2017年12月22日,大唐租赁公司作为抵押权人,蛟河能源公司、凯迪生态公司作为抵押人,签订了《最高额抵押合同》(合同编号:SHDT-YW-2017H0024-ZY03)。该合同第8条约定:抵押人未按主合同约定清偿本合同担保范围内的债务,或抵押人依法被宣告破产、撤销、解散或抵押人出现本合同项下的违约，抵押权人有权依法采取拍卖、变卖、折价等方式处分抵押物，并以所得价款受偿。另，大唐租赁公司分别于 2017 年 12 月 22 日向蛟河能源公司提供融资本金 7300 万元，于 2017 年 12 月 29 日向蛟河能源公司提供融资本金 2.92 亿元，共计 3.65 亿元。蛟河能源公司于 2018 年 3 月 1 日给付大唐租赁公司第一期租金 18 549 341.73 元后，截至 2018 年 8 月 20 日再未向大唐租赁公司按期缴纳租金。大唐租赁公司诉至法院。

（3）汇通信诚租赁有限公司、河南谙诺士汽车销售有限公司融资租赁合同纠纷［2019］豫 01 民再 202 号。

2014 年 8 月 28 日，汇通信诚租赁有限公司（简称"汇通公司"）（作为出租人）与河南谙诺士汽车销售有限公司（简称"谙诺士公司"）（作为承租人）、徐丹华（作为保证人）签订了一份《汇通信诚租赁有限公司汽车租赁合同（主要条款）》，主要约定：谙诺士公司因用车需要，向汇通公司租赁灰色五菱汽车一辆（发动机号为 8E61920985，车架号为 LZWADAGA0E8114146），经销商为河南裕华金阳光汽车销售服务有限公司；车辆融资总额 47 560 元，首付款 14 700 元，车辆融资项目为车款；租赁期限为 36 个月。

同日，汇通公司（作为抵押权人）与谙诺士公司（作为抵押人）签订了一份《汇通信诚租赁有限公司抵押合同》。主要载明：谙诺士公司以上述租赁车辆为抵押物，为其在汽车租赁合同项下的全部债务向汇通公司提供担保。并约定：主合同履行期内，谙诺士公司未依约归还租金及其他费用的，汇通公司有权处分本合同项下的抵押物或以抵押物直接受偿。

2014 年 9 月 1 日，谙诺士公司（作为债务人）、徐某华（作为担保人）向汇通公司出具《连带责任担保书》一份。主要内容为：为担保上述汽车租赁合同的履行，徐某华自愿为谙诺士公司向汇通公司承担不可撤销履约还款连带担保责任。

2014 年 9 月 12 日，上述车辆登记至谙诺士公司名下，登记车牌号为豫 A×××××。2014 年 9 月 23 日，上述车辆在车辆登记部门办理了以汇通公司为抵押权人的抵押登记。后，谙诺士公司支付汇通公司 13 期租金，自 2015 年 11 月 5 日谙诺士公司未按约定支付汇通公司租金，剩余未付 23 期租金，共计 39 480.65 元（1716.55 元×23 期）。汇通公司诉至法院。

（4）苏州市中级人民法院［2016］苏 05 民终 5599 号。

2013 年 12 月 6 日，合库金公司（甲方）与建勇公司（乙方）、张某勇、黄某梅（连带保证人）签订融资租赁合同，约定甲方依乙方选定购买租赁物并将租赁物出租给乙方使用。在租赁期间内乙方应按时足额支付租金，如延迟付款，则自租金原定给付日起至清偿日止，每延迟1日按所欠租金额以每日5‰的标准计算违约金。

租赁物为线切割机1台，出租人购买价格为430 000元。租赁期间自2013年12月10日至2015年12月10日，租金期数24期。上述合同签订同时，合库金公司、建勇公司共同与设备供应商签订了租赁物买卖合同，约定合库金公司以430 000元价款购买租赁物，建勇公司代为向供应商支付136 000元，余款294 000元由合库金公司支付。建勇公司于上述合同签订同时向合库金公司出具了租赁物接收确认单，确认已收到租赁物且数量、配置与合同约定相符并能按照约定用途使用。在合同履行过程中，建勇公司累计尚欠租金32 750元未付。2016年1月12日，合库金公司向建勇公司发出律师函要求支付到期未付的租金32 750元及违约金4033元。

（5）2012年5月21日，出租人北车投资租赁有限公司（以下简称"北车公司"）与承租人澳德隆公司签订《融资租赁合同》（编号BJ融-201204-08）。约定：承租人将自有设备的所有权转让给出租人，出租人向承租人支付价款5000万元，同时由承租人继续占有使用该设备，并向出租人支付租金及其他应付款项；租赁期为36个月，租金支付分12期。

2012年5月21日，北车公司与旭光公司签署了《保证合同》。约定：旭光公司对主合同项下澳德隆公司对北车公司所负的全部债务提供不可撤销的连带责任保证担保。2012年5月21日，邵某义向北车公司出具了《担保书》，承诺邵某义以无限连带责任的方式，为澳德隆公司在主合同项下的所有债务提供无限连带责任的保证担保。2012年5月21日，正和公司向北车公司出具了2012年第1号和2012年第2号《再担保承诺书》、于2015年5月19日出具了《再担保保证书》，承诺正和公司为澳德隆公司提供再担保，期限为12个月。

在合同履行中，澳德隆公司按约支付了前9期租金，自第10期（2013年8月23日）起至第12期拖欠最后3期租金，共计14 630 032.38元。澳德隆公司仅于2014年12月24日支付10万元，其余租金至今未支付。

裁判观点

最高人民法院：一审法院认定案涉《买卖合同》《融资租赁合同》有效，确定的交易模式符合售后回租型的法律特征，认定事实和适用法律基本正确，本院予以维持。但根据案涉《融资租赁合同》第一部分第4条期满选择条款的约定，在判决生效之前，案涉4块灵璧石的所有权归锦银公司所有。结合锦银公司一审诉讼请求，其提出对苏州静思园公司所有的、存放于苏州静思园的抵押物（4块灵璧石）行使抵押权。这与案涉交易性质相矛盾，不予支持。

最高人民法院：吉林省高级人民法院一审认为，大唐租赁公司与蛟河能源公司签订了《最高额抵押合同》，蛟河能源公司将其生物质发电设备抵押给大唐租赁公司，并在蛟河市市场监督管理局办理了抵押登记，故大唐租赁公司对该生物质发电设备已享有抵押权。现蛟河能源公司、凯迪生态公司不能履行合同义务，符合合同约定实现抵押权的情形，大唐租赁公司要求对蛟河能源公司提供的生物质发电设备行使抵押权，符合合同约定和法律规定，应予支持。最高人民法院二审对该一审判决予以维持。

郑州市中级人民法院：本院再审认为，《物权法》第176条规定，被担保的债权既有物的担保又有人的担保的，债务人不履行到期债务或者发生当事人约定的实现担保物权的情形，债权人应当按照约定实现债权；没有约定或者约定不明确，债务人自己提供物的担保的，债权人应当先就该物的担保实现债权；第三人提供物的担保的，债权人可以就物的担保实现债权，也可以要求保证人承担保证责任。提供担保的第三人承担担保责任后，有权向债务人追偿。涉案车辆虽办理了以汇通公司为抵押权人的抵押登记，但根据车辆租赁合同的约定"自汇通公司支付购买租赁汽车所需的资金时，汇通公司即成为租赁车辆的唯一所有权人"，该车辆并非谙诺士公司自己提供的物的担保。依据法律规定，汇通公司可就物的担保实现债权，也可要求保证人承担保证责任。徐某华向汇通公司出具连带责任担保书，汇通公司再审主张徐某华就谙诺士公司应承担的债务承担连带还款责任，有合同依据和法律依据，应当予以支持。

苏州市中级人民法院：本案中，建勇公司未按时足额支付租金，根据融资租赁合同约定，合库金公司仍享有租赁物的所有权，但合库金公司以其对租赁物所有权主张就租赁物处置所得价款优先受偿，缺乏法律依据，本院不予支持。

北京市第二中级人民法院认为，2014年《融资租赁司法解释》第9条规定，承租人或者租赁物的实际使用人，未经出租人同意转让租赁物或者在租赁物上设立其他物权，第三人依据《物权法》第106条的规定取得租赁物的所有权或者其他物权，出租人主张第三人物权权利不成立的，人民法院不予支持，但有下列情形之一的除外：①出租人已在租赁物的显著位置作出标识，第三人在与承租人交易时知道或者应当知道该物为租赁物的；②出租人授权承租人将租赁物抵押给出租人并在登记机关依法办理抵押权登记的；③第三人与承租人交易时，未按照法律、行政法规、行业或者地区主管部门的规定在相应机构进行融资租赁交易查询的；④出租人有证据证明第三人知道或者应当知道交易标的物为租赁物的其他情形。本案中，根据查明的事实，北车公司与澳德隆公司之间存在真实的融资租赁法律关系，涉案租赁物归北车公司所有，并非澳德隆公司所有，北车公司仅是为了避免租赁物被他人善意取得，才与澳德隆公司约定将租赁物抵押给北车公司，并办理了抵押登记。上述做法符合2014年《融资租赁司法解释》第9条的规定，本院予以确认。因涉案租赁物办理抵押并非为《融资租赁合同》项下的债权提供担保，故正和公司主张中车公司应先就该租赁物行使优先受偿权，缺乏依据，本院不予支持。

（二）对自物抵押权的思考

《民法典》发布后，为了配合构建动产和权利统一担保登记制度，作为非典型担保的融资租赁法律关系也进行了相应调整。在出租人权利保护制度中，删除了自物抵押的规定，通过对租赁物所有权的公示，确保出租人就租赁物对善意第三人发生登记对抗效力。其修改变化主要体现在2020年《融资租赁司法解释》中。2014年《融资租赁司法解释》第9条规定，融资租赁出租人可以授权承租人将租赁物抵押给自己，进行动产抵押登记，以排除第三人的善意取得。这构成了融资租赁法律问题中难以实现逻辑自洽因而存在争议的权宜之计——自物抵押。自物抵押设计本为维护交易安全，防止融资租赁债权发生逾期，而承租人将租赁物擅自处分，导致出租人权利落空的情况。但由于这一设计同现行法律体系的不协调、裁判活动中对"抵押权人"是否就抵押物享有优先权等事项裁判不一等原因，受到了诟病。

1. 同现行法律体系的不协调

出租人对租赁物本应享有物权中最重要也最完全的一种权利，即所有权，而自物抵押后降级为担保物权中的抵押权，缩小了物权的保护范围。同时又不完全符合抵押权的物权内涵，作为债务人为丰富增信手段提供的抵押物，反而属于抵押权人的财产。抵押设立目的并非保证债权的实现，仅为实现形式上的公示效力，阻却善意第三人制度的成就。

2. 裁判结论不一

在裁判活动中，由于设立抵押权后公示效力得以实现，租赁物购买方主张善意第三人抗辩将不被法庭认可。但由于各地法院对自物抵押涉及的抵押权物权效力的判断存在差异，就其是否适用于混合担保规则或自物抵押权人是否可以就其物享有优先受偿的权利等问题，存在类案不同判的情况，由此使得担保物权的功能存在失效可能。

新司法解释删除了有关自物抵押的表述，该条被《民法典》第745条吸收修改。"出租人对租赁物享有的所有权，未经登记，不得对抗善意第三人。"这意味着，融资租赁合同中动产的物权变动采用了特殊动产的物权变动规则，也就是说，交付仍然是动产物权变动的生效要件，但在特殊动产适用的登记对抗要件同样适用于融资租赁合同，即融资租赁合同时，若动产所有权变动未经登记，则不得对抗善意第三人。因此，当出租人授权承租人将动产租赁物抵押登记于其名下时，若出租人对其租赁物所有权未进行登记，则出租人的所有权无法对抗善意第三人。因而，在动产融资租赁中，出租人对租赁物的所有权对世性较弱。在融资租赁的实务中，为便于管理、理赔、年检等客观原因，租赁物登记于承租人名下，故而加大了租赁物被非法出售、抵押、质押、出租等风险，出租人的所有权缺乏有效的保障。但是，即使在租赁物上显著位置作出标识，也很难禁止承租人将标识拆除，无法排除前述法律风险。

此外，在售后回租的法律关系中，由于承租人是供货商，其持有租赁物所有权的原始文件凭证，也容易造成其享有租赁物所有权的外观。基于上述原因，在承租人未经出租人同意而对租赁物进行处分的情况下，极有可能发生第三人的善意取得，进而使得出租人无法掌控其所有的租赁物物权。而2014年《融资租赁司法解释》第9条则是对第三人善意例外的非穷尽列举，强调了"出租人授权承租人将租赁物抵押给出租人并在登记机关依法办理抵押权登记的"的情形，为第三人善意取得物权制度给所有权人带来的风险提供了保险，预防承租人的无权处分行为。而且，在善意第三人成功补强恶意承租人的无效行为后，仍不能构成对出租人所有权的破坏，从而呼应了融资租赁中出租人授权承租人将租赁物抵押的具体实践。

虽然新法新增了上述规定，但仍未对融资租赁自物抵押行为的法律效力作出相应规定，出租人是否在授权承租人将租赁物抵押给自己并满足抵押权设立的形式要件后，就能主张优先受偿权，目前尚无统一定论。但值得一提的是，新出台的《最高人民法院关于适用〈中华人民共和国民法典〉有关担保制度的解释》（以下简称《担保制度司法解释》）第65条规定，承租人未按照约定支付租金，经催告后在合理期限内仍不支付的，出租人可以请求法院参照实现担保物权的规定向其受偿。因此，在出租人与承租人签订了融资租赁合同，同时，出租人对租赁物进行了登记后，在承租人违约的情形下，出租人可以获得对租赁物优先受偿的权利。

从立法角度整合了融资租赁关系中的登记公示问题与优先权问题。一方面，承认并明确对租赁物所有权实行登记对抗主义，将融资租赁中租赁物物权公示的多重性进行整合，厘清融资租赁登记、抵押登记、所有权登记多重公示之间效力的冲突。另一方面，担保性所有权与担保物权竞存时的优先顺位亦有了法律依据。融资租赁作为具有担保功能的非典型担保，若出租人已就租赁物的所有权进行登记，承租人又将租赁物抵押或质押的，由于出租人对租赁物的所有权公示在先，所担保的租金债权的清偿顺位也应在先。

相应配套操作在《国务院关于实施动产和权利担保统一登记的决定》（国发〔2020〕18号）中进一步明确：自2021年1月1日起，融资租赁等七大类动产和权利担保纳入统一登记范围，由当事人通过中国人民银行征信中心动产融资统一登记公示系统自主办理登记。

二、融资租赁所有权与抵押权冲突风险

《最高人民法院五巡法官会议纪要》对此类问题进行了讨论。基本案情：2012年，乙公司与丙公司签订《融资租赁合同》，约定丙公司以售后回租的方式向乙公司转让诉争生产设备，乙公司向丙公司支付转让价款即取得租赁设备的所有权。乙公司按约支付转让款，并将诉争设备在中国人民银行征信中心进行了融资租赁登记。2013年，借款人丙公司与甲银行签订贷款合同，以诉争设备为上述贷款提供动产抵押担保，并在市场监管机关办理了抵押登记。2016年，乙公司提起诉讼，要求丙公司返还融资租赁物。上海市第一中级人民法院判决支持了该项诉讼请求。该判决已经生效。又因丙公司未按期偿付利息，甲银行宣布贷款提前到期并提起本案诉讼，请求法院判令丙公司偿还借款本金及利息、罚息、复利，支付违约金，同时请求判令甲银行对诉争设备享有优先受偿权。乙公司作为本案的第三人，主张甲银行因未尽到查询义务并且非善意取得抵押权，根据2014年《融资租赁司法解释》第9条规定的除外情形，不应取得诉争设备的抵押权。一审法院支持了乙公司的主张。甲银行不服提起上诉，经开庭审理，各方当事人当庭自愿达成调解协议。

意见阐释：

近年来，我国融资租赁行业得到了迅速发展，在实际租赁物抵押交易过程中，各当事人主体必须严格按照国家相应的法律法规要求，合理开展交易业务以及履行其必须承担的义务，这样才能保证利益的最大化。但因缺乏统一的动产登记制度，使得在融资租赁物抵押过程中，常常发生当事人权利冲突问题，不仅会影响到各主体的切身利益，而且也会给融资租赁行业的可持续发展带来很大的阻碍。一方面，生产设备等动产融资不畅，实体企业不能充分利用生产设备等动产进行融资，企业融资难题未能有效破解，在一定程度上影响了装备制造业等实体经济发展；另一方面，部分实体企业利用生产设备等动产重复融资，由于融资租赁物的所有权和占有使用权相分离，中国人民银行、商务部与国家市场监督管理总局对融资租赁权利登记和抵押权登记分别作出规定并各自建立了信息登记系统，不同登记主管机关开展登记工作导致多个权利发生冲突的现象时有发生，影响融资安全，增加了诉讼纠纷。

在融资租赁期间，承租人只享有占有使用租赁物的权利，但是所有权标识缺乏有效公示，外界可能普遍认为承租人还对租赁物享有一定的所有权。在善意取得制度和动产抵押权制度的保护下，承租人有可能成功地为善意第三人设立抵押权。当然，出租人若是在融资租赁期间发现承租人擅自处分租赁物，则可直接判定承租人行为属于根本违约，并及时与其解除合同关系。但是，这不足以对出租人的利益进行根本的维护。当承租人无法履行合同约定的租金支付义务时，出租人要想降低自身的风险，就要通过收回租赁物的方法来实现，但若是租赁物上存在抵押权，其权利实现就可能与预期目标出现一定的偏差。

实践中，经常出现以下两种情形：一种是设立抵押权在先融资租赁在后的情况。如果承租人先将设备抵押给第三方，再将设备出售给出租人后回租，在这种情况下，一般优先保护抵押权。理由在于：按照《物权法》第191条第2款的规定，抵押期间，抵押人未经抵押权人同意，不得转让抵押财产（《民法典》第406条规定抵押人可以转让抵押财产，抵押财产转让的，抵押权不受影响，立法本意亦为优先保护抵押权）；若融资租赁的出租人在购买设备时没有查清设备的权利负担，则不属于善意且无过失，应自行承担不利法律后果。另一种是融资租赁在先设立抵押权在后的情况。如果融资租赁在先，原则上优先保护出租人的所有权，但若抵押权人同时满足以下两个条件的，则优先保护抵押权：①抵押权已经登记；②抵押权系善意取得。

关于第三人是否构成善意的判断，应结合具体案情综合各方面因素考量。根据《民法典》第311条的规定，第三人构成善意取得，需具备三个条件：①受让人善意；②交易价格合理；③不动产登记或者动产交付。同时，2014年《融资租赁司法解释》第9条采取概括式和列举式相结合的方法，对适用善意取得的4种除外情形进行了规定，司法实践中如出现相应情形自可适用，但出现争议的往往是法律规定未能囊括或者不明确的情形。

从抵押权人主观方面来看，抵押权人取得抵押权时应当是善意不知情的，即不知道抵押人是融资租赁中的承租人，不享有租赁物的所有权，无权设定抵押权。这种主观心理状态需通过客观证据予以证实。

（1）观察抵押权人与承租人之间的关系。如果双方之间存在关联关系、亲属关系、同一控制人，或者有证据证明双方存在串通侵害出租人所有权等事实的，则不视为善意。

（2）判断抵押物的价值与贷款金额是否常规。在通常情况下，抵押担保金额会略低于抵押物本身的价值。如果抵押担保金额明显高于抵押物本身的价值，则可能被认定为非善意。

（3）如果抵押权人是专业的金融机构，那么在签订抵押合同之前应对抵押物的现状、买卖合同及发票等作尽职调查。融资租赁物一般为价值较大的机器设备，买卖时必然有销售发票。出租人作为租赁物的所有权人，应当持有该发票原件。而抵押权人在审核抵押物时，通常应要求抵押人提供原始发票、购买合同等，以证明抵押人对抵押物享有所有权。

（4）根据2014年《融资租赁司法解释》第9条第1项的规定，"标识"

是排除第三人张善意取得的条件之一。虽然该规定对出租人有利，但在现实中操作性不强。由于租赁物存放在承租人厂房内，出于面子或经营所需，承租人一般不会同意在租赁物的显著位置作出标识，或者在特定时间将标识遮盖或清除，而出租人通常会让步，同意不作标识或者即使作了标识也无法实时监控。抵押权人即使进行认真审查，也可能无法发现。

（5）登记和查询。2014年《融资租赁司法解释》第9条第3项将第三人未按规定向相关部门进行交易查询作为善意取得的例外情况。2014年3月20日发布的《中国人民银行关于使用融资租赁登记公示系统进行融资租赁交易查询的通知》（银发〔2014〕93号），对此作出了明确规定，银行等机构在办理资产抵押、质押和受让等业务时，应当登录融资租赁登记公示系统查询相关标的物的权属状况，以避免抵押物、质物为承租人不具有所有权的租赁物而影响金融债权的实现。据此，商业银行在办理抵押质押等业务时，应当登录融资租赁登记公示系统进行查询，否则将属于司法解释第9条规定的例外情况，否定其善意取得。

典型案例：浙江省温州市中级人民法院〔2017〕浙03民终4978号

具体案情：

2010年，益丰公司与仲利公司签订《租赁合同》，约定：仲利公司将海德堡五色印刷机一台，出租给益丰公司。并约定租赁期满时，若承租人没有违约发生或正在继续，则承租人有权以标明0元购买价格取得租赁物所有权。涉案海德堡五色印刷机益丰公司至今尚欠仲利公司租金20.5万元。2012年，益丰公司与民生银行龙湾支行签订《最高额抵押合同》，以五色海德堡机为其相关贷款提供最高额抵押担保。借款到期后，益丰公司未按约定偿还借款本息，且于2016年4月13日进入破产清算程序。民生银行龙湾支行就上述主债权及担保债权向管理人申报。益丰公司管理人确认民生银行龙湾支行债权金额，债权性质为普通债权。

法院判决：

益丰公司隐瞒讼争抵押设备权属真实情况，民生银行龙湾支行作为专业的金融机构，在讼争海德堡无色印刷机设定抵押权前亦未尽足够的谨慎注意义务，未认真、尽职调查了解标的物的权属状况，仅凭益丰公司占有、使用该设备以及出具的声明书即为讼争设备设立抵押权。益丰公司将向仲利公司租赁且未取得所有权的讼争设备设立抵押权的行为，损害了所有权人仲利公司的利益，应认定无效。民事银行龙湾支行对抵押物权属情况没有履行尽职审查和审慎注意义务，不构成善意取得。

融资租赁中的动产并非一般消费物，大多具有较高价值，购买时均有完整的购买合同、购买记录以及租赁物发票等可以证明权属的书面资料，而且出租人往往会进行投保以避免意外风险。出租人为规避承租人在租赁期间擅自处分租赁物的风险，通常会自行保管上述材料原件。虽然购置合同以及发票并非动产权属的法定凭证，但实践中却是证明普通动产权属最直接有效的证据，银行等专业机构具备此种基本常识和审核的条件。因此，如果银行等专业金融机构在抵押前未审查上述情况，或在承租人无法提供上述材料或材料原件的情况下，未作进一步审核就办理租赁物的抵押登记，则不能简单地认定其为善意抵押权人。同时，行业规范以及抵押权人在类似交易中的交易习惯也是判断是否善意的重要因素。因此，法官审理此类纠纷，不仅要考虑租赁人是否实际占有动产以及法律规定的除外情形，而且应根据租赁物的性质判断其存在权属凭证形式、抵押权人的专业化程度、抵押权人是否履行了和其专业程度匹配的合理谨慎、尽职调查义务以及抵押权人所处行业规范以及自身的交易习惯等，综合考虑抵押权人的主观善意，不应过于扩大占有公信力的作用。

当前，抵押权与租赁物所有权的冲突成为困扰司法裁判的普遍性问题。为共同推进国家治理体系和治理能力现代化，促进生产设备等动产的融资秩序和经济发展，最高人民法院在审结本案后向有关机关提出以下建议：

（1）在制度层面，建议通过修改法律、制定行政法规等推动建立动产统一登记制度。统一登记机关、统一登记效力、统一登记程序、统一权属证书、统一登记信息系统等，从根本上解决动产融资难、动产融资纠纷多的难题。

（2）在信息层面，建议尽快完善生产设备等动产的融资租赁权利、抵押权登记系统建设，确保占有主体、安放场地、生产厂商、设备型号、唯一标识码、设备照片、买卖合同、买卖发票等登记信息真实准确全面，查询方式便利、查询结果指向精准、查询过程留痕备查。建议尽快实现中国人民银行征信中心动产融资统一登记公示系统、商务部全国融资租赁企业管理信息系统、国家市场监督管理总局全国市场监管动产抵押登记业务系统的互联互通、信息共享，避免当事人信息错位而发生权利冲突。

（3）在操作层面，建议督促指导行业协会立即完善行业操作规则和操作流程。在未建立统一登记制度和信息共享机制之前，贷款行尽调时要查询其他登记系统并留痕留证、实地查看标的物现状并载明具体信息；要严格审查原始买卖合同原件、付款凭据和发票并在其上载明实际权利人信息等；要加强融资后动态监管，定期对标的物现状及是否有新的权利负担情况等进行巡查，及时更新登记信息，切实预防法律风险。

司法建议归纳的三个层面问题，也是现有法律规则下进一步研究此类争议如何裁判的具体思路。本案按照这些分析路径，结合具体案情就争议问题作出法律评判后，根据实际情况提出的综合解决问题的调解建议，让各方当事人乐于接受，使得案件最终完美收官。

第二节 融资租赁中的质押

股权质押是融资租赁交易中比较常见的担保方式。在实践中常会出现股权质押不能办理设立登记、股权不能办理转移登记、股权价值缩水等股权质押目的落空的风险。规避前述风险，公司内部风控、法务部门应当做好以下措施：

首先要检查公司章程，提前采取措施，扫除股权质押设立登记和股权转移登记障碍，保护出租人的债权。核查公司章程是首要程序，公司章程是悬于公司股东、股东会、董事会、高管头上的"宪法性至高准则"。虽然《公司法》第21条是限定股东权利的重要法律依据。但实践中很多公司为了保障公司运营不受个别股东意志影响，会依据《公司法》的规定，进一步限定股东对股权的处分和质押，并将之载入公司章程。核查公司章程的重点是其中关于公司股权的特别约定条款，重点关注股权质押和股权转让的限制及债转股的限制。包括：质押数量限质、出质对象和出质用途限制、受让主体限制、转让价格限制、转让期限限制、分红限制等。预先修正公司章程，制备股东会决议，切实防范股权质押设立登记不能和股权转移登记不能的事实发生。

质押权进行设立登记使股权不能任意变动，是股权质押合同得以实行的基本保障。质权登记的主要功能是权利公示。登记系统将质押物的权属状况公之于众，明确权利归属，使当事人及第三人能够直接获知物上权属状况，可以有效预防权利冲突，降低交易风险，起到定分止争的作用。作为债权担保而出质的股权，必须能够变现或者直接抵偿债务，才能实现出租人的债权，而股权转移登记是股权变现或抵债的必备条件，所以只有能够办理股权转移登记的股权才是符合股权质押合同条件的股权，才能保障出租人的债权。为此，在签订股权质押合同之时，应当根据核查公司章程的结果，采取适当措施。比如，提前修改公司章程，并达成股权转移登记的股东会决议。切实扫除质押权设立登记和股权转移登记障碍，保障出租人的预期债权。

其次要检查股权登记和出资性质，合理选择交易主体并提前办理审批手续，避免股权质押因违反法律、法规而未能办理设立登记和转移登记。

核查股权登记的主体和出资的性质亦尤为重要。实践中经常存在因主体或出资人原因导致无法办理股权质押设立登记和股权转移登记的案例。我国公司法对不同类型的公司和不同的出资主体在股权转让时分别有不同的限制性规定。2018年《公司法》第139条第2款规定，股东大会召开前20日内或者公司决定分配股利的基准日前5日内，不得进行记名股票的股东名册的变更登记。第141条第1款规定发起人持有的本公司股份，自公司成立之日起1年内不得转让。第141条第2款规定公司董事、监事、高级管理人员在任职期间每年转让的股份不得超过其所持有本公司股份总数的25%……上述人员离职后半年内，不得转让其所持有的本公司股份。《财政部关于上市公司国有股质押有关问题的通知》还规定：上市公司国有股东授权代表单位持有的国有股只限于为本单位及其全资或控股子公司提供质押。用于质押的国有股数量不得超过其所持该上市公司国有股总额的50%，且必须事先进行充分的可行性论证，明确资金用途（不得用于买卖股票），制订还款计划，并经董事会（不设董事会的由总经理办公会）审议决定。综上，融资租赁公司作为质权人必须严格核查出质人的身份、股权持有人身份、股权对应的出资性质。签订质押合同时应当要求相对方预先办理主管部门的审批手续；注意质押期间和限售期的结合，规避公司高管限售制度。最后，对于已经冻结的股权要果断拒绝以股权质押的形式提供担保。

最后要检查出资证明书、验资证明、财务资料，防范虚假出资和股权价值缩水，切实保障股权质押的目的。审查出资证明书、验资证明、财务资料，准确判断公司股权价值。

典型案例：重庆交通设备融资租赁有限公司与重庆坤源船务有限公司、重庆市港航管理局船舶融资租赁合同纠纷案

具体案情：

2011年4月2日，重庆交通设备融资租赁有限公司（后更名为"融资公司"）作为出租人、重庆坤源船务有限公司（以下简称"坤源公司"）作为承租人签订了《融资租赁合同》。合同第11条约定重庆港航局为坤源公司提供600万元质押担保，保证融资公司取得两艘船舶所有权登记证书、租金和其他应付款项，以及因坤源公司违约产生的追偿费用。同年5月3日，坤源公司、融资公司、重庆港航局签订《保证金质押担保合同》。在合同履行过程中，坤源公司未按期履行支付租金义务，融资租赁公司诉请法院判令：坤源公司依约向融资公司支付全部到期与未到期租金、滞纳金等费用；以及重庆港航局在600万元内承担连带质押担保责任。

法院判决：

融资公司提交了两份文件拟证明重庆港航局提供的质押现金系重庆市水运发展专项资金。但是，目前既无证据证明本案所涉船舶建造及营运系水运发展专项工程，又无证据证明重庆港航局提供质押的现金来源于水运发展专项资金，且按照专项资金管理办法的规定，为水运发展专项工程提供担保的应为重庆市三峡库区产业信用担保有限公司。故重庆港航局作为以公益为目的事业单位，向融资公司提供质押担保，按照《担保法解释》第3条的规定，该质押担保合同应为无效。融资公司的该项上诉理由无事实和法律依据，本院不予支持。

《事业单位登记管理暂行条例》第2条第1款规定，事业单位是指国家为了社会公益目的，由国家机关举办或者其他组织利用国有资产举办的，从事教育、科技、文化、卫生等活动的社会服务组织。事业单位分为公益性和经营性两大类。本案中，重庆港航局为公益性事业单位，依法不得设定质押，因此不符合《担保法解释》第16条的规定。融资公司虽提出现行法律仅禁止公益性事业单位以公益设施提供质押担保，并未禁止提供资金质押担保，但根据《担保法解释》第3条的规定，公益性事业单位的担保，只要违反法律规定，均应被认定为无效。重庆港航局明知自身不具备担保的主体资格，仍为坤源公司提供质押担保，对造成质押担保合同无效负有一定责任。但融资租赁公司在订立《保证金质押担保合同》时，未对融资租赁及担保的相关法律规定进行详细了解，对质押合同无效也应当承担一定的责任。

根据《公司法》和相关法律法规的规定和实践经验，出资证明书、验资证明、财务账目三项资料，综合对照，可以判断有限责任公司股东出资情况与出资有关的资产情况，从而可以确定股东出资的额度、真实性、股东权益对应的净资产价值。所以，在签订股权质押合同前要全面审查出资证明书、验资证明、财务资料，以确定股东的实际出资及股权价值，在履行融资租赁合同中关注质押股权所在公司的财务资料动态，灵活判断股权和股权价值变动情况，根据股权质押合同约定及时锁定公司的不正常交易，避免股权净值减损。上市公司股权质押设立后最大的风险是由股票价值不稳定所带来的风险。股票的价值与出质公司的管理制度、经营状况、营业能力、信誉状况等密切相关，还受金融市场供求关系的影响。针对上述风险，在股权质押设立前要通过查询公司财务状况等，对公司的现金流、管理制度、经营能力作出明确判断，以防止股权质押设立后因该公司经营不善而导致该出质股权价值受损。同时，质押合同应当根据股票波动幅度设定合理的融资额度、质押权限和质押率。在股权质押设立后，出租人要密切关注股权价值的波动，与出质人共同设定股权价值的评级体系，设立警戒值和平仓线，避免因出质股权价值缩水而损害出租人的利益。

如果承租人或者第三人提供的是资金质押，那么融资租赁公司应当妥善审核承租人或者第三人的资信情况。毕竟，在质押担保合同中，出质人的资信状况、签约和履约能力直接关系到质权能否实现以及融资租赁公司的利益能否得到保障。融资租赁公司可以通过银行等金融机构查询出质人的商业信用记录，或要求出质人提供资产负债表等财务报表以及其他相关资料，从而分析其经营情况、资产水平，以判断出质人的偿债能力。若出质人的偿债能力较低，融资租赁公司应果断要求对方提供其他担保方式，而不得盲目与之签订质押合同。

如果承租人或者第三人提供的是动产质押，融资租赁公司应当仔细审核该动产的相关权利证书、原始合同、发票原件等证明材料，并核实该动产是否办理相关合法手续，必要时可以向上游公司求证相关材料的真实性，以免发生伪造证明材料的情况。此外，融资租赁公司还需至相关登记部门及中国人民银行征信系统、全国融资租赁企业管理信息系统等网站上查询该动产是否属性清晰、权能完整。质权设立之前，该动产应当交由会计师事务所进行资产评估，待价值确定后，再行签订质押合同，并办理公证手续。

如果签订质押合同时，承租人或第三人系由他人代理，则应当注意审查该代理人的代理资格，以免发生无权代理或伪造材料、滥用代理权的情况。融资租赁公司应审查对方代理人的授权委托书、代理权限以及证明文件时效等，确保其具备代理资格后，方可签订合同。

第三节 融资租赁中的保证金

保证金属于融资租赁业务中产生的非典型性担保。作为融资租赁合同中的一个重要条款，保证金对于租赁双方（特别是出租人）具有十分重大的意义和价值。在融资租赁业务中，常见的保证金有承租人缴纳的租赁保证金，回购人缴纳的回购保证金，以及融资租赁合作保证金等。本节主要针对租赁保证金在实务中出现的常见争议作简要阐释。

按照融资租赁行业的惯例，为保障交易安全，出租人通常向承租人收取融资额或者租金总额10%～20%（可高可低）的资金作为承租人能够顺利履行融资租赁合同项下租金支付义务的担保，该担保资金即租赁保证金。

在我国，绝大多数融资租赁业务都涉及保证金的问题，在实际操作中，租赁保证金是出租人与承租人建立租赁关系时，由承租人在融资租赁合同签订后一次性或分次支付给出租人的。若承租人存在违约行为，则出租人有权将租赁保证金冲抵租金或者其他应付款项；若承租人无任何违约行为，则待租期届满时，租赁保证金全额退回或者冲抵最后一期或几期租金。

关于租赁保证金的法律性质，由于目前《合同法》《担保法》《物权法》《融资租赁司法解释》均未作出明确规定，再加上具体业务中租赁双方对保证金内容的相关约定多样化，导致司法实务中众说纷纭，没有达成统一的认识，各地的司法裁判也不一致，从而使之成了融资租赁合同纠纷中常见的争议焦点。

一、保证金的类型

在融资租赁合同交易中，保证金的运用非常普遍。但是，保证金并没有形成统一、严格的法律概念，也没有法律对保证金的性质作出如定金一样的规定。《担保法解释》第118条规定："当事人交付留置金、担保金、保证金、订约金、押金或者订金等，但没有约定定金性质的，当事人主张定金权利的，人民法院不予支持。"这是目前法律和司法解释中明确提出保证金说法的规定。由此规定我们可以看出，保证金可能是定金。融资租赁交易中的保证金根据其功能或效用来讲一般分三种：

1. 缔约保证金

融资租赁交易往往涉及的主体多，资金量大，利息和手续费等计算复杂，且缔结合约的期限一般比较长。融资租赁合同的配套法律文书比较多，一般的融资租赁交易可能会涉及以下合同：融资租赁意向合同、融资租赁合同（售后回租或直租）、买卖合同、保证合同、保证金合同、抵押合同、质押合同等。鉴于其法律行为及签订行为的复杂性，又或者签约主体选择的复杂性，各方往往会在最早签订的合同里约定继续履行其他文书的签约义务，并要求缴纳一定的保证金，以担保能够继续其他文书的履约义务。在这种情况下，如果再约定双倍返还义务，则缔约保证金应当被认定为定金。

缔约保证金往往兼具定金的性质，给付保证金的一方不履行相应义务的，保证金往往不予返还；接受保证金的一方不履行相应义务的则应当双倍返还保证金。但是，融资租赁合同中一般是承租人缴纳保证金，且出租人往往会利用缔约优势，排除双倍返还义务，且描述有合理的解释。在这种情形下，不能以定金规则等同适用保证金，而应以约定优先。

2. 履约保证金

在融资租赁交易中，交纳保证金的一方一般均为承租人，这是承租人在合同缔结过程中的弱势地位所致，也是因为与出租人相比承租人的合同义务是长期持续的租金给付义务，而出租人支付租赁本金或购买租赁物价款的义务往往是一次性或短期内必须履行的义务。所以，为了给出租人争取主张权利的缓冲期，双方往往会在缔结合约时就确定，由承租人缴纳一定的保证金，在承租人不能按期支付租金时，出租人可以直接从保证金中进行扣除。当然，在承租人有其他违约行为需要承担金钱给付义务时，也可以从保证金中进行扣除，并要求承租人在一定时间内补足。如此设置的保证金很明显是为了保障合同的顺利履行，故可被称为履约保证金。在进行履约保证金抵扣时，存在一定的顺序规则。

（1）未约定抵扣顺序的优先抵扣先到期的债权，同时到期的优先抵扣无担保债权,同等债权同时到期的按比例抵扣,有约定的应当按约定顺序抵扣。

《合同法解释(二)》第 20 条规定:"债务人的给付不足以清偿其对同一债权人所负的数笔相同种类的全部债务,应当优先抵充已到期的债务;几项债务均到期的,优先抵充对债权人缺乏担保或者担保数额最少的债务;担保数额相同的,优先抵充债务负担较重的债务;负担相同的,按照债务到期的先后顺序抵充;到期时间相同的,按比例抵扣。但是,债权人与债务人对清偿的债务或者清偿抵充顺序有约定的除外。"

(2)有主债务和利息或费用之分的,当事人没有约定的,可以依法定顺序抵扣。

《合同法解释(二)》第 21 条规定:"债务人除主债务之外还应当支付利息和费用,当其给付不足以清偿全部债务时,并且当事人没有约定的,人民法院应当按照下列顺序抵充:(一)实现债权的有关费用;(二)利息;(三)主债务。"

(3)采取合理措施防止损失扩大,优先抵扣租金。

《合同法》第 119 条规定:"当事人一方违约后,对方应当采取适当措施防止损失的扩大;没有采取适当措施致使损失扩大的,不得就扩大的损失要求赔偿。当事人因防止损失扩大而支出的合理费用,由违约方承担。"

据此,有法院认为,在承租人违约不能按时支付租金时,出租人应当以保证金抵扣租金,而不能任由租金产生违约金,且违约金的约定明显高于银行贷款利率的 4 倍时,更加不能任由违约金发生。笔者对此观点持保留态度,认为违约金或滞纳金本身并不是损失的扩大,而是对违约者的惩罚。但也有人认为违约金过高其实就是罚息的过高,罚息过高有悖于民间借贷的利息不能高于年利率 24% 之规定,且融资租赁中的售后回租的本质就是借贷,故应当先行抵扣租金,不能任由租金发生违约金或滞纳金或罚息,而用保证金抵扣。笔者对此也不认同。

3. 回购保证金

在直租业务中,常常会有要求出卖人或厂商回购的条款,而回购的保证金就是为了确保回购人与承租人共同履行回购义务而交纳的保证金,在其不履行回购义务时作为违约金或者抵作回购款。回购款本质上是租赁本金的一部分,设置回购保证金的目的一般也是保证租赁本金的安全。所以回购保证金一般来说当然是抵扣回购款,不是用于抵扣利息、滞纳金、违约金之类。

但是，如果合同当事人有明确约定，也应当遵循当事人的约定，因为当事人的约定最能反映本意，以本意为准才能使合同回归交易者的本心，才最可能实现真正意义的公平。

保证金是融资租赁交易中常见的一个问题，几乎每一个融资租赁项目都涉及保证金和手续费问题。一般而言，之所以售后回租的保证金在实务中大都会采取内扣的方式进行收取，其原因在于在融资租赁三方交易中，当相互间甚至三方间需要相互支付款项时，往往并不信任相对方的支付能力或支付意愿。比如，如果出租人先将全额的融资租赁购买价款支付给出卖人，但应当支付保证金的相对人却不再愿意支付保证金，那么出租人除了依照相关合同约定主张违约责任外，将丧失保证金为其交易所提供的保障，增大了风险敞口。而对于缴纳保证金的一方而言，除了担心缴纳保证金后出租人迟迟不支付相关款项外，更常见的是当事人并无余力提供这笔保证金。

融资租赁公司收取保证金的规范基础不难查阅。对于金融租赁公司而言，是《金融租赁公司管理办法》（银监会 2014 年第 3 号令）第 26 条，对于融资租赁公司而言，是《融资租赁公司监督管理暂行办法》（银保监发〔2020〕22 号）第 5 条。这两条也是融资租赁公司收取融资租赁保证金的合规性基础，除此以外别无更多规范。因此，融资租赁保证金在实务中的具体使用情况，更多是一种商业惯例方面的交易安排；而这一交易安排随着 21 世纪 20 年代融资租赁公司雨后春笋般出现以及随之而来的大量没有融资租赁从业经验人员的加入而变得日益混乱。

乱象之一就是不合理的保证金比例，譬如在售后回租中向承租赁人收取超过 50% 的保证金。不规范操作的公司往往更易于开展业务，而由于司法实务界对融资租赁的不了解，相对人提不出有效抗辩，导致不少存在瑕疵的融资租赁交易被司法予以认可。与此同时，法院在对存在问题的融资租赁交易个案进行否定性评价时，也会误伤本身并不存在瑕疵的某一类交易形式或交易管理。不独融资租赁保证金如是，融资租赁交易中涉及的其他法律问题亦如是。

二、案例分析

2021 年 11 月 3 日，中国银行保险监督管理委员会在其官网留言选登栏目中，就网友对融资租赁业务下出租人从应付转让价款中直接抵扣保证金（金额相当于应付转让价款的50%）是否合规的提问作出答复如下："①《融资租赁公司监督管理暂行办法》规定了融资租赁公司可以接受与融资租赁和租赁业务相关的租赁保证金，但未涉及保证金收取比例、来源等事项。②监管导向上，不支持融资租赁公司直接从融资款中扣除保证金；鼓励融资租赁公司合理确定保证金比例，切实减轻承租人负担。"

从法院文书整体来看，若融资租赁合同成立并合法有效且当事人之间为融资租赁法律关系的，法院一般将支持出租人从融资款中先行抵扣保证金；若当事人之间实际构成借款法律关系，则法院一般将先行抵扣的保证金从融资款中相应扣除。具体而言，法院在处理涉及保证金内扣问题的案件时，首先会判断当事人之间构成何种法律关系。若法院审查并认为当事人之间构成融资租赁法律关系，不论承租人是否就保证金内扣提出抗辩，法院在一般情况下均支持出租人内扣，其支持的主要理由包括抵扣保证金符合债的抵销规则、符合当事人约定等。若法院审查并认为当事人之间构成借贷法律关系，则法院倾向于判决支持承租人所提出的将先行抵扣的保证金从融资款中相应扣除的抗辩与主张，并判决以扣除后的款项作为借贷法律关系下的计收利息的本金基数。

（一）法院支持融资租赁出租人从融资款中先行抵扣保证金

裁判要旨：融资租赁法律关系下保证金从转让价款中直接扣除的约定有效。

案例索引：江苏省高级人民法院［2018］苏民终345号山东方明化工股份有限公司与江南金融租赁有限公司、洪业化工集团股份有限公司等融资租赁合同纠纷二审民事判决书

法院观点：方明公司主张应当按照9000万元为基数，扣减已经支付的18 028 343元租金以及100元留购款，计算其应承担的利息和违约金。对此，本院认为，案涉纠纷为金融租赁纠纷，合同约定"鉴于本合同项下甲方（江南金融租赁公司）需向乙方（方明公司）支付协议价款，为减少付款节奏，方便支付，甲乙双方确定，该风险金在甲方支付协议价款中直接扣除。甲方在本合同生效并在下述支付前提条件满足后10个工作日内向乙方支付1亿元，扣除风险金1000万元，甲方实际支付9000万元，即完成买方支付全部租赁物协议价款1亿元的义务"。上述条款系互负付款义务的合同当事人关于款项支付方式的约定，不属于出借人预先扣除借款本金的情形，不违反法律

法规的强制性规定，应为有效。并且，合同签订后，方明公司未实际支付1000 万元风险金，江南金融租赁公司在扣除该 1000 万元风险金后实际支付方明公司 9000 万元，并出具收款收据确认已收取方明公司 1000 万元风险金，同时方明公司亦出具收款收据确认收到江南金融租赁公司支付的融资租赁设备转让款 1 亿元。故一审法院以合同约定的 1 亿元为方明公司应付租金，在扣减方明公司已经支付的 18 028 343 元租金以及 100 元留购款后，确定方明公司应当支付的违约金金额，并无不当。

法律分析：《民法典》第 568 条第 1 款规定，"当事人互负债务，该债务的标的物种类、品质相同的，任何一方可以将自己的债务与对方的到期债务抵销；但是，根据债务性质、按照当事人约定或者依照法律规定不得抵销的除外"。在融资租赁法律关系下，出租人负有向承租人支付融资款的义务，承租人根据合同约定，负有向出租人支付保证金的义务。出租人、承租人就互负的款项支付义务进行抵销的，符合法定抵销权的规定，该等抵销合法有效，不属于借贷法律关系下出借人预先扣除借款本金的情形。

（二）法院不支持融资租赁出租人从融资款中先行抵扣保证金

裁判要旨：名为融资租赁实为借款，支付融资款时先行抵扣保证金的，则融资款以实际支付为准。

案例索引：最高人民法院〔2016〕最高法民终 286 号柳林县浩博煤焦有限责任公司、山西联盛能源投资有限公司融资租赁合同纠纷二审民事判决书

法院观点：案涉《融资租赁合同》虽名为融资租赁，但无充分证据证明存在特定的租赁物，并且实际转让了租赁物的所有权，实际构成借款合同关系，故有关借款金额及还款本金应当按照借款合同关系确定。兴业公司主张案涉合同的租赁成本为 3 亿元，案涉合同第 7 条亦约定浩博公司、联盛公司应当向兴业公司支付 900 万元租赁手续费，并由兴业公司扣收 3000 万元租赁保证金，……3000 万元保证金亦已由兴业公司在支付全部款项时预先扣除，实际发生的借款金额为 2.61 亿元而非 3 亿元，故浩博公司、联盛公司与兴业公司之间的借款本金应当被认定为 2.61 亿元。

法律分析：关于在"名为租赁、实为借贷"的法律关系下，法院以融资款扣除保证金后的金额作为计息本金的原因问题。在大部分融资租赁交易中，保证金将作为承租人为担保融资租赁合同履行、具有担保性质的款项使用，但大部分融资租赁交易中的保证金均不属于法律层面的金钱质押。因此，如

果融资租赁法律关系不能成立，基于融资租赁法律关系作出的保证金被用于抵扣逾期租金的合同约定同样无法成立。

具体而言，在司法实践中，判断保证金是否构成金钱质押，一般将考虑保证金是否特定化、是否处于债权人的控制下等因素。由于大部分出租人一般不会单独开立银行账户收取保证金，甚至使用融资款与保证金抵扣的操作，且在实务中，即使出租人实际收取了保证金，一般也会将保证金作为其他融资租赁项目的部分融资款，融资租赁交易中的保证金一般不具有特定、持续处于出租人控制下的特征，不能构成金钱质押。在融资租赁法律关系不成立的情况下，不能直接适用法律层面关于金钱质押的相关规定处理融资租赁交易中的保证金。

因此，由于大部分融资租赁合同一般不会就"名为租赁、实为借贷"时的保证金如何处理问题作出约定，承租人在借贷法律关系下，不再负有向出租人支付保证金、以担保融资租赁合同履行的义务。相应的，出租人不能根据《民法典》第568条第1款的规定行使法定抵销权，自融资款中扣除保证金。此外，《最高人民法院关于审理民间借贷案件适用法律若干问题的规定》（2020年第二次修正，以下简称《民间借贷司法解释》）第26条规定："借据、收据、欠条等债权凭证载明的借款金额，一般认定为本金。预先在本金中扣除利息的，人民法院应当将实际出借的金额认定为本金。"《最高人民法院关于进一步加强金融审判工作的若干意见》（法发〔2017〕22号，以下简称《金融审判工作意见》）进一步明确："对名为融资租赁合同、保理合同，实为借款合同的，应当按照实际构成的借款合同关系确定各方的权利义务，防范当事人以预扣租金、保证金等方式变相抬高实体经济融资成本。"关于在"名为租赁、实为借贷"的法律关系下，法院以融资款扣除保证金后的金额作为计息本金的原因问题，《民间借贷司法解释》与《金融审判工作意见》对法定抵销权作出的例外规定符合《民法典》第568条第1款规定的法律规定不得抵销的除外情形。当事人之间实际构成借贷法律关系的，有关计息本金，利息及违约金的数额问题，法院将依照《民间借贷司法解释》和《金融审判工作意见》的规定，将借款本金扣除保证金后的款项作为借贷法律关系下的计息本金。

三、融资租赁出租人收取保证金的风险防范建议

（一）考虑采取其他方式实现收取保证金的交易目的

根据目前的主流裁判观点，若当事人之间确为融资租赁法律关系，从融资款中先行抵扣保证金并不存在实质性的法律障碍。但在实务中，融资租赁公司采用直接从融资款中扣除保证金的交易安排，可能在部分监管尺度严格的地区面临一定的合规性问题。建议融资租赁公司考虑采用以下方式之一，代替从融资款中扣除保证金的交易安排：

1. 要求承租人在融资款发放前支付保证金

该种方式的付款安排最为简便，并且对出租人来说更有保障，但是大多承租人并无能力和意愿提前支付保证金，出租人可要求流动资金较为宽裕的承租人在融资款发放前支付保证金。

2. 分笔支付融资款，承租人收到第一笔融资款后支付保证金

若承租人确实无能力提前支付保证金，可参考部分融资租赁公司的操作方式，分笔向承租人支付融资款。出租人应确保第一笔融资款金额大于或等于保证金金额，待承租人收到第一笔融资款后，再由承租人向出租人支付保证金，出租人收到保证金后再行支付剩余融资款。在该等操作方式下，出租人需要关注分笔支付融资款时，融资租赁合同的起租日的确定方式（出租人支付第一笔融资款后，融资租赁合同起租，还是出租人支付完毕全部融资款后，融资租赁合同起租），及分笔支付融资款时的计息方式（以承租人实际取得的融资款金额及占用融资款的时间计息，还是在承租人收到全部融资款后开始计息）。

3. 调整交易结构，将保证金调整为预收租金

出租人可将原计划向承租人收取的保证金金额的部分或全部调整为预收租金，并在融资租赁合同中具体约定预收租金将作为承租人应当支付的某几期租金。此种操作一方面可继续满足出租人对内部收益率的要求，另一方面也可以在一定程度上解决部分地区监管部门明确提出的关于融资租赁公司不得从融资款中扣除保证金的监管要求。虽然预收租金的主要用途为冲抵期末租金或租期内具体某一期或几期租金的相应金额，建议出租人明确约定，在融资租赁合同无效、被解除等情形下预收租金可抵销违约金、逾期利息等债务及具体的债务抵销顺序，同时留意预收租金的支付时间和金额比例。

（二）谨慎、合法、合规交易，避免融资租赁被认定为借款法律关系

根据检索到的案例，若当事人之间被法院认定为借款法律关系，即使保证金并未被从融资款中直接扣除，而是由承租人在收到融资款前或收到融资款后支付出租人，融资款也需以出租人实际支付为准，即约定的融资款金额减去保证金金额，例如［2020］最高法民终1154号案。若当事人之间被法院认定为融资租赁法律关系，即使保证金是由承租人在收到融资款前支付，计算融资款金额时也无需扣减保证金，例如［2019］最高法民终484号案。

因此，法院是否会认定以约定融资款扣除保证金后的金额为计息本金，在很大程度上取决于当事人之间的法律关系是融资租赁法律关系还是借款法律关系。故，出租人应谨慎、合法、合规交易，避免融资租赁被法院认定为借款法律关系。

此外，基于前文关于保证金无法与融资款互相抵销的原因分析，建议出租人考虑在部分融资租赁法律关系存疑的交易中调整保证金的相关约定，将保证金界定为担保债权人、债务人之间债权债务履行的款项。

（三）合理确定保证金比例

虽然融资租赁合同约定过高的保证金金额本身并未违反法律、行政法规的禁止性规定，应为有效。但若抵销之保证金数额在融资金额中占比较大，导致承租人实际融资成本过高，一方面法院可能会酌情调整，另一方面有被认定为以借融资为名、行借款之实的风险。参照最高人民法院民法典贯彻实施工作领导小组主编的《中华人民共和国民法典合同编理解与适用（三）》（人民法院出版社2020年版，第1670~1671页）"关于融资租赁租金的司法保护上限"的相关观点，融资租赁公司收取的租金及复利、罚息、违约金和其他费用总计超过承租人融资数额年利率24%的部分，人民法院应当不予支持。鉴于目前监管导向也鼓励合理确定保证金比例，建议融资租赁公司先行以实际收益率24%的上限开展自查自纠，以避免合规风险。

第四节　融资租赁中的回购

在股权交易、信托业务及其他资产管理业务等领域都存在回购交易安排。但是，在不同的业务领域，回购合同具有不同的法律含义。就融资租赁交易领域而言，回购交易安排源于生产厂商类融资租赁直租业务，即由租赁物的

厂商或经销商与出租人协商，在承租人发生融资租赁合同违约时，由厂商或经销商买回租赁物的交易安排。厂商或经销商与出租人就买回租赁物的交易条件等问题签署的合同被称为回购合同。

但随着租赁交易形态的丰富，除了就上述厂商或经销商签署的回购合同细化为"见物回购""不见物回购"外，实务中也出现了售后回租交易中承租人发生租金逾期时，由第三方向出租人买回租赁物，及在经营租赁交易中承租人拒绝支付租金时，由厂商或经销商向出租人买回租赁物等交易形态。此外，在司法实践领域，融资租赁交易中的回购合同的定性、回购合同引发的争议是否需要追加承租人、回购合同引发的争议是否可以与融资租赁合同纠纷并案审理等问题，也越来越多地被出租人所关注。

一、回购合同的性质

关于融资租赁交易领域回购合同的法律属性问题，司法实践领域的观点整体较为类似，但亦存在细微差异。

（一）上海法院观点：保证与买卖双重属性

《上海法院类案办案要件指南（第1册）》（茆荣华主编，人民法院出版社2020年版，第80页，以下简称《上海融资租赁类案指南》）一书在"回购型融资租赁合同案件的认定和裁判规则"部分认为回购合同同时具有保证及买卖的双重属性，应结合担保和买卖两种法律规范对合同双方的权利义务予以调整。回购合同是以附条件买卖合同为形式，以保证融资租赁合同履行为目的的一种混合合同，兼具保证和买卖的双重属性。具体来讲，保证属性方面，回购合同具有担保债权、保障债权人债权得以实现的目的，回购人（即出卖人）应在承租人违约时承担保证责任，即支付回购款。在买卖属性方面，出租人应向回购人交付符合合同约定的回购物。对于回购合同，不能单纯地适用担保或者买卖合同的相关规定，而是应结合担保和买卖两种法律规范对合同双方的权利义务予以调整。

（二）天津法院观点：非典型担保

《天津法院融资租赁合同纠纷案件审理标准（试行）》则将回购合同定性为无名合同，且明确回购合同不适用担保法中关于保证合同的规定。回购合同不适用担保法中关于保证合同的规定，适用《合同法》第124条（无名合同）的相关规定。在《融资租赁案件裁判精要》（李阿侠著，法律出版社

2018年版，第249页）一书中，作者则将回购担保界定为非典型担保。回购担保为非典型担保，其法律适用应遵循合同自由原则，在合同内容不违反法律、行政法规强制性规定的情况下，应充分尊重当事人的意思自治，综合考虑合同双方利益状态、合同目的及交易惯例等因素，参照《合同法》分析或其他法律中最相似的规定进行审理。在天津市高级人民法院审理的［2020］津民终370号案本院认为部分，二审法院也作出了回购合同属于非典型性担保的认定："本院认为……最后，虽然涉案《回购协议》属于具有担保功能的合同，但其并非我国物权法所确立的担保类型，且有别于传统担保方式的单务性和无偿性，故本院认定涉案《回购协议》的性质属于非典型性担保，且在协议的效力认定问题上应当与传统担保类型有所区分。"

综上，将回购合同定性为具有保证与买卖双重属性的合同，综合担保和买卖两种法律规范界定回购合同的法律属性的观点更为恰当。但考虑到回购合同并非典型的商事合同，对于合同的属性仍有必要综合考虑合同当事人的利益状态、签订回购合同的目的及交易惯例等因素，在个案中综合判断。

在司法实践中，许多法院已认可了回购合同同时具有买卖及担保属性。虽然该观点在理论上仍有一些反对的声音。但是，在理论与实务就回购合同的法律属性未能达成完全共识之前，将回购合同认定为具有买卖与担保属性是现有情况下的最优选择。一方面，从解决融资租赁交易中的回购纠纷目的出发，无论是买卖还是担保，均能在现行法上找到充足的裁判依据且裁判机构具有丰富的经验。另一方面，商事合同的性质并不一定要具备唯一性，一份合同同时具有多种法律关系在实践中并不罕见，亦不为法律所禁止，当事人在一份合同中进行多种交易乃实践中的常态。与其勉强创设一个新的法律属性，倒不如仔细剖析回购合同中当事人的真实意思表示并进行定性。如果回购合同确实包括买卖与担保的意思表示，则两种法律关系均不可遗漏。但如果确实是以买卖为名行担保之实，直接根据《民法典》第146条"行为人与相对人以虚假的意思表示实施的民事法律行为无效。以虚假的意思表示隐藏的民事法律行为的效力，依照有关法律规定处理"的规定认定合同性质亦属合情、合理、合法。但是，融资租赁交易项下的回购合同确实比较复杂，回购合同本身属于非典型合同，各出租人在回购合同项下交易条件及条款约定（如回购条件等）差异较大。因此，仍应结合具体的回购合同条款分析各份回购合同的法律属性，以更贴近回购合同当事人的真实意思表示。

二、回购条款的主要内容

1. 回购条件

回购条件可由出租人与回购人自行约定。在笔者参阅的案例中,回购条件大体包括两大方面:其一,承租人发生严重违约,通常为逾期支付融资租赁合同项下租金;其二,租赁物发生灭失或毁损,导致融资租赁合同实际无法履行。

关于条件二,笔者特别指出,根据《融资租赁司法解释》,承租人占有租赁物期间,租赁物毁损、灭失的风险由承租人承担,出租人要求承租人继续支付租金的,人民法院应予支持(另有约定除外)。设立该条件的初衷,是由回购人连带承担租赁物毁损灭失的风险。这样一来,即使承租人无力偿债,出租人也仍有权要求回购人承担责任。当然,由于法律界对回购并没有形成统一认识,在租赁物毁损灭失的情况下,回购合同是否能够继续履行这一问题,仍有待商榷。笔者认为,考虑到回购的双重属性,不能仅按照常规的买卖合同来解释,回购的担保特征能够较好地反映设置该条件的合理性。

2. 回购通知

当回购条件成就时,考虑到回购人并非融资租赁合同的当事人,可能无法及时知晓承租人的履约情况,回购合同一般约定,由出租人以书面形式通知回购人履行回购义务。那么问题就来了,回购条件成就时,出租人是否必须立即启动回购程序?笔者认为,有约定从约定;没有约定,出租人有权在法律规定的期限内通知回购人履行回购义务,在此期限内,出租人有权自行选择何时通知回购人进行回购。不过,考虑到租赁物的折旧问题,出租人怠于行使通知权有可能造成回购人取得的租赁物价值贬损,因此还是建议出租人在回购条件满足时,及时通知回购人。

3. 回购价款

回购价款是回购合同中最核心的内容。鉴于回购的担保性质,回购价款具有一定的补偿性,其计算方式通常与承租人的违约情形相挂钩,在此仅举一例(摘自某大型融资租赁公司的回购合同模板):

回购租赁物价格以下列金额之和确定:

(1) 承租方未支付的剩余租金总额;

(2) 按照《融资租赁合同》的约定承租方违约应承担的迟延利息。

从法院的审判实践看，对于回购价款的计算方式，并没有非常严格的标准，而是尊重当事人的意思自治，以约定为准。不过，在笔者看来，回购价款的计算方式仍需具有一定的合理性。笔者提供的范例条款是目前较为主流的回购条款，其计算方式的确定主要是参照出租人选择融资租赁合同加速到期而有权向承租人主张的违约责任，即通过第三方回购人弥补承租人无法承担责任的风险，具有一定的合理性。然而，笔者注意到一点非常有意思：对于承租人逾期支付租金的情形，如出租人怠于通知回购人进行回购，反倒能依据该计算公式向回购人主张更多的价款（事实上，有许多回购纠纷的当事人都会以这一点主张回购价格不合理），这样是否会影响法官对回购价款的判断？这一问题留给各位读者思考。

4. 租赁物交付

关于回购租赁物的交付，主要涉及两大问题：

第一，租赁物交付与支付回购对价的顺序。我国《合同法》规定，当事人互负债务，有先后履行顺序，先履行一方未履行的，后履行一方有权拒绝其履行要求。对于融资租赁回购而言，租赁物交付与支付回购对价的顺序决定了出租人是否有权直接向回购人主张回购价款。在许多回购纠纷中，当事人的争议焦点正是两者之间的先后顺序。在融资租赁业务中，出租人在租赁期间，租赁物事实上属于"失控"状态，如由其自行取回租赁物并交付回购人，势必会有一定障碍。如果合同中未约定租赁物交付与支付回购对价的顺序，或者交付在前、付款在后，均会影响出租人行使回购合同的权利。

第二，租赁物的交付方式。租赁物的交付方式一般分为两类：现场交付和直接签署租赁物交付证书，两者均能发生租赁物所有权转移的效果。两者的主要区别在于，现场交付涉及取回租赁物的问题，需要承租人配合，而这一点在承租人发生逾期违约的时候很难实现；直接签署租赁物交付证书，对出租人而言，不会发生取回租赁物的问题，由回购人自行取回。

三、回购合同的实践运用及风险防控

（一）见物回购与不见物回购

融资租赁合同领域的回购合同一般可被分为"见物回购"与"不见物回购"。两者的区分标准在于，在回购方支付回购价款时，出租人是否需实际向回购方交付租赁物。具体而言：

（1）在不见物回购方式下，如融资租赁合同项下承租人因违约触发回购合同项下回购条件，出租人仅负有向购方发出回购通知、要求回购方支付回购价款的义务，回购方应自负费用和风险，自承租人处取回租赁物。在不见物回购交易下，由于出租人为租赁物法律上的所有权人，承租人为租赁物的占有使用人，出租人可以根据《民法典》第227条[1]的规定，作为负有交付义务的一方，向回购方转让请求承租人返还租赁物的权利，以替代实物交付。即不见物回购方式符合法律规定，相应的不见物回购合同合法有效。

（2）在见物回购方式下，如融资租赁合同项下承租人因违约触发回购合同项下的回购条件，出租人负有自承租人处取回租赁物交付回购方的合同义务，或需在出租人确保承租人不对回购方取回租赁物的行动进行阻碍的情况下，由回购方取回租赁物后，再由回购方向出租人支付回购价款。在见物回购交易下，回购方支付回购价款，一般以融资租赁合同解除、出租人可以不受阻碍地向第三方交付租赁物为前提。该等出租人向回购方交付租赁物的过程符合《民法典》第226条[2]的规定。

（二）直租交易中的厂商/经销商回购与回租交易中的第三方回购

除厂商/经销商与出租人签署回购合同外，实务中也存在第三方与出租人签署"回购合同"，约定承租人发生融资租赁合同项下部分严重违约情形时，由第三方向出租人支付一定的款项，取得租赁物所有权的交易安排。在该类交易中，第三方与出租人签署"回购合同"时，可能一并约定第三方支付对价后，第三方有权取得融资租赁合同项下的剩余未获清偿的债权。

严格来说，由于第三方不是租赁物的原始出卖方，不存在出售租赁物后再次买回租赁物的交易安排，以"回购合同"界定该等交易的方式，并不确切。但如果合同名称与合同实际约定的权利义务不一致的，仍可以根据合同的实际约定，确定出租人、第三方各自可主张的权利、应承担的义务。

需要进一步说明的是，在融资租赁实务中，存在一方出租人向另一方出租人转让融资租赁合同项下全部租金等其他款项债权、租赁物物权、其他融

---

[1]《民法典》第227条："动产物权设立和转让前，第三人占有该动产的，负有交付义务的人可以通过转让请求第三人返还原物的权利代替交付。"

[2]《民法典》第226条："动产物权设立和转让前，权利人已经占有该动产的，物权自民事法律行为生效时发生效力。"

资租赁合同项下出租人享有的全部权益，并约定在一定期限或承租人违约时，由转让上述权利的出租人再次向受让上述权利的出租人回购债权及物权等权利的交易形态，部分出租人可能将该等交易合同也界定为"回购合同"。但如果由金融租赁公司作为出让人及回购方参与上述交易，则存在违反《中国银保监会关于开展"巩固治乱象成果 促进合规建设"工作的通知》的合规性障碍。

（三）经营租赁交易中的回购交易安排

严格而言，经营租赁合同并不是法律名词，经营租赁合同实际上对应的是《民法典》第三编"合同"第十四章"租赁合同"。在经营租赁交易中，由于出租人为租赁物的所有权人，承租人仅享有以支付租金为对价，使用收益租赁物的权利，在经营租赁合同解除、终止履行后，出租人有权通过签署回购合同的方式，要求租赁物的生产厂商/经销商或第三方购买租赁物。

需要注意的是，就回购价款的确定方式而言，经营租赁交易与融资租赁交易存在差异。在融资租赁交易中，通常以承租人触发回购条件时，融资租赁合同项下剩余未付租金或剩余未付租赁本金作为回购价款的计算基数。但是，在经营租赁交易中，法律层面不存在"租金加速到期"的概念，因此，一般不以经营租赁合同项下的剩余未付租金作为回购价款的计算基数。在实务中，根据租赁物的使用寿命，以对应的租赁物残值作为回购价款计算基数的方式更为常见。

第五节 融资租赁中的保证

一、保证人担保的范围

《民法典》第691条规定："保证的范围包括主债权及其利息、违约金、损害赔偿金和实现债权的费用。当事人另有约定的，按照其约定。"保证人连带责任保证的范围通常包括融资租赁合同项下的主债权（即租金），以及违约金、损害赔偿金和实现债权的费用，但双方保证合同另有约定的，以双方达成合意的约定为准。因此，出租人要求他人为承租人提供连带责任保证时，保证合同最好列明相应的保证担保范围，从而更好地保障自己的权益。

在加速到期型诉讼中，法院可以判决保证人对承租人支付全部未付租金的义务承担连带清偿责任，这点在司法实务中并无争议，亦符合法律规定。

在解除合同、收回租赁物并赔偿损失型诉讼中，承租人返还租赁物的义务不属于金钱给付义务，而保证担保的范围一般仅限于金钱给付义务，故保证人对承租人返还租赁物之义务不承担连带责任，而对于承租人应赔偿出租人的损失承担连带保证责任。从表面上看，保证人的担保范围似乎并不难确定。但在司法实践中，各法院判决对于保证担保范围存在两种不同表述（即全额型担保与差额型担保），并且可能产生不同的法律效果。所谓全额型担保表述，是指判决主文中，保证人承担保证担保责任的主债务范围为全部未付租金及其他费用，比如案例一。所谓差额型担保表述，是指判决主文中，保证人承担保证担保责任的主债务范围为全部未付租金及其他费用与返还租赁物价值的差额（差额＝全部未付租金及其他费用－收回租赁物价值），比如案例二。

【案例一】 上海市浦东新区人民法院［2017］沪0115民初22722号远东国际租赁有限公司与佛山市南海区勤进纺织有限公司、麦启根等融资租赁合同纠纷民事一审判决主文：

（1）解除原告和被告纺织公司签订的《售后回租赁合同》；

（2）被告纺织公司应于本判决生效之日起10日内返还原告《售后回租赁合同》项下的租赁设备（详见《租赁设备清单》）；

（3）被告纺织公司应于本判决生效之日起10日内支付原告按全部未付租金数额计算的损失1 736 458.33元，截至2017年2月7日的逾期付款违约金9789.39元，以及自2017年2月8日起计算至实际清偿之日止的违约金（以到期应付未付租金为基数，按年利率24%以实际欠款天数计算）；

（4）原告可就上述第二项判决所述的租赁设备与被告纺织公司协议折价，或者将该设备拍卖、变卖，所得价款用于清偿被告纺织公司上述第三项付款义务；如所得价款不足以清偿上述债务，则不足部分由被告纺织公司继续清偿，如所得价款超过上述债务，则超过部分归被告纺织公司所有；

（5）被告麦某某等对被告纺织公司上述第三项付款义务承担连带保证责任，被告麦某某等履行保证责任后，有权向被告纺织公司追偿。

【案例二】 上海市第一中级人民法院［2016］沪01民终5650号沈阳和世泰通用钛业有限公司与上海爱建融资租赁有限公司融资租赁合同纠纷案民事二审判决主文：

（1）维持上海市徐汇区人民法院［2015］徐民二商初字第 7395 号民事判决第 N 项；

（2）撤销上海市徐汇区人民法院［2015］徐民二商初字第 7395 号民事判决第 M 项；

（3）上诉人沈阳某公司、原审被告林某对原审被告上海某公司的债务承担连带清偿责任，具体范围为逾期未付租金人民币 5 287 954 元、第 13 期租金的迟延违约金人民币 1092 元、按照每日万分之五的标准计算的第 14 期至第 24 期租金的迟延违约金（每期均以人民币 755 422 元为基数，按月计期，自 2015 年 1 月至 2015 年 11 月的每月 6 日起算，计算至判决生效之日止）、剩余租金人民币 9 065 064 元、律师费人民币 450 000 元与设备返还时价值的差额。上诉人沈阳某公司、原审被告林某履行保证责任后，有权向原审被告上海某公司追偿。

二、出租人维护自身合法权益的措施

在解除合同、收回租赁物并赔偿损失型诉讼中，出租人向保证人主张保证责任，法院判决对于保证担保范围的表述方式为差额型担保的，出租人的权利可能会受到重大影响。在此情况下，建议出租人采取一定措施，以最大化维护自身合法权益。

（一）完善保证合同条款

融资租赁业务中的保证合同对于保证担保范围的常见约定类似于"本合同的保证范围为承租人在租赁合同项下的全部债务，包括但不限于租金、首付租金、违约金、租前息、逾期利息、税费、登记费、手续费、关税、维修保养费、损害赔偿金、留购价款及其他所有应付款项，以及出租人为实现债权而发生的费用（包括但不限于律师费、诉讼费、拖车费、搬迁费、公告费、评估费等）……"该条款未进一步明确约定当融资租赁合同被解除时保证人应当如何承担保证责任。

可以尝试在保证合同中约定，融资租赁合同解除的，不论承租人是否返还、何时返还租赁物，也不论租赁物价值几何，出租人均有权直接要求保证人支付全部未付租金及其他费用，承租人与保证人之间的债权债务关系与出租人无关。但承租人、保证人总共向出租人支付或赔偿的金额，加上承租人返还给出租人的设备价值，不超过全部未付租金及其他费用。超过部分，出租人无息返还予承租人或保证人。

若有上述条款，出租人可尝试以此为合同依据，请求法院就保证人承担的保证责任在判决中以全额型担保的方式进行表述。

(二) 合理选择诉讼请求类型

由于差额型担保的表述方式只存在于解除合同、收回租赁物并赔偿损失型诉讼中，因此如果起诉时选择加速到期而不是解除合同，则可以规避法院判决主文采用此种表述方式。加速到期型诉讼与解除合同、收回租赁物并赔偿损失型诉讼的主要区别在于前者的租赁物所有权仍然归出租人所有，承租人应当立即支付全部剩余未付租金及其他费用，承租人可以继续使用租赁物；而后者必须立即返还租赁物，租赁物价值不足覆盖全部未付租金与其他费用的，承租人承担赔偿损失的责任。但最终无论哪种类型，出租人获得的利益都不会超过全部未付租金及其他费用。

收回租赁物难度较高且出租人主要寄希望于执行保证人名下的财产的，建议出租人优先选择加速到期而非解除合同。在一般情况下，租赁物下落不明、租赁物存在权属纠纷、租赁物已被其他债权人控制、租赁物固定或附着于厂房或土地不便搬迁且承租人配合可能性较低、租赁物价值较低或租赁物具有其他难以返还情形的，以及保证人名下有较多可供执行的财产线索的，建议选择加速到期而不选择解除合同。

(三) 提前研究法院关于保证人担保范围的表述习惯

关于保证担保范围的表述在不同法院存在一定的规律，大部分法院的表述方式仍然是全额型担保，部分法院的表述方式为差额型担保，基本上在同一时期，各法院的表述方式还是相对统一的，可能法院内部已经统一了裁判意见。因此，出租人在向法院起诉之前，可以研究一下该法院既往案例中关于担保范围的表述，以便为确定诉讼请求方案提供参考。

(四) 若已收回租赁物，则尽快确定租赁物价值以便固定保证担保范围

在已经收回租赁物的情况下，出租人应尽快确定租赁物的价值，以便后续提起诉讼，向承租人主张赔偿损失，并要求保证人承担差额部分的保证责任。但前提是出租人具有足够的合同依据处置租赁物，并且租赁物的处置价格必须合理。

三、保证人降低风险的措施

在融资租赁现有法律规定明显对保证人不利的情况下，为使保证人在承担保证责任后能够降低追偿权实现的风险，我们建议：保证人在提供保证担保时与出租人、承租人签订附条件的反担保合同，即承租人将租赁物第二顺位抵押给保证人，并约定在承租人迟延支付租金时，如果出租人主张收回租赁物赔偿损失，则由出租人行使抵押权；如果出租人选择放弃租赁物要求承租人支付全部租金，则出租人应同时放弃第一顺位的抵押权，保证人在代为履行支付租金的保证义务后在向承租人行使追偿权时，有权同时行使抵押权，要求对租赁物享有优先受偿权。如此，可最大限度地实现租赁物在融资租赁关系中的担保价值，并在保障出租人自由选择权的同时尽可能降低保证人在承担保证责任后的追偿权风险。

四、融资租赁合同性质被否认时保证人的责任

在民间融资操作过程中，债权人和债务人为了达到某种特殊的目的以其他合同形式记述借贷融资行为，在此情形下，法院在查明当事人的真实意思后按照借贷事实认定为借贷合同关系。其一旦被认定为不构成融资租赁关系，保证人常常会以"其在为融资租赁合同提供担保，而不是为借款合同提供担保，所涉《保证合同》因缺乏保证人为借款合同提供担保的意思表示而无效"或者"案涉融资租赁合同系名为融资租赁实为借贷，因此融资租赁合同无效，相应担保合同也应无"来进行抗辩，主张不承担保证责任。于是，保证合同的效力及保证人的责任应如何认定，往往会成为案件争议的焦点。有观点认为，担保人提供担保是对债权人与债务人所记载的名义合同的履行提供的担保，并非直接为借贷关系提供的担保，主合同双方书面记载和客观真实存在出入，虽然名义合同的效力未被否认，但其性质被认定变化，担保人以此主张免责的应当支持。但这一观点在实务中并非主流。

2014年《融资租赁司法解释》第1条第2款规定："对名为融资租赁合同，但实际不构成融资租赁法律关系的，人民法院应按照其实际构成的法律关系处理。"从该条文中可以看出，认定不构成融资租赁合同关系，并非因此就否定了主合同的效力，而要依据其实际构成的合同关系来认定主合同是否有效。此处不可将合同性质认定的变化和合同的效力混为一谈。

具体到借贷合同中，在我国现行的监管体制下，金融租赁公司的经营范围和所从事的业务由中国银行业监督管理委员会（现为国家金融监督管理总局）负责监管，因其同时具备金融市场监管职责，在其监管部门未对此类业务作出无效和禁止的要求时，人民法院一般不会简单认定无效。同时，2015年9月1日起施行的《民间借贷司法解释》第11条规定："法人之间、其他组织之间以及它们相互之间为生产、经营需要订立的民间借贷合同，除存在合同法第五十二条、本规定第十四条规定的情形外，当事人主张民间借贷合同有效的，人民法院应予支持。"

因此，若认定借贷合同有效，保证人对主合同的内容，权利义务关系的约定均了解，且保证合同本身无《合同法》《担保法》及其司法解释认定担保合同无效的情形，如是否存在重大误解、欺诈、胁迫，是否存在未经国家有关主管部门批准或者登记对外担保等，则保证合同不因主合同性质认定发生变化而无效。同时，主合同法律关系性质认定的变化亦未改变主合同下债务人所应负担的债的同一性，且保证人保证的是主合同项下的还款义务，这种意思表示是清晰、明确的。

综上，在主合同有效的情况下，主合同性质认定的变化并不影响保证人保证责任的承担。

典型案例：唐山市丰南建设投资有限公司、民生金融租赁股份有限公司保证合同纠纷［2016］最高法民终180号

具体案情：

（1）民生租赁公司与山西海鑫公司签订《融资租赁合同》：由民生租赁公司向山西海鑫公司购买设备，然后再出租给山西海鑫公司使用。山西海鑫公司按期足额向民生租赁公司支付租金。

（2）丰南建设公司将其名下案涉土地使用权抵押给民生租赁公司并办理抵押登记，为山西海鑫公司在《融资租赁合同》项下的租金支付义务提供抵押担保。

（3）山西海鑫公司违约，民生租赁公司诉至法院要求其按期履行租金支付义务并要求丰南建设公司承担担保责任。

（4）丰南建设公司抗辩称，案涉《融资租赁合同》系名为融资租赁、实为借贷，应属无效，其不应当承担担保责任。

法院判决：

本院认为，民生租赁公司与山西海鑫公司之间是否存在真实的交易关系，仅影响法律关系性质的认定，对合同效力以及丰南建设公司担保责任的承担并无影响。

第一，无论民生租赁公司与山西海鑫公司之间系融资租赁法律关系还是借贷法律关系，均不会导致案涉融资租赁合同无效。2014年《融资租赁司法解释》第1条第2款规定，名为融资租赁合同，但实际不构成融资租赁法律关系的，人民法院应当按照其实际构成的法律关系处理。本案中，丰南建设公司未能提交证据证明案涉融资租赁合同存在《合同法》第52条规定的无效情形，其仅以案涉合同系名为融资租赁、实为借贷合同为由主张合同无效，缺乏法律依据，本院不予采纳。

第二，案涉融资租赁合同是不是名为融资租赁、实为借贷，对于丰南建设公司的担保责任承担并无影响。本案中，民生租赁公司诉请丰南建设公司以抵押物为山西海鑫公司欠付民生租赁公司租金和留购价款共计人民币694 451 033.65元承担抵押担保责任，该责任数额加上民生租赁公司已实现的债权数额之和并未超过8亿元款项自实际发放之日起按照法律保护的民间借贷利率标准计算的本息数额。根据合同约定，丰南建设公司在《抵押合同》项下担保的主债权为民生租赁公司在《融资租赁合同》项下对债务人享有的全部债权。丰南建设公司主张民生租赁公司与山西海鑫公司恶意串通，导致丰南建设公司提供担保，但并未提供证据证明。

因此，即使案涉《融资租赁合同》系名为融资租赁、实为借贷，对于丰南建设公司担保责任的认定亦并无影响。丰南建设公司关于主合同无效导致担保合同无效进而主张其不应承担担保责任的上诉理由，缺乏依据，本院不予支持。

第六章

融资租赁纠纷的争议解决方式

第一节 诉讼

一、融资租赁纠纷的复杂性和特殊性

第一方面：融资租赁交易的当事人多，融资租赁交易涉及两个合同，一个是三方当事人，其中有基本主体，即出租人、承租人、供应商；另一个是非基本主体，如担保人、回购人、融资人等。

第二方面：争议节点多，既有物权争议，也有债权争议，如果两者交叉，则会产生更多的争议。

第三方面：时间跨度较大，因为融资租赁属于中长期融资，是资本性融资，一般期限为3年~5年，合同也较长。时间跨度很大，当事人以一纸合同来履行权利义务，中间会有许多客观情况的改变或人为因素的改变，都有可能引起纠纷。

第四方面：区域跨度较大，出租人在全国经营，纠纷双方往往不在同一地区，信息不对称，都有可能牵扯到租赁公司。

二、融资租赁公司针对诉讼问题应如何应对？

1. 起诉的时间和时机

在准备对对方提起诉讼时要考虑到诉讼时效和法定期间，起诉如果超过了诉讼时效，就有可能丧失胜诉权，因此就需要分析案件是否已经超过了诉

讼时效，是否在诉讼时效期间内发生过中断。对于金融租赁公司而言，《民法总则》颁布后，诉讼时效从过去的 2 年延长至 3 年。在很长一段时间内，如果租赁公司不提出索赔要求，诉讼时效就有可能丧失。然而，现在的租赁公司经营越来越规范，人员越来越专业化，在诉讼时效方面几乎不会有什么差错。

此外，还有法律上的一些法定期间，我们要注意，比如撤销权，合同的撤销权，有 1 年的法定除斥期间，如果超过 1 年，撤销权就被取消了，所以需要分析这一年的除斥期间是从哪一天算起，从哪一天算起。

对于租赁公司来说，有个问题应该引起重视，即什么时候起诉？起诉的时机对案件的最终结果是有重大意义的。

2. 法律的准备

（1）首先要分析和判断法律关系，这是做好诉讼准备最基本的工作。由于不同的法律关系所适用的法律以及具体的司法原则（如举证责任的划分等）存在着差异。因此，首先要确定法律关系的性质，各个问题是否属于同一法律关系、能否在诉讼中一起解决？

（2）相关法律知识的收集与准备，司法解释的收集与整理，类似于案件的收集与整理，以加强对案件的分析与判断，在诉讼过程中占主导地位，是一种法律准备。一般而言，法律准备是由专业人员、公司法务人员或外部律师来完成的。

3. 证据的准备

对当事方来说，诉讼实际上就是证明。对法官而言，审理案件即审理证据。对于案件而言，客观事实不能还原，还原的只有法律事实。但法律事实的还原，主要依靠证据。因此，这就要求我们的当事人、具体业务人员一定要增强法律意识，保留好第一手的原始证据材料，在合同的签订和履行过程中，每一步都要留有余地，要有充分的证据意识，这样才能更好地维护自己的合法权益。履行合同过程中发生的某些事情，在当时也许看不出其意义，但在未来的某一天，通过时间的沉淀，它可能会成为证据。

4. 财产情况的调查

起诉的目的不在于追求一纸胜诉判决，而是在于切实维护自己的合法权益。为确保未来判决能够执行，有必要先对对方进行财产调查。财产调查的范围包括：对方的银行资金账户、动产和不动产的状况、对外投资的状况、对外享有的债权，以及商标、专利权等其他权利。侦查活动受法律限制，侦查的结果只能通过非法手段获取，可能得不到法庭的认可，也可能给当事人带来麻烦。因此，当事方应该谨慎委托非律师调查。

5. 诉讼方案的准备

（1）证据的分析判断。对整套证据或者说全部的原始资料进行甄别，选择必要的、充分的或可供补充的证据，并对其进行筛选，提供核心证据，使其能说明问题。

（2）被告及案由的确定。要考虑我们主要起诉的是谁，一般说来，谁能胜任就起诉谁。在这里，主要的目标可能是承租人，也可能是担保人，有时承租人可能已经破产甚至"跑路"。如果要加快程序，则可以直接起诉担保人，否则将承租人也拖进去，送达是个麻烦。另外，可能与供方有关联。是否供应不足呢？抑或，我们出租人已经付款，但承租人不能接货，不让他供货，等等。这种情况是非常特殊的，我们要考虑到底是起诉供应商取消合同，要求其退款，还是起诉承租人，让其来还租金。

6. 管辖法院的确定

当事人约定管辖法院的选择较多，既可选择合同双方的住所地，也可选择合同履行地、签订地或者标的物所在地等。为保护自身权利，融资租赁公司在开展融资租赁业务时通常会考虑如何选择管辖法院。双方当事人在协议选择管辖法院之时，需关注以下三个方面：

第一，考虑有效成本，包括时间成本和经济成本。对于融资租赁公司而言，尤其是对于汽车租赁公司而言，其承租人遍布各地，且融资租赁纠纷多由承租人欠租引发，若双方约定由被告所在地法院管辖，融资租赁公司在维权过程中必然要付出极大的诉讼成本。故在实践中，融资租赁公司大多在其提供的合同文本中约定由出租人所在地人民法院作为管辖法院。在现行法律法规的运行下，当事人选择自身的住所地可有效节约时间成本和经济成本。

第二，选择对裁判尺度相对熟悉、沟通相对顺畅的法院。有时，不同法院乃至法官的审判风格相差甚远，当事人若想增加胜诉的可能性，应选择对法官的裁判思路和尺度相对熟悉的法院，以增强案件裁判结果的可预期性。

第三，选择的法院能高效裁判和执行。从国内融资租赁企业的设立情况来看，在区域分布上呈现出高度集中的特点。大量的融资租赁企业集中注册在天津、上海、深圳等地，不仅如此，融资租赁企业还进一步集聚在这些省市的某些特定区域,如深圳前海、上海浦东等。因此,这些融资租赁企业通常会以自身住所地作为争议解决的管辖法院,并认为这些地方的法院审判更为专业。以上海为例,上海的融资租赁企业大多注册在浦东新区,约定管辖也多选择在浦东新区人民法院。然而,浦东新区人民法院原本就是全国收案最多的法院之一,案多人少的审判压力极其严峻。在通常情况下,整个案件的立案、保全、审理、裁判、执行的周期相对较长,因此将案件的管辖法院约定到结案压力相对较小、审判效率相对更高的法院其实更为合适。

从审判的专业性上来说,对于通常的融资租赁合同纠纷,一般法院的法官审判能力足以胜任。如遇到新类型或是相对复杂的融资租赁业务,那么当事人也可以选择融资租赁审判经验更为丰富的法院。

融资租赁合同的标的可以为动产,也可以为不动产。合同纠纷可以由双方约定由一个与合同争议有关的地点的法院管辖,而不动产纠纷只能由不动产所在地的人民法院管辖。即使在订立以不动产作为租赁物的融资租赁合同中,当事人约定由其他法院进行管辖,该约定也因违反了民事诉讼法中有关专属管辖的规定而无法产生法律效力。在实践中,有不少融资租赁合同的标的物涉及不动产,对于涉及不动产的融资租赁纠纷的管辖问题,关键点在于区分案件性质,判断其是合同纠纷还是不动产纠纷。

7. 法务团队职业化很重要,要合理搭配,敢于多维突破

诉讼案件的快速推进,需要多方面因素的通力协作。融资租赁公司的法务团队既要精练精干,又要思维活跃,敢于持之以恒不言弃,敢于突破各种"不可能"。同时,要展现"职业化",动作要快,做好内外部保密工作,尽量将知悉诉讼案件信息的人员控制在最小范围。

当然,专业且强大的法务甚至资产管理团队建设不只是为了解决资产管理和诉讼问题,团队在业务前端的方案设计、法律风险防控方面都要发挥重要作用。从这个角度讲,资产与法务团队的工作是贯穿于整个项目周期的。

法务团队可以推行案件分析研究制度。例如,要求业务部门在涉诉3天内报给集团法务部知晓,法务部门出具处理意见(自行处理或咨询外聘律师提供诉讼方案),其中重大的诉讼方案必须经由集团法务研究通过,并最终提交案情分析报告和结案分析。

深化全面风险管理。建立风险清单库,开展常态化风险评估,建立重大经营风险报送工作机制。广泛收集风险相关信息,收集融资租赁领域的典型

案例及与本企业相关的风险信息,包括新出台的法律法规、各地国资委文件、财税金融政策。研究整理企业重要合同、企业重大纠纷案件,编写《法律及合同风险库》。定期开展风险评估,对收集到的法律风险及时进行评估,就法律风险的性质、特征、发生概率、对企业影响程度进行分析,根据分析结果对法律风险实行分级管理。法务部门针对风险暴露出来的问题及时提出改进建议,重大法律风险应报告股东会、董事会。

8. 诉讼请求选择的方向

(1)诉请加速到期,支付租金。出租人诉讼请求承租人支付全部未付租金及其他费用,相对容易取得法院胜诉判决。但如果判决后租金债权未获清偿,根据《融资租赁司法解释》第10条的规定,出租人仍需诉请解除融资租赁合同,返还租赁物,才能对租赁物进行处置。该条规定将出租人租金债权和租赁物处置放在两个诉讼中解决,给出租人造成了二次诉讼的困扰。因此,基于出租人对租赁物拥有所有权,在出租人诉请租金债权经执行仍未获清偿时,应允许其在执行程序中对租赁物处置优先受偿。

首先,法律规定融资租赁诉请两者择一的目的是防止出租人双重受偿,但在租金债权未获清偿时,出租人执行处置租赁设备没有获得双重受偿,也并未损害承租人利益。有的人认为,租赁合同未解除,承租人仍有对租赁物平静占有的权利。而对于承租人的平静占有权,如租赁合同已到期,则承租人已不存在该项权利;如租赁合同未到期,出租人租金债权未获清偿,承租人涉诉众多,甚至存放租赁物的土地厂房已被处置,此时再继续保障承租人的平静占有权已无实际意义。

其次,出租人诉请支付未付租金,可以申请对租赁物进行查封保全。《民事诉讼法》第105条规定:"保全限于请求的范围,或者与本案有关的财物",表明保全的财产并不限于被申请人的财产,"与本案有关的财物"亦可采取保全措施,租赁物明显是与案件有关的财物,应当允许出租人申请法院查封,并在执行程序中就租赁物处置优先受偿。

最后,租金债权未获清偿情况下,出租人再诉请解除合同、返还租赁物。如果出租人在两个诉讼中均取得了胜诉判决,是否会出现承租人被双重执行的情形?最高人民法院民二庭李志刚法官在《融资租赁合同欠租纠纷的司法救济——融资融物双重性的诉讼视角》一文中认为,第二份判决即出租人诉请解除合同、取回租赁物的判决必然应当对在先判决(诉请支付租金的判决)

及承租人未履行该判决义务的事实作出认定，故基于新的事实而产生的新的判决效力在法理上实际已替代了既有判决，并不会导致承租人被双重执行。但在司法实践中，再次诉讼的案例较少，如长宁法院［2015］长民二（商）初字第 7820 号判决书、浦东法院［2017］沪 0115 民初 4501 号判决书。

出租人虽选择诉请支付租金，但并未丧失对租赁物的所有权，其他债权人也无权处置。此时，如果不允许出租人在执行程序中处置租赁物，而非要出租人再诉解除合同、返还租赁物后才能处置，将既增加出租人的诉讼成本，也造成租赁物价值减损、浪费司法资源。

（2）诉请解除合同、返还租赁物。《融资租赁司法解释》第 11 条第 1 款规定："出租人依照本解释第五条的规定请求解除融资租赁合同，同时请求收回租赁物并赔偿损失的，人民法院应予支持。"如出租人诉请时仅请求解除融资租赁合同，未对租赁物的归属及损失赔偿提出主张，人民法院可以向出租人进行释明。根据上述法律规定，确定赔偿损失的范围需先对租赁物残值进行评估计算，因此在司法实践中，涉及租赁物价值评估问题，这样将会延长诉讼时间。

第一，赔偿范围。《融资租赁司法解释》第 11 条规定的损失赔偿范围为"承租人全部未付租金及其他费用与收回租赁物价值的差额。合同约定租赁期间届满后租赁物归出租人所有的，损失赔偿范围还应包括融资租赁合同到期后租赁物的残值"。该条第 1 款主要规定了出租人享有合同法定解除权的情形，第 2 款主要规定了出租人可主张的赔偿范围。

关于赔偿范围需要注意的是"承租人全部未付租金"包括到期未付租金和未到期未付租金。根据上述规定，出租人可以主张的赔偿金额的计算公式为：到期未付租金+未到期未付租金+其他费用-收回租赁物的价值+租赁物残值。

需要注意的是，如果承租人不归还或者不能归还租赁物（如承租人将租赁物转让给了第三人），则出租人收回租赁物的价值为 0，上述计算赔偿金额的公式就变成了到期未付租金+未到期未付租金+其他费用+租赁物残值（如有约定期满租赁物归出租人），不考虑"其他费用"，从该计算公式可以看出，在此情形下，出租人的利益状态和合同正常履行的利益状态是一致的。而承租人也承担了不归还或者不能归还租赁物的法律后果，符合公平的原则。

第二，租赁物价值的确定。《融资租赁司法解释》第 12 条规定了租赁物价值的确定方法："诉讼期间承租人与出租人对租赁物的价值有争议的，人民法院可以按照融资租赁合同的约定确定租赁物价值；融资租赁合同未约定或者约定不明的，可以参照融资租赁合同约定的租赁物折旧以及合同到期后租赁物的残值确定租赁物价值。承租人或者出租人认为依前款确定的价值严重偏离租赁物实际价值的，可以请求人民法院委托有资质的机构评估或者拍卖确定。"根据该规定，租赁物价值的确定方法（含顺序）是：承租人与出租人协商确定、法院根据合同的约定确定、参照合同约定的折旧和租赁物残值确定、评估或拍卖确定。

对于租赁物价值的确定，融资租赁合同可约定由出租人与承租人共同认可的第三方有资质的评估机构名单，只要是委托名单里的评估机构对租赁物作出的评估结果，出租人与承租人均予以认可，产生的评估费用由承租人负担且承租人不得提出任何异议。同时，融资租赁合同还可结合《担保制度解释》第45条之规定，对如何拍卖、变卖租赁物详加约定。但评估或拍卖会延长司法程序周期、增加行权成本，我们建议在融资租赁合同中约定相对公允的租赁物价值/折旧以及到期后残值，便于法院直接参照适用。

第三，承租人的差额返还请求。《民法典》第758条规定了出租人主张解除合同、收回租赁物时，承租人在一定条件下享有差额返还请求权。上述条件包括：①融资租赁合同约定租赁期届满租赁物归承租人所有；②出租人主张解除合同时，承租人已支付了大部分租金；③出租人拟收回的租赁物价值大于承租人欠付的租金。《担保制度司法解释》第65条第2款则明确了承租人的差额返还请求权可以抗辩或反诉的方式提出，法院应一并处理，这更加便利了承租人差额返还请求权的行使。

第二节　仲裁

一、仲裁的特征

（一）仲裁基本介绍

（1）基本概念：仲裁是指争议的当事人根据其在合同中预先订立的仲裁条款，或者在争议发生之后协商达成的仲裁协议，自愿将产生的争议提交给当事人各方都同意的第三方，按照一定的程序规则进行审理，并作出对争议各方当事人均具有拘束力的终局裁决的一种解决争议的方式。

（2）仲裁的类型：商事仲裁、投资仲裁、国家间仲裁、体育仲裁、劳动仲裁等。

（3）仲裁的范围：

第一，可以仲裁的纠纷。财产纠纷（平等主体之间合同、财产权益纠纷）

第二，不可仲裁的纠纷。婚姻、收养、监护、扶养继承纠纷；依法应当由行政机关处理的行政争议。

劳动争议和农业集体经济内部的农业承包合同纠纷可以仲裁，但不是《仲裁法》意义上的仲裁。

（二）仲裁相比于法院诉讼的特殊之处

1. 独立性

中立。仲裁委员会独立于行政机关，与行政机关没有隶属关系，仲裁委员会之间也没有隶属关系。

公正。《仲裁法》第13条第1款规定："仲裁委员会应当从公道正派的人员中聘任仲裁员。"当事人可以选择仲裁庭的组成形式为，3名仲裁员的合意仲裁或1名仲裁员的独任仲裁。当事人可以选定仲裁员，甚至可以推荐并经仲裁委员会核准仲裁员名册外的仲裁员。

仲裁机构和仲裁员的独立性、公正性特点使得其相较于法院而言往往更能成为当事人间均能接受的争议解决方式。如，PPP项目的争议解决应尽量避免选择地方政府所在地的法院或仲裁机构，建议选择包括上海国际仲裁中心在内的独立第三方且具有影响力的仲裁机构，因为其专业性和独立性有利于社会资本与政府之间的公平公正。

2. 非公开审理/信息保密

仲裁以不公开审理为原则。当事人协议公开的，可以公开进行。仲裁的庭审过程一般不允许旁听，也不接受新闻媒体的采访。最终的裁决信息保密，仲裁的裁决不公开，无法网络平台搜索到相关案件信息，有效为当事人保守商业秘密和企业信誉。法院的判决裁定会在符合最高人民法院的公开要求时被公开到中国裁判文书网上，因而会减损商事交易的保密性。而仲裁裁决除了主体是上市公司的情况外，不会被强制性披露。诉讼文书上网与仲裁未公开的有效衔接：至于仲裁中涉及的保全和证据保全，当事人向仲裁委员会申请后，仲裁委员会提交法院审查，法院此时需要将当事人主要信息隐去。市场主体，尤其是知名的上市公司把商业秘密、企业信誉看得至关重要，争议的公开可能使其商誉受损，进而影响股价。因而，仲裁一直是知名企业处理纠纷的主要方式。此外，采用仲裁的方式有助于当事人在小范围内解决争议，有利于维持双方的合作关系。

3. 集中管辖

《仲裁法》规定，仲裁委员会应当由当事人协议选定，且该选择不受机构的级别和地域限制，当事人可以约定将争议提交至除当事人住所地之外的第三地的仲裁机构解决。仲裁管辖权源自当事人的协议以及法律规定对该协议效力的限制。仲裁不实行级别管辖和地域管辖，也不受专属管辖的限制。专属管辖是法院管辖独有的制度，法律规定的专属管辖只对法院受理的案件具有约束力，仲裁制度中没有专属管辖的概念。因此，对于专属管辖的案件，即使是涉及不动产租赁物权属问题的融资租赁纠纷，在仲裁程序中，双方也可以约定仲裁管辖，不受专属管辖的限制。

4. 程序灵活

当事人一般都希望尽可能快捷地解决纠纷，以避免投入更多的财力和时间成本。在这点上，仲裁具有极大的优势。首先，只要当事人在融资租赁合同中签订了有效的仲裁协议，一旦产生合同纠纷，双方当事人均可以去约定的仲裁机关申请裁决。仲裁的受理和开庭程序相对简单，审理时间较短。其次，仲裁程序便利，以表面审查原则为立案审查原则，在立案管理上，指派立案秘书，当天反馈意见，当天就能立案，上午立案、中午通知、下午审理并出具裁决书。无举证期限，程序的启动和安排都可以由当事人与仲裁员联络协商。法律及仲裁规则对操作方式不作出强制限制，如可以远程视频作证。最后，仲裁实行一裁终局。目前，大部分争议都通过诉讼解决，但是诉讼案件的数量呈上升趋势，我国的司法资源有限，一个案件从受理到判决生效需要较长时间。仲裁的程序简便、灵活高效，整体期限和效率优于诉讼，可使当事人尽早摆脱往期的融资租赁纠纷。

5. 国际认可度高

仲裁较之于其他争议解决方式，更具国际性。在全球化背景下，案件可能涉及的国际因素越来越多，包括当事人的国籍、合同涉及的履约地、执行的跨国需求等，而仲裁可以说是一种世界范围内通行的纠纷解决机制。在仲裁的裁过程中，除了双方当事人选定的适用法律，仲裁庭还可以参照国际公约、议定书国际惯例等来解决处于不同制度、不同国家或民族，不同社会政治经济文化传背景下的争议，相容性更大。

（三）融资租赁案件的基本特点

（1）实体经济走势作用明显：涉案标的物集中于实体产业。如生产线、机器设备。

（2）融资租赁公司交易主导地位明显：格式化文本、承租人多为小微企业或自然人。

（3）争议主体不断扩张：出租人、承租人、保证人、回购人。

（4）争议定量化后事实更明显：租赁物质量、设备残值、租金金额、违约金、保证合同效力。

（四）融资租赁仲裁请求的基本类型

（1）合同已经到期，出租人主张解除合同并要求承租人返还租赁物。

（2）合同已经到期，出租人仅主张承租人支付全部未付租金。

（3）合同未到期，出租人主张解除合同，确认租赁物所有权，返还租赁物并支付到期未付租金。

（4）合同未到期，出租人主张解除合同，确认租赁物所有权，返还租赁物并赔偿损失。

（5）合同未到期，出租人主张承租人支付全部未付租金，包括已到期未付租金和未到期租金。

（6）要求回购人承担回购责任。

（五）融资租赁企业如何用拟定仲裁条款

例如，SHIAC 建议的仲裁条款模板：

凡因本合同所引起的或与之相关的任何争议、纠纷、分歧或索赔，包括合同的存在、效力、解释、履行、违反或终止，或因本合同引起的或与之相关的任何非合同性争议，均应交由上海国际经济贸易仲裁委员会管理的仲裁，并按照提交仲裁通知时有效的《上海国际经济贸易仲裁委员会仲裁规则》最终解决。

本仲裁条款适用的法律为……（中国法）

仲裁地应为……（上海）

仲裁员人数为……名（1名或3名），仲裁程序应按照（选择语言）来进行。

因本合同引起的或与本合同有关的一切争议，双方应通过协商解决。协商不成的，提交上海金融仲裁院按照其现时有效的仲裁规则进行仲裁。仲裁裁决是终局的，对双方当事人均有约束力。

（六）现阶段仲裁在融资租赁行业应用的缺陷

（1）诉前保全只能到被保全财产所在地、被申请人住所地的基层法院，需要了解当地法院的具体情况，可能会存在公关难、沟通成本大的问题。《民事诉讼法》第104条规定："利害关系人因情况紧急，不立即申请保全将会使其合法权益受到难以弥补的损害的，可以在提起诉讼或者申请仲裁前向被保全财产所在地、被申请人住所地或者对案件有管辖权的人民法院申请采取保全措施。申请人应当提供担保，不提供担保的，裁定驳回申请。人民法院接受申请后，必须在四十八小时内作出裁定；裁定采取保全措施的，应当立即开始执行。申请人在人民法院采取保全措施后三十日内不依法提起诉讼或者申请仲裁的，人民法院应当解除保全。"

（2）诉中保全需要仲裁机构出具保全裁定书后流转给法院再落实，多出一个流转过程，时间成本会变大。

（3）法院对仲裁的监督方面可能会使对仲裁裁决的执行增加难度：

第一，需要到财产所在地或被执行人所在地（一般为中级人民法院），沟通成本和沟通难度太大。

第二，一方申请执行裁决，另一方申请撤销裁决的，裁定中止执行。

第三，涉及依当事人申请对仲裁文书的撤销或者不予执行的情形。

（4）当事人在国内仲裁中申请财产保全，由基层法院负责采取保全措施。而此后当事人要申请执行仲裁裁决，又要向中级人民法院提出执行申请，就会出现采取保全措施的法院和最终负责执行的法院不一致的情况。这或多或少会给当事人和法院执行带来一些不便。如：①材料的流转；②案件协同性审查的成本。

（5）由于是中级人民法院负责执行，考虑到中级人民法院在各地的数量相比于基层法院而言更少，考虑到司法资源有限，执行力度可能不够大。2008年《最高人民法院关于人民法院执行工作若干问题的规定（试行）》第11条规定："在国内仲裁过程中，当事人申请财产保全，经仲裁机构提交人民法院的，由被申请人住所地或被申请保全的财产所在地的基层人民法院裁定并执行；申请证据保全的，由证据所在地的基层人民法院裁定并执行。"

《最高人民法院关于适用〈中华人民共和国仲裁法〉若干问题的解释》第29条规定："当事人申请执行仲裁裁决案件,由被执行人住所地或者被执行的财产所在地的中级人民法院管辖。"

(6) 一裁终局的模式导致失去上诉的机会,比起诉讼少了一个救济途径。

(7) 保密性。结果不被强制披露,弱化对承租人的司法压力。

(8) 仲裁费更高。

二、仲裁的注意事项

(一) 仲裁机构及仲裁员的选择

仲裁的特点之一就是它不涉及管辖问题,当事人可以自行选择解决纠纷的仲裁机构。合同纠纷的当事人都希望争议能够得到公正、高效以及低成本的解决。因此,选择合适的仲裁机构和仲裁员是极为重要的。

随着中外企业交易量的增加,我国的涉外争议数量也随之变多。从仲裁的成本考虑,当事人应尽可能选择境内的仲裁机构。一般的融资租赁合同纠纷都能在中国境内得到有效解决,不必花费高昂的交通以及时间成本到境外的仲裁机构解决争议。况且,到境外的仲裁机构解决纠纷,对当事人的语言要求也极高。法律上的陈述不能有误,语言能力不强的当事人将不得不高价寻找专业人员进行翻译。此外,当事人在选择仲裁机构时应尽量选择距离较近、知名度较高、信誉较好的仲裁机构,例如中国国际经济贸易仲裁委员会。这样的仲裁机构处理民商事纠纷的经验相对丰富、仲裁员队伍整体素质较高、交通也相对便利,有利于节省当事人参加仲裁活动的成本。

当事人在进行仲裁员的选择之时,应当尽量寻找熟悉相关专业知识的仲裁员,避免选择符合法定回避条件的仲裁员。仲裁机构会提供仲裁员名单,并列明仲裁员的专业领域,当事人可以对仲裁员的相关信息进行检索,根据自己的需求,在规定的时间内选择仲裁员。

出租人申请仲裁,应具备与出卖人、承租人真实有效的书面仲裁协议,或与其他担保人达成的书面仲裁协议。仲裁庭应注意审查仲裁协议的真实性,尤其是需要对担保人出具的含有仲裁条款的《保证函》中担保人签章的真实性进行审查。

(二) 融资租赁事实的认定

融资租赁合同应当由出租人、承租人、出卖人签章确认,并约定有关于标的物规格型号、数量、价款、交货地点、发货时间租赁成本、租金总额、起租日、还款日、所有权转移、违约责任争议解决方式的管辖条款等。仲裁庭应根据融资租赁合同、租赁物属性及对应放款凭证等认定融资租赁的基本信息，对违约金的计算依据及方式，加速到期的条件，以及租赁物的所有权转移等依据进行审查。

（三）违约事实的认定

1. 违约事实认定

融资租赁合同纠纷违约事由集中体现在承租人未按约定的期限和数额支付租金或迟延履行其他付款义务上，合同约定出租人有权向承租人主张租金全部加速到期或者是解除合同，收回设备并主张赔偿损失。出租人应提供承租人违约的相关证据（如还款凭证、还款明细等），用以证明违约事实的发生，仲裁庭应审核承租人是否构成违约，出租人是否享有主张违约责任的权利。

2. 违约的后果

（1）对于承租人违约，出租人主张租金全部加速到期的，应提交向承租人及担保人宣布加速到期的通知书及送达依据。

（2）承租人逾期履行支付租金义务或者迟延履行其他付款义务，出租人按融资租赁合同的约定要求承租人支付逾期利息、相应违约金的，仲裁庭应予支持。

（3）对于承租人违约，出租人既主张解除合同、返还租赁物又主张支付全部未付租金的，仲裁庭可以告知出租人依据《民法典》第752条的规定作出选择。

出租人请求承租人支付合同约定的全部未付租金，仲裁庭裁决后承租人未予履行，出租人再行申请解除融资租赁合同、收回租赁物的，仲裁庭应予支持。

（4）对于承租人违约，出租人主张解除融资租赁合同，未对租赁物的归属及损失赔偿提出主张的，仲裁庭可以向当事人释明。

（5）对于承租人违约，出租人主张解除融资租赁合同，返还租赁物并赔偿损失的，赔偿损失的范围为承租人全部未付租金及其他费用与收回租赁物价值的差额。如租赁物的首付款由承租人支付，则仲裁庭应审查租金总额是否包含承租人支付的首付款，如果包含首付款，则赔偿损失的范围应扣减承租人支付的首付款。

仲裁期间承租人与出租人对租赁物的价值有争议的，仲裁庭按照融资租赁合同的约定确定租赁物价值；融资租赁合同未约定或者约定不明的，可以参照融资租赁合同约定的租赁物折旧以及合同到期后租赁物的残值确定租赁物价值。承租人或出租人认为依前款确定的价值严重偏离租赁物实际价值的，可以请求仲裁庭委托有资质的机构评估或者拍卖确定。

第三节 财产保全和强制执行

一、财产保全

在融资租赁合同出现承租人逾期支付租金或其他违约行为的情况下，出租人决定通过诉讼途径解决时，往往会在诉讼程序中采取保全措施，以降低承租人给付不能和租赁物灭失的风险。因此，所申请保全的财产中一般均包括融资租赁合同项下的租赁物。在司法实践中，不时会遇到出具保全事项裁定或负责保全事务的法官有所疑虑：按照法律规定和融资租赁合同约定，租赁物本就归出租人所有，系出租人的财产；出租人申请保全归自己所有的财产，是否恰当？有无法律依据？同时，由于融资租赁行业规模大、项目多，涉及诉讼纠纷的数量也不少，因而各地法院大都遇到过保全查封租赁物的案例，而且一般也无异议发生。故此，即便有此疑虑，在一般情况下，承办法官也往往会遵循先例办理。所以，在司法实务中，似乎这个问题倒也不完全算是个问题，但是对于此问题，我们却不能不继续探究答案：出租人申请保全、查封归自己所有的租赁物是否于法有据？

（一）出租人申请保全租赁物的法理基础

当事人有权申请保全，这是其诉讼权利。而当事人可以对哪些财产申请保全，则取决于当事人的实体权利。申请人之所以可以申请法院保全查封以诉讼标的金额为限的被申请人的财产，是因为申请人所拥有的针对被申请人的请求权。而判断申请人是否有权要求法院保全其自身拥有所有权的财产，也应当从其实体权利层面进行分析判断。

诚然，所有权是支配权，即所有权人对其拥有所有权的财产享有完全的占有、使用、收益、处分权利。但是，所有权的权能并非始终会处于圆满的状态，所有权也可能存在被侵害、妨害的情况，致使所有权人对其财产的支配可能无法实现。故此，物权法设计了物上请求权，以实现权利人对其物权的保护。

以妨害形态之不同为标准，物上请求权可被区分为三类：一是他人无权占有物权人之标的物而致物权于妨害时，发生物权的返还请求权；二是以占有之外的其他方式妨害物权的圆满状态时，发生妨害除去请求权；三是物权于将来有受到妨害之虞时，发生物权的妨害预防请求权。

《民法典》第 235 条"无权占有不动产或者动产的，权利人可以请求返还原物"规定的情形即为前述第一类物上请求权。对于融资租赁而言，承租人的占有并非无权占有，不属于前述第一类情形；在逾期支付租金等违约行为发生之际，承租人大多也暂无妨害物权圆满状态的行为，故也不属于前述第二类情形。但是，承租人占有租赁物的状态以及其逾期（无能力）支付租金的事实，均有充足的理由令出租人相信存在承租人无权处分租赁物或其他妨害所有权行为的可能。在实践中，此类情形也确实经常发生。因此，其符合物上请求权的第三类情形。出租人基于其对租赁物所享有的所有权而行使物上请求权，申请法院对租赁物采取保全查封措施，无疑是有充分、正当的理由的。

(二) 出租人申请保全租赁物的法律依据

尽管出租人申请保全租赁物在实体法上有法理基础，但该保全行为在诉讼法上是否有具体的法律依据呢？

根据《民事诉讼法》第 105 条"保全限于请求的范围，或者与本案有关的财物"的规定可知，作为保全申请人的出租人可以申请法院予以保全的财产，要么属于诉讼请求之范围，要么与诉讼案件有关。就绝大多数融资租赁诉讼案件而言，租赁物是与诉讼案件直接相关的财产，符合《民事诉讼法》确定的保全财产之范围。因此，只要与案件有关，申请人完全可以申请对被申请人占有状态之下的归申请人所有的财产采取保全措施。而在融资租赁法律关系中，租赁物恰处于承租人合法占有的状态之下，符合该司法解释的要求。因此，申请人对租赁物申请采取保全措施，是有民事诉讼法律依据的。

自 2021 年 1 月 1 日起《民法典》正式颁行实施，其配套的《担保制度解释》也一同开始适用。该解释第 65 条规定，无论出租人是选择加速到期后以拍卖、变卖租赁物所得的价款受偿的诉请，还是选择解除融资租赁合同并收回租赁物,在履行判决时,均涉及对租赁物的执行。就此而言,无论租赁物是动产,还是不动产、特殊动产,均为与诉讼请求、诉讼案件直接相关的财产,且处于承租人占有状态之下并为执行阶段之对象。由是可知,出租人在诉讼中申请保全、查封自己拥有所有权的租赁物,不仅有诉讼法上的规范依据,也是有实体法上的规范基础的。

综上所论,出租人申请对归自己所有的租赁物采取保全措施,于理、于法均有依凭。既然有法律依据,而且司法实践也始终如此处理,自然当事人间应无异议发生。

财产保全分为以下两种:

(1) 诉前财产保全,根据民事诉讼法,这是一项具体措施。这主要是指,在紧急情况下,如果法院不立即采取财产保全措施,将会使利害关系人的合法权利受到难以弥补的损害。因此,法律规定利害关系人可以向人民法院申请采取财产保全措施。这就是诉前财产保全,它在紧急情况下是适用的。就笔者所知,前两年北京的法院在诉前财产保全方面用得比较少,我们在融资租赁诉讼中,如果去申请诉前保全,基本上是办不到的。但是也有例外。

(2) 诉讼中的财产保全,即人民法院在受理案件后作出判决前,对当事人的财产或标的物采取限制措施,诉讼中的财产保全更是如此。申请财产保全应当先提交申请,同时附送财产信息,如银行账户、房产所有权证明、土地使用权证明、汽车牌照和证明第三人确实是被申请人的到期债权等。还有就是要提供担保,比如房屋所有权,第三人提供财产担保,或者找一家担保公司担保等。

融资租赁保全是在诉讼中保护融资租赁企业的重要手段,好的保全是成功的一半,融资租赁企业必须重视财产保全工作,以最大限度地保护自身利益不被侵害。

二、强制执行

(一) 租赁企业执行难的原因

1. 小微承租企业经营风险高

涉案当事人,特别是承租方多为小微企业。这个数据与我国融资租赁业务的发展现状有关。能源、交通运输设备、工业装备、基建、不动产等行业是我国融资租赁业务发展最早、最成熟的行业,其融资对象多为大型国企或上市公司，资金雄厚。近年来，随着我国经济动能切换与新经济的崛起，小微企业开始越来越多地出现在租赁市场。然而，这些小微企业背后并没有大型企业或集团做支撑，经营风险较高，发生租金交付等纠纷的概率也就相应较高，后续执行困难也就不足为怪了。

2. 租赁物收回、变现困难

从表面上看，租赁物的存在似乎可以减轻融资租赁合同纠纷执行难的风险，然而事实并非如此。

首先，传统融资租赁模式的大型设备等租赁物因折旧、更新换代及对技术人员的依赖等原因而极易贬值。即便是百万、千万的设备在处置时通常也只有原值的一个零头。而新型租赁模式下的租赁物本身就偏向于概念性，变现能力就更差了。

其次，过往这些年来，中国还尚未形成租赁物权属公示机制（今年才开始实施融资租赁统一登记制度），融资租赁交易中租赁物所有权和使用权相分离的特点使出租人对租赁物的监控管理难度较高。这就会导致租赁物经常被第三人占有或控制，比如他人在执行承租人时对租赁物进行保全。在这种情况下，出租人想要主张所有权，就只能以案外人的身份提起执行异议之诉，地位被动，执行也就难上加难了。

3. 融资租赁本身的风险投资性

作为一个靠风险盈利的行业，租赁公司主要依靠项目投放后的应收租款项实现盈利，当然也必须面临租金不能如期收回的风险。

虽然租赁公司在投放项目之前都会经过风控部门的把关，但其业务性质也决定了项目在一定比例上的高风险性，而且不同公司的风控理念和风控状态也千差万别。因此，与其他案件相比，融资租赁纠纷中债务人的履行能力具有更多的不确定性，相应地，执行也就更加困难了。

（二）租赁企业执行难的痛点解决方案

1. 提前做好各阶段的风控管理，尽可能避免进入执行程序

从融资租赁合同纠纷大数据来看，一旦进入执行程序，就会有近一半的概率面临终本，而一旦被终本，执行回款的期望就会大幅降低。所以，解决执行难最有效的方法便是在执行前的几个关键阶段提前做好法律纠纷风控管理。

（1）缔约合同之前，对承租人进行全面的调查分析。

行业调查：调查分析行业的发展阶段、整体盈利状况、产能状况、受宏

观经济周期波动的影响程度、营业资质是否需要审批、是否受法律政策的限制和影响等。

承租人调查：调查分析承租人在行业中的竞争地位、企业资质、股东结构及出资情况、组织架构和高管能力、经营稳定性、财务状况、担保方与担保物的实际情况、信用状况……

根据调查分析结果，有针对性地设计更为稳定的融资租赁产品，将后期租金及租赁物的回收风险降到最低，从而降低发生纠纷的概率，避免执行难的问题。

（2）合同签订时：规避可能拖长诉讼、执行周期的事项。除了合同签订时的常规注意事项，融资租赁合同签订时还需重点关注两个事项：

约定好租赁物残值评估方式。在签订合同时，应明确约定评估方式及评估机构，以便出现纠纷后，先行委托评估，加快诉讼及执行进程。

设立详细、明确的送达条款。诉讼、执行阶段法律文书的准确、顺利送达直接影响到执行回款的效率和概率，因此在签订合同时应尽可能详细地约定好送达条款。条款需要对送达基本信息、送达方式、送达变更、适用范围、送达不能的法律后果以及条款的独立性作出明确的约定，为后续的诉讼和执行做好保障工作。

（3）合同履行期间，持续掌握租赁物及承租人的状态变化。加强对租赁物使用情况的监管，配置专门的跟踪人员，持续关注承租人的经营、发展状况。及时察觉经营恶化趋势，在承租人的偿付能力出现恶化时，立刻采取应对措施。

（4）出现违约后，根据逾期原因作出不同应对。租金逾期出现后，租赁公司应尽快找出承租人逾期未支付的原因。

如果承租人出现资金链断裂等难以逆转的经营困难，或者承租人恶意违约，出租人应及时止损，尽快收回租赁物，并向法院申请诉前保全，快速启动诉讼程序。

（5）在诉讼过程中，采取措施预防执行难。在诉讼中，如果承租人的履行能力持续恶化，出租人应尽快向法院申请诉讼保全或先予执行，防止承租人在诉讼期间转移财产，或者财产被其他债权人在先保全。

2. 执行开始后，主动配合法官全方位查找财产线索

案件进入执行程序后，如果没有抵押物可供执行，或者抵押物难以变现，

执行法官会通过法院的"总对总""点对点"查控系统查找被执行人的存款、股权、房产、车辆以及其他动产和不动产。以上查控方法通常被称为法院"四查",具有很强的公信力。所以,申请执行人,甚至是很多律师都将执行到位的希望全部寄托在法院的查控工作上。

但法院的查控范围是有局限性的。比如,被执行人刻意隐藏的财产,或者被执行人对他人的未诉、在诉、到期的债权,并不在法院的查控范围之内。当法院通过"四查"找不到被执行人有可供执行的财产时,就会将案件终本。那么,怎样弥补法院搜查范围的局限性,扩大财产线索查找范围,降低终本概率,增加回款希望呢?

路径只有一条,那就是在执行开始后,申请人主动配合法官,参与财产查找工作。但申请执行人通常并没有查找财产线索的专业知识、经验和能力,却可以考虑聘请经验丰富的专业执行律师来完成这项工作。

终本之前的执行阶段至关重要,如果被执行人有法院"四查"之外的财产,在这一阶段最容易被发现。案件一旦终本,被执行人就有了喘息的机会,财产被转移、隐藏的概率将大幅度提升,并且申请人想要重新恢复执行,还需一定的条件和手续。

第七章

融资租赁企业风控体系建设
——风险预警机制建设

防范风险是金融行业必须时刻牢记的准则，融资租赁行业也不能例外。一个项目出现风险，往往会导致十个甚至更多项目的利润归于湮灭，从而使一个公司当年的利润成为负数。安全、稳定、持续的正常运营，确保每个项目安全回款，才能更好地保证融资租赁企业的生命力。

在融资租赁资产管理过程中，根据融资租赁系列合同的履行情况、承租人的经营情况、标的物或出卖人的生产与售后能力情况、担保人情况，包括已出现的问题或异常、可能会发生或出现的问题和异常进行识别、分析、统计、度量、论证，以确定风险存在与否或即将发生与否，并根据分析判断风险作出因应措施，以消灭、化解、降低风险的一系列管理方式方法可被称为风险预警。

第一节 风险预警要旨及制度

一、风险预警管理的要旨

及时、准确、真实、全面、完整。这是指风险管理者必须把项目中存在的与租赁资产安全有关的信息及时、准确、真实、全面、完整地梳理、统计出来，并据之进行分析、论证或度量，以确定风险出现的可能性，如何操作能避免风险。以做到有效地防患于未然。构建风险预警体系最重要的是实现部门与部门之间、防线与防线之间、机制与机制之间以及体系与体系之间的协作，以保障企业管理效率与质量为目标，融会贯通，从而推动企业可持续发展。同时，也需要企业领导高度重视、合理分工、良好协作，树立全局意识。

二、风险预警管理制度

公司应当设置专门的风控部门，有专业的风控工作人员，制定风控管理制度。风控管理制度应当全面细致、责权分明、流程顺畅。因为风险无处不在，所以风险管理制度的设置不能孤立存在于风险控制部，风险控制部仅能作为传达、分析、统计、度量、论证部门，从事程序化管理、制度化建设、专业化培训。预警信息的发起职能应当贯彻落实于公司的每一名员工，其中尤其重要的是业务部门、财务部门、风控部门；预警信息的审核或决策则由公司的总经理或董事长负责，以确定是否生成预警报告，并采取适当的防范风险措施。

第二节　风险预警信息

所有影响租金支付、利息支付、违约责任承担、保证金填平、保证责任能力变化、融资租赁合同无法继续履行的情形均可以被视为风险因素，也即风险预警信息。具体可能包括下列情况：

（1）承租人的经营业绩发生反常的下降，要分清是周期性变化、市场竞争能力变化，还是由其他情形引起的变化。从融资租赁合同签订之时起至融资租赁合同全面履行之日止，产生此类信息均应当预警。

（2）承租人的经营资质等级发生变化，比如建筑施工企业资质等级从一级降为二级。

（3）承租人的银行信用评级下降，比如从 AAA 降为 AA 级，由 A 级降为 B 级。承租人的财务指标恶化，比如现金流由正转负、营业收入不稳定、盈利能力或利润率下降、财务费用增加等。

（4）承租人的股权结构、管理团队、资本结构发生变化，或承租人出现企业合并、分立、重组、兼并、歇业、破产等重大事件。比如，实际控制人改变、主要技术人员突然去世或辞职、总经理或销售负责人变更等。

（5）承租人所在行业或上下游关联行业景气指数下降，比如房地产市场萎缩,建筑市场也萎缩,继而引发水泥、钢铁、工程机械等制造业不景气。承租人发生重大经营事故,或责任事故,比如煤矿的瓦斯爆炸、透水、建设工程作业面大幅塌陷等。

(6)保证人或担保人的经营能力、担保能力发生重大变化,在这种情形下容易产生不可控资产安全风险,租赁资产缺少一层安全保障。

(7)租赁物质量或运营状况差,一般可分三种情形:一种是绝对的融资租赁物达不到技术要求,不能满足承租人的生产经营所需,可以修理调换,会直接影响承租人的短期偿债能力;一种是承租人缺少运营管理租赁物的专业人才;还有一种是由市场表现不足导致的停止或间歇运营。其结果是可能会导致收益过低,不能覆盖租金。

(8)租赁物发生重大毁损、灭失,影响承租人的后续正常经营,导致无力支付租金。所以租赁物的财产险很重要。

(9)租赁物发生所有权纠纷,比如被扣押、查封、出租、出售、转移等。

(10)租赁项目涉及利率变化或汇率变化的。

(11)承租人发生重大诉讼或存在重大债务的。

(12)承租人超出自己承受能力进行重大投资且可能失败的。

(13)直租经营方式中发生出卖人违约的情形,比如随着钢材价格的上涨,一些大型机械制造业的成本大幅上涨,继而导致出卖人不愿意继续履行交付租赁物的义务。承租人存在财务造假、资质文件、印鉴等造假的,及其他不诚信行为或欺骗行为的。

(14)承租人随着交易的进行和深入了解,发现融资租赁产品设计不合理,如担保无效、融资结构不合理。

(15)承租人公司管理不规范,没有经营制度,导致各种衔接不畅,工作效率低下,履约能力也下降。

(16)项目经理或业务部门巡视中发现的重大问题,比如拆除租赁物产权标识的、虚假出入库的、自购提升利润率的。

(17)资产管理部门根据自己部门掌握的情况所作出的项目运行报告和资产分类表,风控部出具的风险分析报告。

(18)承租人或出租人的人员存在违反商业道德和公司纪律的行为,损害出租人利益或损害承租人重大利益的。

第三节 风险预警处理流程

一、预警信息提供义务人

预警信息获取，一是靠共享软件，二是靠人员直接现场获取，三是其他公开市场渠道。但是，所有的获取方式根源均是人，因此要分清谁能提供信息、谁必须提供和收集相关信息。我们认为，所有接触项目的人都有义务提供预警信息。但下列人员一定有预警信息报告义务。首先是预警信息汇总至风险控制部；其次是风控部发现承租人可能存在违约或预期违约，应当立即报告公司主管领导或全面负责人；其三是公司作出决策是直接进入防范措施还是进行调查和落实；其四是调查和落实的确存在预警信息，直接进行处理。例如，客户提供的担保物不能办理抵押登记，应立即让对方提供新的抵押物并办理相应的抵押登记手续。

二、风险预警处理关键

首先，管理层要高度重视资产管理。从公司层面明确资产管理目标，并与绩效挂钩。资产管理工作不是资产管理部一个部门的工作，而且资产质量的很大一部分决定因素往往是业务本身。因此，资产管理与业务、风险控制部门密切相关，资产管理指标除与资产管理人员挂钩外，同时也与业务人员、风控及法务部门绩效薪酬挂钩。行业里有不少企业没有设置专门的资产管理团队，由业务部门一票负责到底，各有利弊，对于有一定资产规模的企业，建议设置专职的资产管理人员，避免业务人员因担心影响客户关系而在资产管理过程中缩手缩脚，专职资产管理团队也有利于形成专业有效的资产管理方法、达成好的管理结果。此外，要配备促进资产管理目标达成的软硬件资源，要有业务系统，提供实时、准确的资产数据。

其次，不同资产要分级分类管理。对正常类客户，做好还款提醒工作，定期做好承租人经营情况跟踪了解，尤其是注重前三期还款习惯的养成，提高企业对租金按时足额还款的重视度，帮助客户养成良好的还款习惯。对关注类客户，提高客户经营情况分析的频率，关注不利因素的发展变化以及对客户造成的影响，避免情况已经恶化而融资租赁公司却尚不知情。持续跟踪得不到解决或已经出现影响客户经营的情况的，快速成立专项组制定处置方案，尽量避免或减少损失。对不良类客户，应通过快速谈判或法律途径解决问题，人员要现场跟踪催收，研判和掌握客户的敏感点，谈判解决问题。

最后，早发现，早处置，早化解。有风险苗头就要立马处置和想办法化解，及时止损、全面自查、完善机制。资产管理工作并非简单催款，等发现逾期才开始催收很多时候已错失了良机，问题解决起来也会很棘手。资产管理工作需要前置到业务前端，业务操作时即对业务有深入了解，掌握业务的核心风险点，制定后续管理的重点关注方向，便于后期及时发现、控制风险。在后续操作过程中，即使是正常还款客户，也要密切关注其经营信息、上下游合作信息、租赁设备使用情况等，便于及早发现问题。

三、风险预警辅助机制

风控体系搭建后，要有必要的管理工具辅助实施，信息系统必不可少，它能够将流程和角色固化，既环环相扣又环环相通。一套完整的融资租赁企业信息系统，应该从项目经理获取客户机会并进行拜访跟踪，到产品报价、项目立项、尽调审查、项目评审、合同管理、起租放款、资产管理、项目变更管理、资金管理、财务管理以及与企业管理办公平台、电子签约系统、档案管理系统、财务管控系统乃至人行征信中心等实现集成管理，使业务、财务、管理一体化，降低运营成本和运营风险，有力地支持业务拓展与风险控制，让企业的"信息流""资金流"顺畅运转。

第四节 建立"法律、合规、风险、内控"一体化管理体系

搭建合规一体化管理组织体系。从法律、合规、风险、内控单独规划转变为统筹一体规划，将原来独立的四个部门整合到同一部门统筹岗位设置，在组织体系下接受统一领导。组织体系是一体化管理体系有效运行的纽带，

企业可以从决策层、管理层、执行层、监督层四个层面搭建合规一体化管理组织架构，将一体化管理要求有效嵌入企业决策、经营、管理等各个环节，形成各司其职、各负其责、紧密配合、协调联动的合规一体化管理组织体系。

运用数据共享，形成贯穿风控常态化工作的管理流程和管理表单，明确流程节点上的责任部门和输入输出。业务流程与风险管理相结合是合规一体化管理体系建设工作的核心内容之一，企业可以以风险管理为导向，设计业务流程风险控制矩阵，以潜在合规风险点为控制节点，全面梳理各项业务流程（含管理流程）。同时，企业应梳理每一控制节点下对应的外部合规义务，将确定的合规义务具体要求转化为内部制度。

健全合规一体化管理保障体系。完善的保障机制是合规一体化管理体系得以落地的重要保障。企业可通过考核评价机制、信息化手段、人才培养、文化培育、计划报告等方式完善保障体系，达到"一个成果多用"效果。强化对管控数据的不断积累和提炼，构建风险库、内控库、法律法规库、案件库、律师律所库、合同范本库等各类管理知识库，不断挖掘分析数据知识库之间的关联关系并揭示风险，指导业务。持续推进风险一体化管理工作，加大重点业务领域、重点业务流程管控力度，提升信息化水平，运用大数据、人工智能等新型技术手段助力业务创新发展，推动信息系统集成应用，不断完善风险一体化管理体系，切实提高公司抗风险能力，确保依法合规经营，努力实现企业安全、可持续运营。

一、一体化管理体系的操作路径

建立"三道防线"管控机制。风险一体化管理实行"三道防线"管控机制，公司统一领导，指导子公司或下级部门开展法律、合规、风险、内控工作。"三道防线"，指公司应建立风险管理三道防线，各业务部门为风险管理第一道防线；风险管理归口部门为风险管理第二道防线；内审部门、纪检监察部门为风险管理的第三道防线。上级单位风险管理三道防线分别对下级单位风险管理三道防线具有业务指导和监督职责。在三道防线上，主要表现为：第一道防线，业务单位，准入类合规风险、广告合规风险、知识产权风险、合同管理类合规风险、劳动人事合规风险、金融类合规风险等；第二道防线，合规团队，制裁与出口管制、反腐败与反贿赂、隐私与数据保护、反洗钱、利益冲突、产品安全与消费者权益保护等；第三道防线，审计监督部门，合规检查、违规追责等。

二、建立风险一体化管理"1+N"制度体系

为工作推进提供坚实的制度基础。"1"指《法律、合规、风险、内控一体化管理制度》，是公司风险一体化管理纲领性文件，对职能融合、体系融合、组织机构及职责、基本管理模式、基本管理流程等予以明确。"N"指在基本制度框架之下，通过合同管理办法、法律纠纷管理办法、内控合规手册、内控合规评价手册等对具体事项进行细化规定，从而构建风险一体化管理制度体系。

三、构建一体化体系的基本管理流程

法律、合规、风险、内控一体化管理体系的重点应从风险信息收集、风险评估、风险控制、报告与监控、文化宣传培训、监督与改进、考核与责任追究六个方面，对风险一体化管理工作进行闭环管理，不断优化风险一体化管理体系。

（1）广泛收集相关风险信息。公司应注意收集国内外融资租赁法律风险案例及与本企业相关的风险信息，包括政治、经济、地域环境变化；新出台的融资租赁法律法规和规范性文件；财税金融与营改增政策；企业重要合同；企业重大纠纷案件等，选取重要指标，建立监测模型，对重要信息实行动态监测，及时发现风险信息。清理排查法律风险点。对企业经营管理活动中涉及的融资租赁的风险点、风险源进行集中梳理，定期排查，并建立风险信息库。对发现的法律风险及时进行分析、确认，形成预警报告。

（2）一体化推进风险评估。全面评估年度重大风险。遵循"全员参与、全面覆盖、全程管控"的原则，采用公司统筹安排、纵向收集识别、横向整合分析、综合研判评定的方式，统一组织开展年度风险评估，科学评估确定年度重大风险，制定风险管理策略及应对措施，有针对性地开展风险防控。动态跟踪年度重大风险、突发的重大风险事件以及传导性强的风险事件，及时收集风险信息，做好预判预防，跟踪变化情况，防止风险聚集和传导。

深入开展专项风险评估和合法合规性审查。针对融资租赁项目和涉外投资等重大事项，统筹做好专项风险评估和合法合规性审查，作为决策前置环节，为决策提供支撑。研究构建重大事项专项风险量化评估指标，建立量化

评估模型，不断提高风险评估的科学性和精准性。

（3）风险控制。风险评估后，公司将风险应对策略、风险应对措施、法律合规要求等嵌入各业务流程、各业务活动，融入各项规章制度，循序渐进地优化内部控制，使公司在正常运营过程中自发地防止错误、提高运行效率。结合公司经营实际，聚焦资产管理、资金活动、合同管理等重要业务领域，梳理、查找流程缺陷，根据关键环节的控制要求和风险应对措施，研究制定关键业务流程标准"N"条，并要求企业结合企业实际根据"N"条流程标准完善本企业的业务流程、制度及风险管控体系，并确保有效执行。通常企业可以选择接受风险、转移风险或减轻风险这三种风险控制方法或三者的组合。值得注意的是采取什么样的风险控制方法与组合，必须从企业的实际和所面临风险的特点出发，而且要根据事实情况的变化不断作出调整。同时，不能因噎废食，为了控制风险而放弃、消除获得收益的机会，要寻找创造性的解决方案，把风险转移到存在经济机会的领域。

企业应实现对重大决策、重大项目合作、市场营销政策、广告、规章制度等的合法性审核，法律论证工作重点向支撑一线业务发展延伸，全力防范公司经营的合法性风险，维护公司的合法权益。以合同管理系统为抓手，开展优化和完善流程、提升标准文本使用率和审核时效、合同履行后评估等"三提升"工作，实现合同管理新常态。进一步提升合同监督检查力度，以合同管理为通道，把法律风险防范机制不断融入公司生产经营全过程。对全省已结案件进行分析，梳理风险点，对责任部门进行风险提示，并启动问责程序，追究相关责任。同时，充分发挥诉讼案件的重要警示作用，完善制度流程，加强专业管理，防控诉讼风险。以案件诉讼管理为重点，建立"诉讼责任清单"和"结案评估清单"体系。进一步强化"以案说法、以点带面"的风险防范案例管理。认真开展风险案例的分析工作，深度挖掘案件信息价值、发布相关专业领域的法律风险预警信息及管理建议。

（4）报告与监控。交控集团公司建立风险报告与监控预警机制。风险监控，是对企业的整个风险管理过程进行检查、监督和评价。企业风险管理过程中，有必要适时、连续地进行监控，提交报告，反馈信息，以便能及时纠正、调整风险管理决策。

强化"网格化"管控，增强跨板块、跨部门、跨专业风险内控合规管控合力，防止风险与业务管理"两张皮"。加强第一道防线内部纵向条线管控、横向职责制约。纵向通过明确专业部门风险防控体系运行主体责任，形成总部、各级单位自上而下的专业风险管控体系；横向注重兼顾部门主责与跨部门会签工作方式，形成各部门既相互依托又彼此制约的网格化风险防控架构，共同推进专业风险防控工作。畅通第一道防线与第二道防线之间的日常沟通、资源共享。各部门设置风险、内控、合规联络员，畅通专业间信息及时收集、快速处理和高效传递渠道，加强风委会与其他专业委员机构间的协同，一体化推动跨领域、跨部门、跨流程的运营风险监测及风险事件的应对处置。深化第二道防线和第三道防线的协同监督。加强审计、财务、法律、巡视、安监等协同监督体系建设，以内部监督联席会议的形式共享监督成果，减少重复检查，协同落实整改，提升监督工作效率和监督体系运行效果。

强化风险应急处置。建立完备的应急体系，按照"分类管理、分级负责、属地管理为主"的原则，组建覆盖总部、子公司各层面的应急指挥和管理机构，健全应急监测预警机制，组建应急队伍，确保高效、快速地处置各类突发事件。建立重大风险事件双线报告机制，明确重大经营风险事件报告范围及流程，压实风险事件主体责任，畅通业务部门和风控部门间的信息传递；明确业务部门与风控部门双线报送要求，动态跟踪事件发展，强化应急响应，有效控制事件影响，统筹推进风险事件处置。妥善处置风险事件，以及时反应、降低影响、减少损失为目标，动态跟踪重大风险事件的发展，丰富风险事件处置手段，积极推进、稳妥化解风险事件。加强风险事件舆情处置，组织新闻定期、应急、联动发布，主动发声、解疑释惑，维护企业的良好形象。

（5）文化宣传培训。注重推进风险管理文化建设，高速公路经营企业每年可针对领导干部、业务部门人员、风险管理有关人员等不同受众设计不同主题，通过多种途径和形式，有针对性地开展法律、合规、风险、内控宣传培训工作，促进提升风险一体化管理水平，提高全员风险意识，保障风险一体化管理目标的实现。

强化法制宣传教育，提升全员法治素养。要确保企业的中心工作与普法的目标相一致，与建设社会主义法治国家的目标相衔接，在提高全员法律素质的基础上，培养员工法治观念，在企业内部形成良好的自觉学法、自觉守法、自觉用法、弘扬法治精神的良好氛围；掌握法治宣传教育的重点，要围绕实施的普法规划，形成学法热潮，提高全体员工的法治意识，也要从员工的根本利益出发，大力宣传与员工生活、工作等方面密切相关的法律法规，提高员工的法治观念；创新法治宣传教育方式方法，改变传统、单一的宣传形式，积极地创新、改进宣传教育，把相关法律条文与员工的实际生活相结合，用身边发生的真实案例来宣传引导员工遵纪守法，捕捉社会、法律、金融、文化等各领域的热点，提高法治宣传的实效。

（6）监督与改进。公司及时跟踪、监督风险一体化管理状况，根据监督结果对风险一体化管理工作进行改进与提升，确保风险一体化管理工作的效果。公司风险一体化管理归口部门每年对总部各部门和子公司风险管理体系建设及运转状况进行检查，提出调整或改进建议。公司审计部每年对风险管理有效性进行评价，法律、合规、风险管理制度建设及实施情况会被纳入审计部内控体系监督评价范畴。

企业应协同开展多层次监督评价。一是全面开展自评价。各级单位以规范流程、消除盲区、有效运行为目标，结合业务特点，围绕环境治理、资金管理、物资采购、工程管理等问题多发、频发领域开展自评价，找差距、补短板，促进管理水平提升。二是创新集团监督评价方法。结合年度财务决算审计，委托会计师事务所围绕重点业务、关键环节和重要岗位，同步对内控体系的有效性进行监督评价，将评价结果纳入内控体系工作报告并提交董事会审议。三是协同开展问题隐患整改治理。充分利用审计、巡视、专业检查、内部控制监督评价等工作成果，共享问题线索，建立问题台账，落实整改销号，定期开展整改问题"回头看"，以整改促建设，持续优化完善内控体系设计、强化制度规范执行，确保依法合规经营，防范各类风险，实现风险内控合规体系迭代升级。四是严格考核问责。一方面，将风险内控合规纳入企业负责人业绩考核，同时加强风险内控合规管理日常工作，开展情况通报；另一方面，实施差异化考核，将重大风险事件、核心风险监管指标、违规风险事件、新增金融风险项目以及风险偏好指标控制等纳入市场化金融单位考核范围，提升风险考核的针对性和有效性。健全违规经营投资责任追究体系，强化违规经营责任监督。探索建立容错机制，持续优化考核内容及方式，有效激发创新活力和发展动力。

第五节　融资租赁企业保理及保险

一、融资租赁企业应当重视保险业务

融资租赁保险是针对融资租赁物件在运输、装卸、存储、安装以及租赁物件在租赁期内的使用过程中，可能遭受的风险损失进行经济补偿的一种措施。融资租赁保险可以分为租赁物件运输保险和租赁期内租赁物件保险。租赁期内租赁物件保险主要有财产险、机损险等。融资租赁保险可以帮助租赁企业将风险尽量降低，减少出租人或承租人的损失，维护出租人或承租人的利益，有利于租赁业务的开展。保理融资的价值在于：

（1）解决租赁公司和承租人（客户）资金来源问题。租赁公司通过银行保理对应收租金提前一次性收取，解决了资金难题，不受承租人付款资金约束。

（2）扩大生产厂家和租赁公司业务规模无追索权保理可改善租赁公司资产负债表，解决资本充足率问题，租赁公司可依托客户优势实现小平台、大业务。同时，承租客户可取得租赁优惠。

（3）协助应收账款管理和催收工作银行介入，可规范出租人和承租人双方债权债务关系的执行。

（4）租赁保理相较于银行贷款而言更具优势。

第一，对租赁公司而言，保理第一还款人是承租人，融资额大于贷款；无追索条件下，融资不计入租赁公司报表，是表外融资。

第二，对承租人而言，对租赁公司作保理不计入承租人财务报表，承租人承担还款责任但不增加负债。在财务结构及成本支出方面，保理均优于贷款。

从法律角度分析，出租人承担的风险可以被分为两种：债权风险和与租赁物相关的风险。债权风险是指债权实现所存在的现实危险及潜在的未来风险，即信用风险。在融资租赁交易中，出租人的交易目标是在向供货商支付租赁物价款后，向承租人收取租金收回之前所支付的价款，并获取一定的盈利。即出租人享有收取租金的债权。这一权利的客体是承租人的支付行为，标的物是租金。当承租人不支付租金或全部租金时，出租人将承担债权不能

实现的风险。

融资租赁出租人作为租赁物的所有权人与其他财产的所有权人一样，承担与租赁物相关的风险。与租赁物有关的风险包括所有权风险和物的风险两方面。所有权风险是指在融资租赁交易过程中，租赁物所有权受到侵害时出租人所承担的风险。在融资租赁关系存续期间，出租人虽为租赁物的所有权人，但并不享有租赁物的占有、使用及收益权，这种租赁物所有权与占有权相分离的状态是融资租赁交易最重要的特征。而恰恰是这一重要特征使得出租人在经营中面临重大风险。在实践中，侵犯出租人所有权较为常见的情况有两种：一是承租人恶意出售租赁物；二是承租人将租赁物抵押给金融机构等进行二次融资。物的风险则是指与租赁物本身相关的风险。主要包括：质量瑕疵风险、租赁物占有和使用过程中的风险，比如租赁物毁损、灭失的风险以及给他人人身造成损害的风险等。

为减少出租人的损失，维护出租人利益，可以通过投保的方式来将风险降低，以促进租赁业务的开展。融资租赁中租赁机构可以基于租赁行业、租赁物种类、租期长短的不同，购买不同类别的保险，从而将风险转嫁给保险公司，减少损失。对于出租人的与租赁物相关的风险，可以对租赁物投保财产损失保险、责任保险以及运输保险（包括海洋运输保险、内陆运输保险及航空运输保险）等，以预防在运输、装卸、存储、安装以及租赁物件在租赁期内的使用过程中，可能遭受的风险损失。

在融资租赁中，出租人可能面临的最大风险便是承租人违约，即信用风险或者债权风险，主要体现为承租人到期不支付租金。而融资租赁公司在开展业务时面临承租人不按照签订的融资租赁合同正常履行支付租金的风险，这在一定程度上限制了融资租赁业务的开展，进而影响了整个融资租赁行业的发展。为此，对于出租人承担的债权风险，出租人可以通过投保履约保证保险或者信用保险，以预防承租人到期不支付租金的风险损失。履约保证保险，即出租人要求承租人向保险人投保，要求保险人以出租人作为被保险人向其提供保险保障，当出租人在保险期间因承租人实施违约或者违法行为而遭受经济损失时，由保险人承担保险赔偿责任。信用保险，则是出租人向保险人投保，承保其在融资租赁中面临的信用风险，当出租人（被保险人）因承租人违约到期不支付租金等而遭受经济损失时，由保险人承担赔偿责任。保证保险和信用保险都是以信用风险为保险标的的保险，将风险转嫁给保险公司。

我国的租赁保险产品最早是中国出口信用保险公司于 2006 年推出的,介入到租赁市场,业务范围涉及海外租赁保险、来华租赁保险和国内租赁保险三大系列,用于提供规避承租人信用风险和境外国政治风险、促进租赁交易多元化融资、信用增级等多重保障与服务。但该制度并未扩展到国内普遍的融资租赁行业。在我国的融资租赁实践中,出租人一般只是要求承租人就租赁物购买相应的保险,如财产损失保险、运输(海运、陆运、航空)保险,以防范租赁物毁损灭失的风险,以及其他与融资租赁项目特点相适应的保险。虽然也有保险公司推出融资租赁履约保证保险产品,如永安财险,然而关于承租人的信用保险尚未得到广泛的应用。目前,我国也尚未针对融资租赁制定完善的保险制度,在出租人和承租人所办理的保险中也没有体现出政府的政策支持,至于如何办理融资租赁的信用保险仍存在着较大分歧。我国融资租赁行业运行不规范、运行风险过大,在这种情况下,缺少适合我国国情的融资租赁信用保险政策限制了我国融资租赁行业的进一步发展。

在美国,美国政府为支持本国租赁公司发展,提高租赁公司在国际上的竞争能力,为租赁公司建立了完善的风险控制制度。一方面,通过出口信贷机构"海外私人投资公司"为在国外开展跨国租赁业务的租赁公司提供全方位的政治风险保障。另一方面,通过"进出口银行"为从事国际出口融资租赁业务的租赁公司提供全方位的出口信贷、出口担保和政治、商业风险的保险。此外,美国政府还积极通过与外国政府和国际组织的协调沟通来控制风险。有效地降低了租赁公司的跨国业务风险,保护了租赁公司的权益。在日本,日本政府实施的是租赁信用保险方案。日本于 1970 年颁布的《机械类租赁信用保险制度》规定,租赁公司出租设备后,与通产省服务产业局中小企业厅签订信用保险合同,当承租人无法偿还租金时,租赁公司可以从政府获得未收回租金的 50%作为赔偿金,从而减少租赁公司的信用风险损失。

就我国的融资租赁而言,为更好地保护出租人的利益,减少出租人或者担保人的权益损害,降低交易风险,促进融资租赁业务的健康、快速发展,可以参考借鉴其他国家较为完善的保险制度模式,在各财产保险公司开展融资租赁保险业务,加强信用保证保险与融资租赁的结合,建立融资租赁信用保险制度,建立并完善国内的融资租赁保险制度,降低各方当事人的风险损失,更好地平衡出租人、承租人与担保人的利益,促进国内融资租赁业务及出口融资租赁的进一步发展。

二、融资租赁保理业务

（一）定义区分

融资租赁业务是指出租方根据承租方对供货方、租赁标的的选择，向供货方购买租赁标的，提供给承租方使用，承租方支付租金的交易活动。融资租赁企业同时可以开展与融资租赁和租赁业务相关的租赁财产购买、租赁财产残值处理与维修、租赁交易咨询和担保、向第三方机构转让应收账款、接受租赁保证金及经审批部门批准的其他业务。

商业保理业务是指一方将其基于真实交易的应收账款转让给商业保理企业，由保理方向其提供的保理融资、销售分户（分类）账管理、应收账款催收、非商业性坏账担保服务。商业保理企业同时还可经营客户资信调查与评估、与商业保理相关的咨询服务。

融资租赁保理业务是指出租方向保理方转让租赁合同项下未到期的应收租金，由保理方向出租方提供集应收租金的催收、管理、坏账担保及融资于一体的综合性金融服务。

法律实质：融资租赁保理的实质为出租方对保理方的债权转让，即出租方将其享有的对承租方应付租金的债权转让给保理方，从而获得融资。

（二）一般融租保理的基本操作流程

（1）承租方与出租方沟通融资租赁意向，一般由承租方指定特定租赁标的或提出对拟承租租赁标的的要求。

（2）出租方按照承租方对租赁标的的要求购买承租方指定或适当的租赁标的，并与供货方签署《租赁标的买卖协议》。

（3）出租方取得租赁标的所有权后，与承租方就租赁标的签署《融资租赁协议》。

（4）出租方将其对承租方享有的租金债权转让给保理方，并签署《保理协议》。

（5）出租方与保理方向承租方送达《债权让与通知》，就债权让与事宜通知承租方后该债权让与生效，一般应取得承租方的书面回复。

（6）保理方受让出租方对承租方的租金债权，并向出租方提供保理融资。

（7）若承租方未能按照约定支付租金至租赁期限届满，保理方区分以下两种情况予以救济：

第一，有追索保理/担保：若出租方与保理方约定了追索权，当承租方未按照约定支付租金时，保理方有权按照约定就未收回部分保理融资款向出租方进行追偿；若供货方或其他第三方提供了回购保证或物权担保，保理方有权按照约定就未收回部分保理融资款向上述供货方或其他第三方进行追偿。

第二，无追索保理：若出租方未与保理方约定追索权，且任何其他第三方均未提供租金余值回购保证或物权担保的，当承租方未按照约定支付租金时，保理方仅有权向承租方进行追偿。

（三）融租保理之主要风险点及风险防范措施

基于融租保理业务的特殊性，一般具有以下风险：融资租赁关系真实性风险、债权转让有效性风险、出租方后续义务履行风险、融资期限操作风险以及应收租金的回款控制风险等。

1. 融资租赁关系真实性风险

在融租保理业务中，存在出租方与承租方合意虚构融资租赁关系，并据此进行保理融资，使不具有融资资格的出租方取得一定额度的保理融资，进而增加了保理方的业务开展风险。

据此，保理方应对融资租赁关系的真实性进行尽职调查，核查范围包括但不限于《租赁标的买卖协议》《融资租赁协议》、原始购买发票、财产转移证明等资料，并通过工商等部门查明租赁标的是否被转让或抵押给第三方。此外，当出租方向关联企业采购租赁标的时，租赁标的的购入价格不得高于市场的平均销售价格。

2. 债权转让有效性风险

我国《民法典》第545条第1款规定："债权人可以将债权的全部或者部分转让给第三人，但是有下列情形之一的除外：（一）根据债权性质不得转让；（二）按照当事人约定不得转让；（三）依照法律规定不得转让。"第546条规定："债权人转让债权，未通知债务人的，该转让对债务人不发生效力。债权转让的通知不得撤销，但是经受让人同意的除外。"

据此，在融租保理业务开展的过程中，保理方应审慎审核出租方与承租方《融资租赁协议》中关于债权转让权利的约定，如协议中存在上述三种不得转让的情形的，则保理方无权受让出租方债权。若上述债权可以转让的，出租方与保理方还应向承租方送达《债权让与通知》，并建议取得承租方的书面回复以及承租方签章的租金支付表，以免后期就债权转让的生效事宜产生纠纷。

3. 出租方后续义务履行风险

在融租保理业务中，出租方与承租方签署的《融资租赁协议》中可能约定了出租方于租赁标的交付后的相关后续义务，如提供技术咨询服务，支付设备保险费、维护费等。在融租保理期间，若承租方未按约定履行其相关后续义务的，承租方可能会拒绝承担相应的租金支付义务，从而可能造成保理方的损失。

据此，在融租保理业务开展的过程中，保理方应审慎审核出租方与承租方《融资租赁协议》关于承租方后续义务的约定，并于《保理协议》中将上述后续义务予以明确，并就出租方可能就上述义务违约的情况下约定承租方对保理方的违约责任，以降低保理方自身的风险及损失。

4. 融资期限操作风险

融资租赁业务的租赁期一般较保理业务的融资期较长，若融资期限届满而承租方未能按期支付租金，保理方将无法就未到期的应收租金向承租方主张权利。

据此，建议融租保理业务的融资期限应尽量与应收租金的剩余付款期保持一致。

5. 应收租金的回款控制风险

在融租保理业务中，承租方一般应按照保理方确定的回款路径，按约定逐笔支付租金。但实践中，存在很多承租方合并还款、提前还款、间接还款等情形，给保理方回款管理造成诸多不便，并可能就承租方还款本金及利息的计算产生纠纷。

据此，建议保理方根据《融资租赁协议》的约定，于《保理协议》中明确约定承租方的还款方式，包括但不限于还款时间、各期还款本金及利息、还款路径、提前还款本金及利息的认定、提前还款的违约金或手续费、合并还款本金及利息的认定、穷尽式列举可以接受的间接还款方式等，以降低纠纷产生的可能性。

附录1

融资租赁中疑难问题梳理

一、取回租赁物私力救济的边界

在行使私力救济的过程中，采取的措施方法及后果都必须符合法律，这是私力救济的基础。若私力救济损害了公共利益则意味着通过损害一个法益来保护另一个受损的法益，这是法律所不能容忍的。在我国目前法律对私力救济的支持并不明确或者有所限制的情形下，出租人想顺利自力取回租赁物，应通过在合同中明确约定自力取回的相关条款，为自力取回创设依据。且应厘定清楚租赁物私力救济的边界，以不妨害社会公共秩序为前提，一旦承租人采取积极抵抗措施，出租人则不得强行自力取回租赁物，尤其是不得采取暴力或以暴力相威胁的手段或委托涉黑恶势力的第三方强行取回租赁物。

（一）租赁物取回之私力救济合法性

私力救济又称自力救济、自助救济，指当权利在受到侵害或面临现实的威胁时，权利人在法律许可的范围内，不通过国家机关和法定程序，依靠自身实力通过实施自卫保护其处于现实威胁中的民事权利或用自助行为救济已实际被侵害的民事权利。自力取回作为租赁物取回权行使的方式之一，属于私力救济范畴。

民法充分尊重市场主体的自主性，权利人在法无禁止的情况下有权按自己意愿行权；物权具有排他性、物权权利人有权要求无权占有人返还原物，此皆为自力取回租赁物的权利来源，但《民法典》《融资租赁司法解释》等法律规范均未对租赁物自力取回问题作出具体规定。在我国目前的法律对私力救济的支持并非明确或言反而有所限制的情形下，出租人争取自力取回权的，还应为自己的取回行为设定充足的依据，并严格把握私力救济的界限。

1. 自力取回的法理依据

租赁物取回权是出租人对自己所有之物所享有的权利受到不当影响后，基于其所有权所享有的请求承租人返还所有物的权利。租赁物取回权在性质上属于物权请求权，同时属于救济权利。融资租赁交易中，出租人对租赁物享有的取回权源自对租赁物的所有权，由于融资租赁的制度设计使得租赁物的所有权与占有权、使用权分离。承租人最初基于合同约定占有租赁物属于有权占有，但是由于违约事实的发生，使这一合法依据归于消灭而变为无权占有，出租人作为所有权人，当然享有所有物返还请求权。自力取回作为民事权利私力救济的一种方式，在通常情况下不否认权利人可以采取私力救济的方式维护自身合法权利。

租赁物自力取回权的行使应满足一定条件，即以不违反公共秩序为前提。对于不违反公共秩序，在司法实践中，法官一般主要考虑两个问题：一是债权人是否有接触债务人财产的权利；二是债务人或其代理人对债权人取回租赁物是否表示同意，包括明示的同意与默示的同意。无论在任何情况下，只要承租人采取积极抵抗措施，如采取暴力或以暴力相威胁，出租人均不得强行自力取回租赁物，即使融资租赁合同中有违约取回权之规定，也并不意味着出租人可以采取一切手段行使取回权。

2. 自力取回的合同依据

在开展融资租赁业务时，我们通常都会在融资租赁合同中约定承租人未按时、足额支付任何到期租金等违约情形时，出租人有权选择的救济措施之一即有"无须经司法程序即取回租赁物"，并约定"出租人选择自己取回租赁物的，出租人及其代理人可直接进入租赁物所在地立即占有并转移租赁物，且届时承租人不得有任何阻挠行为或对出租人的取回设置任何障碍"等。根据合同自由原则，当事人在法律允许的范围内，就与合同有关的事项享有选择和决定的自由。因此，只要不违反法律的强制性规定，当事人对合同内容就有选择和决定的自由，即出租人可在合同中约定自力取回租赁物的事宜。

(二) 自力取回引发的民事纠纷及启示

1. 自力取回引发民事纠纷情况

通过前述分析，我们了解到自力取回租赁物具有其合法性依据，但基于现有的法律法规及司法解释等均未对自力取回权予以明确规定，司法实践中出现了许多由自力取回租赁物引发的民事纠纷，且不同裁判者对自力取回的合法性认定亦各有不同。根据在中国裁判文书网的查询，实践中，承租人违约后，出租人依据融资租赁合同的约定自力取回租赁物引发的诉讼，其案由主要为"返还原物纠纷""占有物损害赔偿纠纷""融资租赁合同纠纷"等。各地、各级法院的法官在审理此类案件时存在不同的裁判观点，主要观点有以下两种，且大多数支持第二种观点：

第一种观点认为：承租人依据融资租赁合同对租赁设备依法拥有占有、使用、收益的权利。承租人逾期支付租金的情况发生后，如协商不能，出租人必须通过诉讼、仲裁等途径取回租赁物。或言，出租人享有的权利体现在依法提起诉讼或仲裁时，可以得到法律的支持，而不是其可以私力强制取回。出租人擅自、强制取回租赁物的行为，侵犯了承租人的占有、使用、收益权利，对承租人造成侵权。由此造成承租人损失的，应予赔偿。如：①山西省吕梁市中级人民法院［2015］吕民一终字第692号案［杜某、杜某一与法兴（上海）融资租赁有限公司返还原物纠纷二审民事判决书］；②河南省鹤壁市中级人民法院［2016］豫06民终1493号案［张某南与利星行融资租赁（中国）有限公司占有物损害赔偿纠纷二审民事判决书］。

第二种观点认为：融资租赁合同系双方当事人真实意思表示，合同对承租人逾期付款后，出租人可自力取回租赁物的约定属于当事人权力自治范畴，此类约定并不违反法律禁止性规定。应充分尊重当事人意思自治，出租人可以依据双方约定的措施自行解决。如：①包头市九原区人民法院［2014］包九原民初字第672号案（王某霞与新疆广汇租赁服务有限公司返还原物纠纷一审民事判决书）；②徐州市中级人民法院［2017］苏民03终字1319号案（潘某与利星二审民事判决书）。

2. 自力取回权行使的启示

在司法实践中，虽然有法院认为根据《物权法》第32条的规定，"物权受到侵害的，权利人可以通过和解、调解、仲裁、诉讼等途径解决"，因此在未与承租人协商一致的情况下，出租人只能通过诉讼、仲裁等方式取回租赁物，而不得自力取回租赁物。但是，通过前文分析自力取回的合法性依据，以及最高人民法院物权法研究小组编著的《〈中华人民共和国物权法〉条文理解与适用》对该条文的理解，物权保护途径可以分为公力救济和私力救济。私力救济途径除了条文中列举的和解、调解、仲裁方式外，一般认为还包括防御（正当防卫和紧急避险）和自助，自助行为是权利人在自己的物权受到侵害后，为恢复物权的原有状态而对侵害人的人身或财产实施的必要强制性措施。故《物权法》第 32 条并未否定出租人可以自力取回租赁物。

另外，鉴于出租人在行使权利时，可能由于合同约定不全面、未经催告、行权不当等原因而受到法院负面评价，因此建议出租人主要完善合同约定（如明确约定出租人行使取回权的具体情形、明确出租人无需经司法程序即可自行或委托第三方取回租赁物、明确无需催告及通知或征得承租人与任何第三方同意即可取回等）、注意解除合同前的催告义务、注意取回租赁物的方式（不得采取暴力、胁迫等损害社会公共秩序的手段）。

（三）自力取回与刑法边界

实践中，由自力取回方式不当引发的刑事犯罪并不鲜见。尤其是目前全国正在开展扫黑除恶专项斗争、严惩黑恶势力犯罪，仍有部分租赁公司因委托第三方（涉黑恶势力）取回租赁物方式不当而被卷入黑恶势力犯罪。这就要求出租人在自力取回租赁物时，务必注意对取回方式合法性的把控，不得采取暴力、胁迫等损害社会公共秩序的手段强行取回租赁物。

根据对犯罪构成要件的分析并结合在中国裁判文书网的查询，租赁物自力取回过程中触犯的刑事罪名主要有非法拘禁罪、寻衅滋事罪、非法侵入住宅罪等，且多为在自力取回过程中，承租人予以抵抗，出租人或其受托人实施了暴力或胁迫等非法手段。

基于行为表象，有观点认为，自力取回不当的行为，可能构成抢劫罪、盗窃罪、侵占罪，但抢劫罪、盗窃罪、侵占罪的犯罪构成均要求行为人主观上具有"非法占有目的"，而租赁物自力取回却往往基于承租人违约，因此出租人取回其拥有所有权的租赁物，不符合"非法占有目的"，也就不涉及构成抢劫罪、盗窃罪、侵占罪。在案例查询过程中，的确存在公安机关移送审查起诉时、检察机关提起公诉时以抢劫罪认定，但法院在判决时未予以认定抢劫罪的情况。如在［2015］榆刑初字第 390 号案中，法院认定"各被告人在参与扣押融资租赁车辆行为过程中，非法拘禁被害人，构成非法拘禁罪。被告人无非法占有的目的，不符合抢劫罪的构成要件"。自力取回方式不当，非但无法维护出租人合法权益，反而将面临刑事处罚，得不偿失。

第一，寻衅滋事罪。在私力取回租赁物过程中有下列情形之一的，可能构成寻衅滋事罪：①随意殴打他人，破坏社会秩序，致 1 人轻伤或 2 人以上轻微伤；②持凶器随意殴打他人；③多次追逐、拦截、辱骂、恐吓他人，造成恶劣社会影响的；④持凶器追逐、拦截、辱骂、恐吓他人的；⑤强拿硬要公司财物价值 1000 元以上或任意损毁、占用公私财物价值 2000 元以上的；⑥多次强拿硬要或任意毁损、占有公私财物，造成恶劣社会影响的。

相关案例： 广东省深圳市中级人民法院［2018］粤 03 刑终 1999 号案，犯罪事实部分包括租赁公司委托资产管理公司收回逾期缴纳租金的车辆，资产管理公司法定代表人潘某安排杨某带领多人去收车，采取将车主（注：该判决书中称承租人为"车主"，下同）强行控制在后排座位等方式将车主、车辆带离收车。法院认为，涉案人员无视国家法律，结伙强拿硬要公私财物，情节严重，构成寻衅滋事罪。

第二，非法拘禁罪。非法拘禁罪是指故意非法拘禁他人或以其他方法非法剥夺他人人身自由的行为。本罪侵害的法益是人的身体活动的自由。构成要件的内容为，非法拘禁他人或以其他方法剥夺他人人身自由，责任形式为故意。非法拘禁行为，只有达到相当严重的程度，才构成犯罪。因此，应当根据情节轻重、危害大小、动机为私为公、拘禁时间长短等因素综合分析，来确定非法拘禁行为的性质。据此，出租人须注意在取回租赁物过程中，不得采取非法剥夺他人人身自由的手段来达到取回租赁物的目的。

相关案例： 库伦旗人民法院［2017］内 0524 刑初 35 号案，法院认定"被告人孙某为了索要公司债务，召集被告人阚某、钟某等人，在强行拉走挖掘机的过程中，采用暴力手段非法扣押、拘禁被害人孙某、赵某，剥夺其人身自由，严重侵犯了他人的人身权利，七被告人的行为构成非法拘禁罪，在犯罪过程中，对被害人进行殴打，应从严惩处"。

第三，非法侵入住宅罪。此罪的住宅通常被认为是人的日常生活所使用的场所。而且责任形式为故意，行为人必须明知自己侵入的是他人的住宅。承租人为自然人的，自力取回租赁物时极易触犯该罪，一旦未经承租人同意强行闯入其住宅，即可能构成该罪。

相关案例： 案例一，青冈县人民法院［2015］青法刑初字第 104 号案，法院认定"被告人王某等人为黑龙江柳工机械设备有限公司、斗山（中国）融资租赁有限公司追回拖欠贷款的钩机，未经被害人宋某甲、宋某乙、岳某、刘某、董某等人同意，强行闯入被害人的住宅，五被告人的行为均已构成非法侵入住宅罪"。

案例二，涡阳县人民法院［2015］涡刑初字第00459号案，邵某融资租赁挖掘机一台，后逾期支付租金。在未经邵某许可的情况下，被告人张某等非法闯入邵某家中强行将挖掘机开走。法院认定"被告人张某等未经他人同意，强行侵入他人住宅，其行为已构成非法侵入住宅罪"。

第四，涉黑恶势力犯罪问题。涉恶案件是指恶势力犯罪或恶势力集团犯罪案件。其中，"恶势力"是指经常纠集在一起，以暴力、威胁或者其他手段，在一定区域或者行业内多次实施违法犯罪活动，为非作恶，欺压百姓，扰乱经济、社会生活秩序，造成较为恶劣的社会影响，但尚未形成黑社会性质组织的违法犯罪组织。恶势力一般为3人以上，纠集者相对固定，违法犯罪活动主要为强迫交易、故意伤害、非法拘禁、敲诈勒索、故意毁坏财物、聚众斗殴、寻衅滋事等，同时还可能伴随实施开设赌场、组织卖淫、强迫卖淫、贩卖毒品、运输毒品、制造毒品、抢劫、抢夺、聚众扰乱社会秩序、聚众扰乱公共场所秩序、交通秩序以及聚众"打砸抢"等。恶势力犯罪集团是符合犯罪集团法定条件的恶势力犯罪组织。其特征表现为：有3名以上的组织成员，有明显的首要分子，重要成员较为固定，组织成员经常纠集在一起，共同故意实施3次以上恶势力惯常实施的犯罪活动或者其他犯罪活动。

出租人在委托第三方取回租赁物时，第三方或第三方委托的其他人或组织可能涉黑恶势力，其通过暴力、威胁等非法手段取回租赁物，会导致出租人自力取回租赁物的行为陷于非法，被卷入扫黑除恶专项斗争活动，面临严重的刑事处罚。所以，出租人委托第三人取回租赁物时，切勿与黑恶势力产生联系，注意完善委托合同约定，明确委托事项、租赁物的确切范围、责任划分等，避免陷入非法境地。

相关案例： 长春市宽城区人民法院［2018］吉0103刑初686号案，法院认定"被告人礼某、于某等非法插手他人经济纠纷，以暴力、威胁手段控制、限制他人人身自由，强行夺取他人车辆，并致一人轻伤，其行为均已构成寻衅滋事罪。被告人礼某、于某等人为共同实施犯罪而组成较为固定的犯罪组织，已构成犯罪集团。礼某组织、领导犯罪集团进行犯罪活动，系主犯，应对全部犯罪行为负责。于某等人在共同犯罪中起次要辅助作用，系从犯，应当从轻处罚"。（该案中，公诉机关指控被告人等经常纠集一起，采用暴力、威胁等手段非法控制、限制人身自由，强行夺取他人车辆，多次作案，已经形成恶势力。）

二、融资租赁租赁物取回权相关问题

(一) 行使取回权的理论分歧

对于在承租人违约后,出租人能否在行使取回权的同时主张租金及违约金的问题,我国学术界和实务界的争议非常大。主要有以下两种观点:

第一,出租人收回租赁物应被视为其提出解除合同,出租人无权要求承租人继续支付收回租赁物之后的租金,双方的财产返还和赔偿损失问题应当依据合同解除后的法律后果处理,可以租赁物的现价值抵扣承租人所有已到期的租金和违约金。

第二,出租人对租金的债权请求权和取回权可以同时行使。因为出租人收回租赁物并非解除合同的意思表示,而是实现担保的救济措施。而且,融资租赁合同一般也约定了在承租人未支付租金的情况下,出租人有权同时要求承租人立即支付所有租金、违约金并收回租赁物。故,出租人既有权要求承租人支付全部到期和未到期租金并赔偿违约金,也有权同时行使取回权,收回租赁物。出租人可以在承租人完成其支付义务后将租赁物返还给承租人。

很多学者赞同第一种观点,认为收回租赁物即意味着解除合同,出租人对租金的债权请求权和取回权仅能择一行使。因为我国《民法典》第748条第1款明确规定:"出租人应当保证承租人对租赁物的占有和使用。"出租人收回租赁物,会导致承租人无法使用租赁物并获取收益,合同实际履行不能。而且,从利益分配的角度看,出租人收取全部租金就能够实现其权益,达到交易目的,如果出租人再要求解除合同和收回租赁物,便等于使出租人获取了双重利益,承租人受到了双重损失,将在事实上造成利益分配的严重失衡,所以出租人只能选择其中一项救济权。这种观点看似合理,但是继续深入思考的话,这实际上对出租人非常不公平。

首先,这种观点明显与当事人的合意不符,实践中,出租人为保障其权益,通常会在融资租赁合同中约定大量担保救济条款。例如,承租人违约,出租人可以收回租赁物、租金加速到期、高额违约金等。按照合同约定,出租人对租金的债权请求权和取回权是可以同时行使的。其次,如果出租人只能选择要求承租人偿还租金而不能取回租赁物,那么租赁物的担保功能将无法实现,放任承租人对租赁物的使用、挥霍甚至转移,出租人获取收益的可能性将大大降低,那又如何保障出租人对租金权益的完满实现呢?再次,如果出租人在行使取回权后只能意味着解除合同，那么按照解除合同的法律后果，理论上，承租人无需负担租赁期间之外的租金、违约金等费用，出租人仅能主张收回租赁物之前的租金及违约金等费用，那么出租人购入租赁物的高额出资便将难以获得弥补，出租人预期的全部租金收益将大打折扣。最后，在以租赁物残值抵扣出租人的上述损失的情况下，租赁物残值如何确定？如果租赁物价值不足以抵偿出租人未收回的租金额，未获抵偿部分的债权又应如何处理？

（二）出租人行使取回权是否必须以合同解除为前提

目前，在审判实践中，多数法院认为融资租赁中取回权的行使应以合同解除为前提。例如，在［2019］闽02民终131号案件中，厦门市中级人民法院便认为，虽然案涉融资租赁合同约定融资租赁公司在承租人拖欠租金的情况下可以自力取回租赁物，但该权利的行使仍应以合同的解除为前提。出租人未通知承租人解除合同而迳行取回租赁物的行为不构成取回权的正当行使。

但也有法院对此持不同态度。在安徽省合肥市中级人民法院审理的［2019］皖01民终63号案件中，承租人的抗辩理由之一即是出租人在合同履行期间直接取回租赁物违反了法律程序性的规定。一审法院在审理时指出案涉《融资租赁合同》对出租人自力取回进行了明确的约定，而法律对自力取回并无明确规定。法院同时认为，承租人有关取回租赁物须以解除合同为前提的抗辩，系法律对公力取回租赁物的规定。本案二审时，合肥市中级人民法院也未对这一观点进行驳斥，可见在该案中法院并不认为自力取回以合同解除为必要前提。

当承租人根本违约、解除条件成就时，即使合同尚未解除，出租人也应享有取回权。出租人取回并处置的，应视为取回行为是出租人解除合同的意思表示，在取回租赁物时融资租赁合同已解除。

（三）取回权的性质、功能及行使条件

种种困惑要求我们必须回归基础法律概念，对出租人的取回权进行重新审视，我们既应当明晰取回权的性质和功能，也应当厘清其行使条件和法律后果。

1. 取回权的性质

融资租赁不是"一锤子"让渡所有权的买卖，回顾融资租赁合同法律构造，可以看出融资租赁合同实际上是一个复合型的法律关系，涉及三方当事人、三种法律关系，相当于集借贷、租赁、买卖于一体。出租人从出卖人处购得租赁物，同时又将租赁物租赁给承租人使用，出租人享有对租赁物的所有权，但是并不享有所有权的全部权能，既不能实际控制和占有租赁物，也不能使用租赁物并获取收益，并且一旦实现留购条款，所有权会自动发生转移，由承租人获得租赁物的所有权。所以说，出租人只是在限定条件下将部分所有权能让渡出去，出租人唯一保留的就是所有权项下的处分权能，这种处分权能实际上是非常不充分的。因此，出租人对租赁物享有的所有权是一种名义上的所有权。

为了保障出租人的处分权落到实处，法律为出租人设置了取回权，在此意义上，取回权可以被看作是处分权的延伸，是一项物权请求权。违约情形下的取回权不是融资租赁中的独创权利，而是对民法或其他实体法已经存在的权利的承认和维护。取回权的权源在所有权。出租人违约后，承租人有权行使其所有权，收回租赁物。但是，取回权和一般的物权请求权在行使条件和目的上还是存在细微的差别。首先，物权请求权是指所有人对于物权占有或有侵夺其所有物者，可以请求返还；融资租赁中的取回权行使一般是以承租人的根本违约、严重违约为条件。其次，物权请求权行使的目的是恢复所有权人对其所有权的圆满支配状态；融资租赁中的取回权是出租人为了防止自己的权益受到无法弥补的损害而采取的救济措施，其主要目的不是恢复对租赁物的占有，而是避免损害的扩大。

2. 取回权的功能

从取回权的功能来看，设置取回权是出租人为防范租金无法收回的风险而采取的一项担保救济措施。在融资租赁交易中，各方当事人的风险承担应当遵循民法中最基本的公平原则。出租人承受了较大的交易风险，出租人并不实际使用租赁物，却既要向出卖人承担支付货款的义务，又要向承租人履行交付标的物和瑕疵担保义务，而承租人则无需向出卖人负担支付货款的义务，却实际使用租赁物，并最终可基于留购条款，在合同到期后获得租赁物的所有权。物权保障与债权保障的双重性是融资租赁合同的基本特征，实践中，为了平衡利益与风险，保障出租人的合法权益，通常会约定大量的担保救济条款，如包含合理利润的租金、高额违约金、收回租赁物、租金加速到期、解除合同等。出租人可以通过收回租赁物，限制承租人使用租赁物，从而威慑承租人尽快缴纳租金，防止损失扩大。公司既可以选择其中一项救济措施，也可以同时选择这些救济措施。这是精明的商人长期以来探索出的成熟、稳固的合作方式。我们应当尊重合同意思自治，也应当理解交易规则。

（四）出租人自力取回租赁物的要点

1. 并非所有违约情形都适宜自力取回

在闽02民终131号案及［2017］沪0114民初15555号案中，厦门市中级人民法院与上海市嘉定区人民法院都在判决时指出，融资租赁合同项下出租人的取回权属于救济权，只有在承租人严重违约，丧失了合法占有租赁物的基础时，出租人行使取回权的条件方能成就，即只有在承租人严重违约导致合同解除的情况下，出租人才能行使取回权。由于出租人行使取回权、处置租赁物必然会导致承租人无法使用租赁物、融资租赁合同应当解除这样的后果，法院的上述观点确有其合理性。但什么样的情形才算"导致合同解除的严重违约情形"呢？

2014年《融资租赁司法解释》第12条对出租人因承租人违约而产生解除权的情形进行了列举式的规定，我们可以通过本条对出租人享有取回权的承租人违约情形进行一些归纳：

（1）在承租人对租赁物进行无权处分时，出租人有权主张解除合同。但在该情况下，如果租赁物已被第三人善意取得，出租人将无法主张取回租赁物。此时，出租人选择自力取回需承担侵权风险。

（2）在承租人发生逾期付租行为时，无论逾期付租的行为符合合同约定的解除条件，还是在合同无明确约定的情况下符合了法定解除要件，出租人都需要经过催告程序才可以解除合同。在前述情况下，如出租人拟自力取回，笔者建议出租人在取回前以书面形式进行催告，并妥善保留相关证据。

（3）如果承租人实施了融资租赁合同约定的其他违约行为，且承租人违约尚不构成合同解除条件，出租人不宜选择以自力取回的方式维护权益。否则，承租人将有权要求出租人赔偿损失。

2. 取回方式需要适当

出租人进行自力取回时，取回方式也极为关键。一般认为，出租人自力取回应取得承租人的同意，但在实践中，在承租人违约的情况下，让承租人再同意配合出租人自力取回租赁物往往非常困难。正因如此，出租人自力取回极易产生纠纷、问题。在［2018］京0107民初26277号案中，法院提到，"原、被告在纠纷发生后，自力取回车辆期间的行为涉嫌刑事犯罪"。在刑事案例的检索中，也不乏融资租赁公司委托第三方进行催收、自力取回时，第三方最终因敲诈勒索罪、寻衅滋事罪等刑事犯罪而被判决承担刑事责任的情况。（详见［2019］晋0522刑初34号、［2018］苏0612刑初768号判决书。）虽然在这些案例中，法院并未直接让融资租赁公司承担刑事责任，但显然也无益于出租人维权。

综上，建议融资租赁公司在自力取回时把握以下几个要点：

（1）出租人可以在融资租赁合同中明确约定行使取回权时承租人应承担配合和协助的义务，并对取回权的行使方式、取回后租赁物的处置等进行约定；

（2）出租人须避免暴力取回行为，委托第三方进行催收、取回的，需审慎选择第三方，避免发生暴力取回事件；

（3）承租人可以配合出租人进行取回的，建议书面留痕，避免双方后续产生争议。

3. 出租人自力取回后处置租赁物时的注意事项

基于融资租赁交易模式的特殊性，出租人自力取回租赁物并非意味着其损失已经得到了弥补。出租人还会面临租赁物处置这一问题。此时，出租人有两种处理方式：一是向法院起诉，要求解除合同，并经法院的诉讼流程，以法院委托拍卖、评估等方式确认租赁物价值，进而按照租赁物残值与承租人未付款项多退少补的原则进行清偿。二是出租人自行处置租赁物，并以清偿所得款项弥补承租人的未付款。在出租人自行处置的情况下，我们可通过以下几个案例的对比了解出租人的风险点：

在［2019］晋07民终1560号案中，出租人深夜强行取回标的物，并在网上拍卖给第三方。后承租人起诉要求出租人返还租赁物、解除合同并赔偿损失。在该案中，出租人没有合理证据证明其处置租赁物的价格为合理价格，导致法院无法准确判定租赁物在出租人取走时的价值。而且法院认为出租人自力取回并在取回后进行网上拍卖的方式已突破了其行使权利的合理范围。最终判决出租人按照法院酌定的租赁物市场价值返还价款、解除合同并承担违约责任。

与之形成鲜明对比的是［2019］皖01民终63号案。在本案中，出租人在自力取回租赁物后，委托有评估资质的机构对车辆价值进行评估，并据评估价值进行出售，在主张剩余未付租金时，亦将出售款先行抵扣。法院认为，出租人对租赁物的处置行为具有合同依据，且未侵害承租人的合法权益，并无不当。由此可见，出租人拟在取回后自行处置租赁物的，有证据证明处置价格的合理性极为重要，由第三方进行评估便是一种证明处置价格合理的重要方式。

此外，如选择以评估方式确定租赁物处置价格，出租人还需要注意评估时效性及评估机构的资质。在［2018］晋 0105 民初 85 号案中，出租人同样取回租赁物并处置后起诉，要求承租人支付全部未付租金与处置价款后的差额部分。出租人的处置也同样有评估报告为依据，但法院审理后认为，出租人于 2014 年 5 月将租赁车辆收回，其委托评估的时间为 2015 年 1 月 2 日，出租人的证据无法认定出租人何时将车辆委托评估，对收回车辆后至进行评估期间车辆状况无法确定，故不能仅以旧机动车鉴定评估报告书的评估价格确定出租人收回车辆时车辆的市场价格。在本案中，由于出租人未及时委托评估机构进行评估，导致法院认为租赁物的残值无法准确判定，进而驳回了出租人的诉讼请求。而在［2019］沪 74 民终 439 号案中，出租人委托了不具有评估资质的第三方进行评估，且买受方即为第三方的法定代表人，法院因此也驳回了出租人要求承租人支付差额部分的诉讼请求。

总体而言，融资租赁中出租人如拟进行自力取回，首选是获得承租人对取回及租赁物处置的配合，其次需注意采取合理取回方式，最终在处置租赁物时需注意处置价格合理及多退少补的差额处置原则。

三、租赁物残值计算问题

（一）残值的确定方式

关于租赁物残值的确定方式，2020 年 12 月 29 日发布的《融资租赁司法解释》第 12 条、《担保制度司法解释》第 65 条第 2 款大体上沿用了 2014 年《融资租赁司法解释》第 23 条的规定，且鉴于该解释于 2021 年 1 月 1 日起才开始实施，难以检索到最新的有效判例，因此本书所引用案例皆为该法适用之前的判例。

1. 按照合同约定进行确定

在融资租赁合同中明确约定了租赁物价值的，若合同一方对此提出异议，除非其提出明确的证据予以证明，否则法院仍将依据《融资租赁司法解释》第 12 条及《担保制度司法解释》第 65 条第 2 款的规定，按照合同约定来确定租赁物的残值。

案例：[2019] 湘 07 民终 2412 号一案中，涉案融资租赁合同的《附件表一》明确记载租赁物医疗设备价值合计为 480 万元，且双方明确约定合同附件与合同正文具有同等效力。对此，法院认为，该价格系合同签订时双方当事人的真实意思表示，应依据《融资租赁司法解释》第 23 条第 1 款规定而认定涉案租赁物价值为 480 万元的事实。被告津市医院虽主张涉案租赁物价格虚高显失公平，但并未就租赁物现时的市场价值提供必要的证据证明，仅泛泛地提出租赁物价值严重偏离的主张，故法院对津市医院提出的异议不予审查。

2. 按照折旧和到期后残值进行确定

当融资租赁合同中未对收回租赁物的价值进行约定或约定不明确时，法院将依据《融资租赁司法解释》第 12 条及《担保制度司法解释》第 65 条第 2 款，参照融资租赁合同约定的租赁物折旧以及合同到期后的残值来确定租赁物的价值。

案例：[2020] 川 0116 民初 3145 号一案中，涉案融资租赁合同明确约定了租赁物的折旧标准，"租赁物价值按本条约定的折旧率确定，租赁物折旧以本合同载明租赁物售价为基数，折旧标准按月计算（每月按 30 天计），第 1 月折旧率为 8%，第 2 月折旧率为 5%，第 3~12 月（含第 3、第 12 月，下同）每月折旧率为 2.2%，第 13~24 月每月折旧率为 2.1%……吉某石布不及时足额支付相应款项，中恒公司有权按逾期金额万分之三/日计收违约金"。法院认为，原告中恒公司根据合同约定的折旧标准计算残值来确定案涉租赁物价值，符合法律规定，故对中恒公司依合同约定的折旧率计算的案涉挖掘机现有价值予以采纳。

3. 通过评估或拍卖进行确定

当无法依据上述两种情形（按照合同约定或折旧等方式）确定租赁物残值，或一方主张租赁物残值严重偏离租赁物实际价值的，双方可以根据《融资租赁司法解释》第 12 条及《担保制度司法解释》第 65 条第 2 款，请求人民法院委托有资质的机构评估或者拍卖确定。

在实务中，不同法院对评估鉴定租赁物残值或拍卖租赁物的时间节点的处理方式有所不同，主要存在如下两种情形：

（1）多数法院会在审判阶段根据当事人的申请委托第三方评估机构进行

租赁物价值的评估鉴定,并在判决中确定具体金额;

(2) 部分法院认为租赁物没有实际返还时,其市场价值可能波动较大,且在判决时无法确定租赁物收回时间,租赁物的价值无法确认,因此将租赁物价值的评估鉴定放入执行阶段进行。

4. 法院酌情认定

若因涉案租赁物已被处分、已毁损灭失或其他原因导致无法委托第三方对租赁物残值进行评估鉴定或拍卖,法院一般会根据公平原则酌情认定租赁物残值。如参照合同中关于购买价格、未付租金范围、使用年限及期满归属权等相关条款来确定租赁物残值;参照市场价格,如通过查询相关租赁物网站的报价数据或淘宝司法拍卖网站成交数据来确定租赁物残值;参照《企业所得税法实施条例》第60条关于固定资产计算折旧的最低年限的规定,综合考虑租赁物已使用年限等因素,酌定租赁物的年折旧率并确定租赁物残值。

但实务中也有观点认为,《企业所得税法实施条例》第60条第2款是为了做税前扣除,并不是为了计算租赁物残值,仅以年限折旧的计算方法对设备的残值作出认定,将会导致恶劣环境中作业的易损生产资料与会计规定以及租赁物的市场变现存在较大差异。因此,在确定残值时,应避免使用该条款中关于设备折旧的规定。

(二) 租赁物残值测算方法

1. 成本法

成本法以租赁物的重置成本减去折旧后的价值为基础,再根据影响租赁物残值的相关因素进行调整,最终得出一个较为精确的结果。

以成本法计算租赁物的残值,最重要的是测算租赁物在租赁结束时的重置成本。对于租赁物的重置成本,既可以假定它以当前的成本为基数并以固定的通货膨胀率增长,也可以通过预测租赁物各组成部分的具体成本进行确定。在此基础上,需要根据租赁物重置后预期业绩的变化、运营成本的差异、客户偏好的改变等因素对重置成本进行调整。除此之外,还必须考虑法律、监管或者科技的变化给租赁物经济寿命带来的影响。

在得到调整后的重置成本以及确定折旧之后,就可以计算出较为精确的租赁物残值。大量经验表明,成本法适用于标准化程度较高、市场状况较稳定、影响因素预期变化较小的租赁物,尤其是适合以重置成本法来确定价格并在二手市场进行交易的租赁物。

2. 市场数据法

市场数据法以收集到的租赁物可比资产的市场价值为基础来确定租赁物的残值。在具体的计算中，租赁物残值既可以参考可比资产的实际支付价格进行计算，也可以使用普遍接受的经验法则进行计算。

在收集数据时，必须对不同类型和配置的可比资产的相关数据进行规范化、标准化处理，以消除这些差异化因素带来的影响，来反映最"典型"、最通用的租赁物的价值。例如，同一型号的飞机可能配备不同的发动机、驾驶舱和座位，销售价格也可能包括备件、翻新、培训或其他特殊服务，因此必须确定这些因素对整个飞机交易价格的影响，这样才能得到该型号飞机的标准价值。

在这个基础上，还需要进一步调整标准化数据以反映租赁物的使用年限、性能以及预期使用条件等因素。例如，承租人是否对租赁物有良好的保养，是否有滥用设备的历史等。

当有大量可获取的可比资产近期交易数据或者可以得到价格指南以及价格报告的情况下，市场数据法最为有效，能够快速、高效地计算出租赁物残值。但是，市场数据法只能反映当前和过去市场中各种因素对租赁物残值的影响，很难将未来的影响因素考虑在内。

3. 收益法

相比较而言，收益法可能是三种方法中最为困难的一种，它将租赁物残值等同于从租赁期结束到租赁物使用寿命结束期间基于该租赁物能够产生的现金流入的现值。

收益法首先需要确定的是从租赁合同结束到租赁物寿命结束之间的这一时间跨度，接下来根据这段时间内租赁物预计取得的收入、报废价值、营业费用、折旧、添附物价值等计算租赁物的税后现金流。预测的关键是确定一个合理的折现率对未来的现金流进行折现，该折现率应以租赁结束时理性买家对租赁物要求的必要回报率为基础，并且能够充分反映当时可以观测到的各种市场风险。最后，还需要考虑商业价值等无形资产对结果产生的影响，并进行相应调整。

收益法的最大优势在于它能够充分考虑影响租赁物残值的各种因素，比较适用于能够计量或推断现金流入，并且可以估计经营成本和持有成本的租赁物。收益法通常与成本法结合使用，以测算那些没有可比资产市场数据的租赁物残值。

（三）残值确定的时点

租赁物是租金债权的担保，一旦涉及解除合同的损失问题，实际上都需要对租赁物的残值进行确定。所以，该类型的残值确定时间为合同解除时。但是，这并不意味着必然启动租赁物的价值评估程序。实务中主要涉及两种情况：

（1）出租人同时主张收回租赁物并赔偿损失，因为涉及租赁物价值的折抵问题，所以应当确定租赁物的现时价值。

（2）承租人主张租赁物的价值超过剩余租金并就超出部分要求返还的。根据《合同法》第249条的规定，合同约定租赁期满，租赁物归承租人所有的，承租人已支付大部分租金，但无力支付剩余租金，出租人解除合同收回租赁物的，如租赁物价值超过承租人欠付租金以及其他费用的，承租人可以要求部分返还。此时也必然涉及租赁物的价值确定问题。

因此，出租人诉请收回租赁物并不必然启动租赁物的评估程序。

（四）控制风险的方法

1. 在租赁开始时进行评估

在业务开始时进行一次全面的评估可以使出租人对租赁物在合同到期时的残值有一个初步判断，并且为租赁期内的调整打下基础。在对租赁物残值进行初始评估时，既要考虑租赁物的历史使用状况、可比资产的市场数据，同时也需要具有前瞻性的分析，考虑哪些因素在租赁期间可能会对租赁物的价值产生影响，以便进行持续监测，为随时调整租赁物残值做好准备。

2. 定期对租赁物残值进行评估

租赁期间，出租人应当定期对租赁物的使用状况、维修保养情况进行现场或非现场检查，同时对影响租赁物残值的技术变化、监管政策、经济形势等因素进行分析，以了解租赁物残值的变化情况并不断调整更新，从而减少租赁合同到期时出租人面临的风险。

3. 购买租赁残值保险

租赁残值保险，也称资产价值保险或设备价值保险，可以保证资产所有者某项资产的最低价格或价值。出租人可以在租赁业务开始之前，向保险人缴纳固定的保险费用为租赁物的残值投保，当租赁到期时，如果租赁物的残值低于某一固定数值，出租人就可以从保险人处获得事先约定的赔偿，残值保险可以使出租人以可控的成本避免未来不确定的损失，减少了租赁物大幅贬值的风险。

4. 租赁资产多样化

投资领域内"不要把鸡蛋放在同一个篮子里"这一理论同样适用于融资租赁的资产配置，在合理的范围内，融资租赁公司应尽量使租赁物的种类多元化，以分散不同因素对租赁物价值产生的不利影响，甚至是在极端情况下使租赁物失去使用价值的风险。

附录2

融资租赁相关法律条例梳理

一、法律

(一)《民法典》合同编

第七百三十五条 融资租赁合同是出租人根据承租人对出卖人、租赁物的选择,向出卖人购买租赁物,提供给承租人使用,承租人支付租金的合同。

第七百三十六条 融资租赁合同的内容一般包括租赁物的名称、数量、规格、技术性能、检验方法,租赁期限,租金构成及其支付期限和方式、币种,租赁期限届满租赁物的归属等条款。

融资租赁合同应当采用书面形式。

第七百三十七条 当事人以虚构租赁物方式订立的融资租赁合同无效。

第七百三十八条 依照法律、行政法规的规定,对于租赁物的经营使用应当取得行政许可的,出租人未取得行政许可不影响融资租赁合同的效力。

第七百三十九条 出租人根据承租人对出卖人、租赁物的选择订立的买卖合同,出卖人应当按照约定向承租人交付标的物,承租人享有与受领标的物有关的买受人的权利。

第七百四十条 出卖人违反向承租人交付标的物的义务,有下列情形之一的,承租人可以拒绝受领出卖人向其交付的标的物:

(一)标的物严重不符合约定;

(二)未按照约定交付标的物,经承租人或者出租人催告后在合理期限内仍未交付。

承租人拒绝受领标的物的,应当及时通知出租人。

第七百四十一条 出租人、出卖人、承租人可以约定,出卖人不履行买卖合同义务的,由承租人行使索赔的权利。承租人行使索赔权利的,出租人应当协助。

第七百四十二条 承租人对出卖人行使索赔权利,不影响其履行支付租金的义务。但是,承租人依赖出租人的技能确定租赁物或者出租人干预选择租赁物的,承租人可以请求减免相应租金。

第七百四十三条 出租人有下列情形之一,致使承租人对出卖人行使索赔权利失败的,承租人有权请求出租人承担相应的责任:

(一)明知租赁物有质量瑕疵而不告知承租人;

(二)承租人行使索赔权利时,未及时提供必要协助。

出租人怠于行使只能由其对出卖人行使的索赔权利,造成承租人损失的,承租人有权请求出租人承担赔偿责任。

第七百四十四条 出租人根据承租人对出卖人、租赁物的选择订立的买卖合同,未经承租人同意,出租人不得变更与承租人有关的合同内容。

第七百四十五条 出租人对租赁物享有的所有权,未经登记,不得对抗善意第三人。

第七百四十六条 融资租赁合同的租金,除当事人另有约定外,应当根据购买租赁物的大部分或者全部成本以及出租人的合理利润确定。

第七百四十七条 租赁物不符合约定或者不符合使用目的的,出租人不承担责任。但是,承租人依赖出租人的技能确定租赁物或者出租人干预选择租赁物的除外。

第七百四十八条 出租人应当保证承租人对租赁物的占有和使用。

出租人有下列情形之一的,承租人有权请求其赔偿损失:

(一)无正当理由收回租赁物;

(二)无正当理由妨碍、干扰承租人对租赁物的占有和使用;

(三)因出租人的原因致使第三人对租赁物主张权利;

(四)不当影响承租人对租赁物占有和使用的其他情形。

第七百四十九条 承租人占有租赁物期间,租赁物造成第三人人身损害或者财产损失的,出租人不承担责任。

第七百五十条 承租人应当妥善保管、使用租赁物。

承租人应当履行占有租赁物期间的维修义务。

第七百五十一条 承租人占有租赁物期间，租赁物毁损、灭失的，出租人有权请求承租人继续支付租金，但是法律另有规定或者当事人另有约定的除外。

第七百五十二条 承租人应当按照约定支付租金。承租人经催告后在合理期限内仍不支付租金的，出租人可以请求支付全部租金；也可以解除合同，收回租赁物。

第七百五十三条 承租人未经出租人同意，将租赁物转让、抵押、质押、投资入股或者以其他方式处分的，出租人可以解除融资租赁合同。

第七百五十四条 有下列情形之一的，出租人或者承租人可以解除融资租赁合同：

（一）出租人与出卖人订立的买卖合同解除、被确认无效或者被撤销，且未能重新订立买卖合同；

（二）租赁物因不可归责于当事人的原因毁损、灭失，且不能修复或者确定替代物；

（三）因出卖人的原因致使融资租赁合同的目的不能实现。

第七百五十五条 融资租赁合同因买卖合同解除、被确认无效或者被撤销而解除，出卖人、租赁物系由承租人选择的，出租人有权请求承租人赔偿相应损失；但是，因出租人原因致使买卖合同解除、被确认无效或者被撤销的除外。

出租人的损失已经在买卖合同解除、被确认无效或者被撤销时获得赔偿的，承租人不再承担相应的赔偿责任。

第七百五十六条 融资租赁合同因租赁物交付承租人后意外毁损、灭失等不可归责于当事人的原因解除的，出租人可以请求承租人按照租赁物折旧情况给予补偿。

第七百五十七条 出租人和承租人可以约定租赁期限届满租赁物的归属；对租赁物的归属没有约定或者约定不明确，依据本法第五百一十条的规定仍不能确定的，租赁物的所有权归出租人。

第七百五十八条 当事人约定租赁期限届满租赁物归承租人所有，承租人已经支付大部分租金，但是无力支付剩余租金，出租人因此解除合同收回租赁物，收回的租赁物的价值超过承租人欠付的租金以及其他费用的，承租人可以请求相应返还。

当事人约定租赁期限届满租赁物归出租人所有，因租赁物毁损、灭失或者附合、混合于他物致使承租人不能返还的，出租人有权请求承租人给予合理补偿。

第七百五十九条 当事人约定租赁期限届满，承租人仅需向出租人支付象征性价款的，视为约定的租金义务履行完毕后租赁物的所有权归承租人。

第七百六十条 融资租赁合同无效，当事人就该情形下租赁物的归属有约定的，按照其约定；没有约定或者约定不明确的，租赁物应当返还出租人。但是，因承租人原因致使合同无效，出租人不请求返还或者返还后会显著降低租赁物效用的，租赁物的所有权归承租人，由承租人给予出租人合理补偿。

（二）《民用航空法》

第二十六条 民用航空器租赁合同，包括融资租赁合同和其他租赁合同，应当以书面形式订立。

第二十七条 民用航空器的融资租赁，是指出租人按照承租人对供货方和民用航空器的选择，购得民用航空器，出租给承租人使用，由承租人定期交纳租金。

第二十八条 融资租赁期间，出租人依法享有民用航空器所有权，承租人依法享有民用航空器的占有、使用、收益权。

第二十九条 融资租赁期间，出租人不得干扰承租人依法占有、使用民用航空器；承租人应当适当地保管民用航空器，使之处于原交付时的状态，但是合理损耗和经出租人同意的对民用航空器的改变除外。

第三十条 融资租赁期满，承租人应当将符合本法第二十九条规定状态的民用航空器退还出租人；但是，承租人依照合同行使购买民用航空器的权利或者为继续租赁而占有民用航空器的除外。

第三十一条 民用航空器融资租赁中的供货方，不就同一损害同时对出租人和承租人承担责任。

第三十二条 融资租赁期间，经出租人同意，在不损害第三人利益的情况下，承租人可以转让其对民用航空器的占有权或者租赁合同约定的其他权利。

第三十三条 民用航空器的融资租赁和租赁期限为六个月以上的其他租赁，承租人应当就其对民用航空器的占有权向国务院民用航空主管部门办理登记；未经登记的，不得对抗第三人。

二、司法解释

《最高人民法院关于审理融资租赁合同纠纷案件
适用法律问题的解释》（2020 年修正）

1. 融资租赁合同的认定

第一条 人民法院应当根据民法典第七百三十五条的规定，结合标的物的性质、价值、租金的构成以及当事人的合同权利和义务，对是否构成融资租赁法律关系作出认定。

对名为融资租赁合同，但实际不构成融资租赁法律关系的，人民法院应按照其实际构成的法律关系处理。

第二条 承租人将其自有物出卖给出租人，再通过融资租赁合同将租赁物从出租人处租回的，人民法院不应仅以承租人和出卖人系同一人为由认定不构成融资租赁法律关系。

2. 合同的履行和租赁物的公示

第三条 承租人拒绝受领租赁物，未及时通知出租人，或者无正当理由拒绝受领租赁物，造成出租人损失，出租人向承租人主张损害赔偿的，人民法院应予支持。

第四条 出租人转让其在融资租赁合同项下的部分或者全部权利，受让方以此为由请求解除或者变更融资租赁合同的，人民法院不予支持。

3. 合同的解除

第五条 有下列情形之一，出租人请求解除融资租赁合同的，人民法院应予支持：

（一）承租人未按照合同约定的期限和数额支付租金，符合合同约定的解除条件，经出租人催告后在合理期限内仍不支付的；

（二）合同对于欠付租金解除合同的情形没有明确约定，但承租人欠付租金达到两期以上，或者数额达到全部租金百分之十五以上，经出租人催告后在合理期限内仍不支付的；

（三）承租人违反合同约定，致使合同目的不能实现的其他情形。

第六条 因出租人的原因致使承租人无法占有、使用租赁物，承租人请求解除融资租赁合同的,人民法院应予支持。

第七条 当事人在一审诉讼中仅请求解除融资租赁合同,未对租赁物的归属及损失赔偿提出主张的,人民法院可以向当事人进行释明。

4. 违约责任

第八条 租赁物不符合融资租赁合同的约定且出租人实施了下列行为之一,承租人依照民法典第七百四十四条、第七百四十七条的规定,要求出租人承担相应责任的,人民法院应予支持:

(一)出租人在承租人选择出卖人、租赁物时,对租赁物的选定起决定作用的;

(二)出租人干预或者要求承租人按照出租人意愿选择出卖人或者租赁物的;

(三)出租人擅自变更承租人已经选定的出卖人或者租赁物的。

承租人主张其系依赖出租人的技能确定租赁物或者出租人干预选择租赁物的,对上述事实承担举证责任。

第九条 承租人逾期履行支付租金义务或者迟延履行其他付款义务,出租人按照融资租赁合同的约定要求承租人支付逾期利息、相应违约金的,人民法院应予支持。

第十条 出租人既请求承租人支付合同约定的全部未付租金又请求解除融资租赁合同的,人民法院应告知其依照民法典第七百五十二条的规定作出选择。

出租人请求承租人支付合同约定的全部未付租金,人民法院判决后承租人未予履行,出租人再行起诉请求解除融资租赁合同、收回租赁物的,人民法院应予受理。

第十一条 出租人依照本解释第五条的规定请求解除融资租赁合同,同时请求收回租赁物并赔偿损失的,人民法院应予支持。

前款规定的损失赔偿范围为承租人全部未付租金及其他费用与收回租赁物价值的差额。合同约定租赁期间届满后租赁物归出租人所有的,损失赔偿范围还应包括融资租赁合同到期后租赁物的残值。

第十二条 诉讼期间承租人与出租人对租赁物的价值有争议的,人民法院可以按照融资租赁合同的约定确定租赁物价值;融资租赁合同未约定或者约定不明的,可以参照融资租赁合同约定的租赁物折旧以及合同到期后租赁物的残值确定租赁物价值。

承租人或者出租人认为依前款确定的价值严重偏离租赁物实际价值的，可以请求人民法院委托有资质的机构评估或者拍卖确定。

5. 其他规定

第十三条 出卖人与买受人因买卖合同发生纠纷，或者出租人与承租人因融资租赁合同发生纠纷，当事人仅对其中一个合同关系提起诉讼，人民法院经审查后认为另一合同关系的当事人与案件处理结果有法律上的利害关系的，可以通知其作为第三人参加诉讼。

承租人与租赁物的实际使用人不一致，融资租赁合同当事人未对租赁物的实际使用人提起诉讼，人民法院经审查后认为租赁物的实际使用人与案件处理结果有法律上的利害关系的，可以通知其作为第三人参加诉讼。

承租人基于买卖合同和融资租赁合同直接向出卖人主张受领租赁物、索赔等买卖合同权利的，人民法院应通知出租人作为第三人参加诉讼。

第十四条 当事人因融资租赁合同租金欠付争议向人民法院请求保护其权利的诉讼时效期间为三年，自租赁期限届满之日起计算。

第十五条 本解释自2014年3月1日起施行。《最高人民法院关于审理融资租赁合同纠纷案件若干问题的规定》（法发［1996］19号）同时废止。

本解释施行后尚未终审的融资租赁合同纠纷案件，适用本解释；本解释施行前已经终审，当事人申请再审或者按照审判监督程序决定再审的，不适用本解释

三、行政法规与部门规章

（一）《融资租赁公司监督管理暂行办法》

第一章 总 则

第一条 为落实监管责任，规范监督管理，引导融资租赁公司合规经营，促进融资租赁行业规范发展，根据有关法律法规，制定本办法。

第二条 本办法所称融资租赁公司，是指从事融资租赁业务的有限责任公司或者股份有限公司（不含金融租赁公司）。

本办法所称融资租赁业务，是指出租人根据承租人对出卖人、租赁物的

选择，向出卖人购买租赁物，提供给承租人使用，承租人支付租金的交易活动。

第三条 从事融资租赁活动应当遵守法律法规，遵循诚实信用原则和公平原则，不得损害国家利益、社会公共利益和他人合法权益。

第四条 鼓励各地加大政策扶持力度，引导融资租赁公司在推动装备制造业发展、企业技术升级改造、设备进出口等方面发挥重要作用，更好地服务实体经济，实现行业高质量发展。

第二章　经营规则

第五条 融资租赁公司可以经营下列部分或全部业务：

（一）融资租赁业务；

（二）租赁业务；

（三）与融资租赁和租赁业务相关的租赁物购买、残值处理与维修、租赁交易咨询、接受租赁保证金；

（四）转让与受让融资租赁或租赁资产；

（五）固定收益类证券投资业务。

第六条 融资租赁公司的融资行为必须符合相关法律法规规定。

第七条 适用于融资租赁交易的租赁物为固定资产，另有规定的除外。

融资租赁公司开展融资租赁业务应当以权属清晰、真实存在且能够产生收益的租赁物为载体。融资租赁公司不得接受已设置抵押、权属存在争议、已被司法机关查封、扣押的财产或所有权存在瑕疵的财产作为租赁物。

第八条 融资租赁公司不得有下列业务或活动：

（一）非法集资、吸收或变相吸收存款；

（二）发放或受托发放贷款；

（三）与其他融资租赁公司拆借或变相拆借资金；

（四）通过网络借贷信息中介机构、私募投资基金融资或转让资产；

（五）法律法规、银保监会和省、自治区、直辖市（以下简称省级）地方金融监管部门禁止开展的其他业务或活动。

第九条 融资租赁公司进口租赁物涉及配额、许可等管理的，由租赁物购买方或产权所有方按有关规定办理手续，另有约定的除外。

融资租赁公司经营业务过程中涉及外汇管理事项的，应当遵守国家外汇管理有关规定。

第十条 融资租赁公司应当建立完善以股东或股东（大）会、董事会（执行董事）、监事（会）、高级管理层等为主体的组织架构，明确职责分工，保证相互之间独立运行、有效制衡，形成科学高效的决策、激励和约束机制。

第十一条 融资租赁公司应当按照全面、审慎、有效、独立原则，建立健全内部控制制度，保障公司安全稳健运行。

第十二条 融资租赁公司应当根据其组织架构、业务规模和复杂程度，建立全面风险管理体系，识别、控制和化解风险。

第十三条 融资租赁公司应当建立关联交易管理制度，其关联交易应当遵循商业原则，独立交易、定价公允，以不优于非关联方同类交易的条件进行。

融资租赁公司在对承租人为关联企业的交易进行表决或决策时，与该关联交易有关联关系的人员应当回避。融资租赁公司的重大关联交易应当经股东（大）会、董事会或其授权机构批准。

融资租赁公司与其设立的控股子公司、项目公司之间的交易，不适用本办法对关联交易的监管要求。

第十四条 融资租赁公司应当合法取得租赁物的所有权。

第十五条 按照国家法律法规规定租赁物的权属应当登记的，融资租赁公司须依法办理相关登记手续。若租赁物不属于需要登记的财产类别，融资租赁公司应当采取有效措施保障对租赁物的合法权益。

第十六条 融资租赁公司应当在签订融资租赁合同或明确融资租赁业务意向的前提下，按照承租人要求购置租赁物。特殊情况下需要提前购置租赁物的，应当与自身现有业务领域或业务规划保持一致，且与自身风险管理能力和专业化经营水平相符。

第十七条 融资租赁公司应当建立健全租赁物价值评估和定价体系，根据租赁物的价值、其他成本和合理利润等确定租金水平。

售后回租业务中，融资租赁公司对租赁物的买入价格应当有合理的、不违反会计准则的定价依据作为参考，不得低值高买。

第十八条 融资租赁公司应当重视租赁物的风险缓释作用，密切监测租赁物价值对融资租赁债权的风险覆盖水平，制定有效的风险应对措施。

第十九条 融资租赁公司应当加强租赁物未担保余值管理，定期评估未担保余值是否存在减值，及时按照会计准则的要求计提减值准备。

第二十条 融资租赁公司应当加强对租赁期限届满返还或因承租人违约而取回的租赁物的风险管理，建立完善的租赁物处置制度和程序，降低租赁物持有期风险。

第二十一条 融资租赁公司对转租赁等形式的融资租赁资产应当分别管理，单独建账。转租赁应当经出租人同意。

第二十二条 融资租赁公司应当严格按照会计准则等相关规定，真实反映融资租赁资产转让和受让业务的实质和风险状况。

第二十三条 融资租赁公司应当建立资产质量分类制度和准备金制度。在准确分类的基础上及时足额计提资产减值损失准备，增强风险抵御能力。

第二十四条 融资租赁公司按照有关规定可以向征信机构提供和查询融资租赁相关信息。

第二十五条 融资租赁公司和承租人应对与融资租赁业务有关的担保、保险等事项进行充分约定，维护交易安全。

第三章 监管指标

第二十六条 融资租赁公司融资租赁和其他租赁资产比重不得低于总资产的60%。

第二十七条 融资租赁公司的风险资产总额不得超过净资产的8倍。风险资产总额按企业总资产减去现金、银行存款和国债后的剩余资产确定。

第二十八条 融资租赁公司开展的固定收益类证券投资业务，不得超过净资产的20%。

第二十九条 融资租赁公司应当加强对重点承租人的管理，控制单一承租人及承租人为关联方的业务比例，有效防范和分散经营风险。融资租赁公司应当遵守以下监管指标：

（一）单一客户融资集中度。融资租赁公司对单一承租人的全部融资租赁业务余额不得超过净资产的30%。

（二）单一集团客户融资集中度。融资租赁公司对单一集团的全部融资租赁业务余额不得超过净资产的50%。

（三）单一客户关联度。融资租赁公司对一个关联方的全部融资租赁业务余额不得超过净资产的 30%。

（四）全部关联度。融资租赁公司对全部关联方的全部融资租赁业务余额不得超过净资产的 50%。

（五）单一股东关联度。对单一股东及其全部关联方的融资余额，不得超过该股东在融资租赁公司的出资额，且同时满足本办法对单一客户关联度的规定。

银保监会可以根据监管需要对上述指标作出调整。

第四章　监督管理

第三十条　银保监会负责制定融资租赁公司的业务经营和监督管理规则。

第三十一条　省级人民政府负责制定促进本地区融资租赁行业发展的政策措施，对融资租赁公司实施监督管理，处置融资租赁公司风险。省级地方金融监管部门具体负责对本地区融资租赁公司的监督管理。

第三十二条　地方金融监管部门应当根据融资租赁公司的经营规模、风险状况、内控管理等情况，对融资租赁公司实施分类监管。

第三十三条　地方金融监管部门应当建立非现场监管制度，利用信息系统对融资租赁公司按期分析监测，重点关注相关指标偏高、潜在经营风险较大的公司。省级地方金融监管部门应当于每年 4 月 30 日前向银保监会报送上一年度本地区融资租赁公司发展情况以及监管情况。

第三十四条　地方金融监管部门应当建立现场检查制度，对融资租赁公司的检查包括但不限于下列措施：

（一）进入融资租赁公司以及有关场所进行现场检查；

（二）询问有关单位或者个人，要求其对有关检查事项作出说明；

（三）查阅、复制有关文件资料，对可能被转移、销毁、隐匿或者篡改的文件资料，予以先行登记保存；

（四）检查相关信息系统。

进行现场检查，应当经地方金融监管部门负责人批准。现场检查时，检查人员不得少于 2 人，并应当出示合法证件和检查通知书。有关单位和个人应当配合地方金融监管部门依法进行监督检查，如实提供有关情况和文件、资料，不得拒绝、阻碍或者隐瞒。

第三十五条 地方金融监管部门根据履行职责需要,可以与融资租赁公司的董事、监事、高级管理人员进行监督管理谈话,要求其就融资租赁公司业务活动和风险管理的重大事项作出说明。

第三十六条 地方金融监管部门应当建立融资租赁公司重大风险事件预警、防范和处置机制,制定融资租赁公司重大风险事件应急预案。

融资租赁公司发生重大风险事件的,应当立即采取应急措施,并及时向地方金融监管部门报告,地方金融监管部门应当及时处置。

第三十七条 地方金融监管部门应当建立融资租赁公司及其主要股东、董事、监事、高级管理人员违法经营融资租赁业务行为信息库,如实记录相关违法行为信息;给予行政处罚的,应当依法向社会公示。

第三十八条 融资租赁公司应定期向地方金融监管部门和同级人民银行分支机构报送信息资料。

第三十九条 融资租赁公司应当建立重大事项报告制度,下列事项发生后5个工作日内向地方金融监管部门报告:重大关联交易,重大待决诉讼、仲裁及地方金融监管部门规定需要报送的其他重大事项。

第四十条 地方金融监管部门应当与有关部门建立监督管理协调机制和信息共享机制,研究解决辖内融资租赁行业重大问题,加强监管联动,形成监管合力。

第四十一条 地方金融监管部门应当加强监管队伍建设,按照监管要求和职责配备专职监管员,专职监管员的人数、能力要与被监管对象数量相匹配。

第四十二条 融资租赁行业协会是融资租赁行业的自律组织,是社会团体法人。

依法成立的融资租赁行业协会按照章程发挥沟通协调和行业自律作用,履行协调、维权、自律、服务职能,开展行业培训、理论研究、纠纷调解等活动,配合地方金融监管部门,引导融资租赁公司诚信经营、公平竞争、稳健运行。

第四十三条 地方金融监管部门要通过信息交叉比对、实地走访、接受信访投诉等方式,准确核查辖内融资租赁公司经营和风险状况,按照经营风险、违法违规情形划分为正常经营、非正常经营和违法违规经营等三类。

第四十四条 正常经营类是指依法合规经营的融资租赁公司。地方金融监管部门要对正常经营类融资租赁公司按其注册地审核营业执照、公司章程、股东名单、高级管理人员名单和简历、经审计的近两年资产负债表、利润表、现金流量表及规定的其他资料。

对于接受并配合监管、在注册地有经营场所且如实完整填报信息的企业，省级地方金融监管部门要在报银保监会同意后及时纳入监管名单。

第四十五条　非正常经营类主要是指"失联"和"空壳"等经营异常的融资租赁公司。

"失联"是指满足以下条件之一的融资租赁公司：无法取得联系；在企业登记住所实地排查无法找到；虽然可以联系到企业工作人员，但其并不知情也不能联系到企业实际控制人；连续3个月未按监管要求报送监管信息。

"空壳"是指满足以下条件之一的融资租赁公司：未依法通过国家企业信用信息公示系统报送并公示上一年度年度报告；近6个月监管信息显示无经营；近6个月无纳税记录或"零申报"；近6个月无社保缴纳记录。

地方金融监管部门要督促非正常经营类企业整改。非正常经营类企业整改验收合格的，可纳入监管名单；拒绝整改或整改验收不合格的，纳入非正常经营名录，劝导其申请变更企业名称和业务范围、自愿注销。

第四十六条　违法违规经营类是指经营行为违反法律法规和本办法规定的融资租赁公司。违法违规情节较轻且整改验收合格的，可纳入监管名单；整改验收不合格或违法违规情节严重的，地方金融监管部门要依法处罚、取缔或协调市场监管部门依法吊销其营业执照；涉嫌违法犯罪的及时移送公安机关依法查处。

第四十七条　省级地方金融监管部门要与市场监管部门建立会商机制，严格控制融资租赁公司及其分支机构的登记注册。融资租赁公司变更公司名称、组织形式、公司住所或营业场所、注册资本、调整股权结构等，应当事先与省级地方金融监管部门充分沟通，达成一致意见。

第五章　法律责任

第四十八条　融资租赁公司违反法律法规和本办法规定，有关法律法规有处罚规定的，依照其规定给予处罚；有关法律法规未作处罚规定的，地方金融监管部门可以采取监管谈话、出具警示函、责令限期改正、通报批评等监管措施；构成犯罪的，依法追究刑事责任。

第四十九条 依照法律法规对融资租赁公司进行处罚的，地方金融监管部门可以根据具体情形对有关责任人员采取通报批评、责令改正、纳入警示名单或违法失信名单等监管措施；法律法规有处罚规定的，依照法律法规予以处罚；构成犯罪的，依法追究刑事责任。

第五十条 融资租赁公司吸收或变相吸收公众存款以及以其他形式非法集资的，依照法律、行政法规和国家有关规定给予处罚；构成犯罪的，依法追究刑事责任。

第六章 附则

第五十一条 省级人民政府应当依据本办法制定本辖区融资租赁公司监督管理实施细则，视监管实际情况，对租赁物范围、特定行业的集中度和关联度要求进行适当调整，并报银保监会备案。

第五十二条 本办法施行前已经设立的融资租赁公司，应当在省级地方金融监管部门规定的过渡期内达到本办法规定的各项要求，原则上过渡期不超过三年。省级地方金融监管部门可以根据特定行业的实际情况，适当延长过渡期安排。

第五十三条 本办法中下列用语的含义：

（一）关联方可依据《企业会计准则第36号——关联方披露》的规定予以认定。

（二）重大关联交易是指融资租赁公司与一个关联方之间单笔交易金额占融资租赁公司净资产5%以上，或者融资租赁公司与一个关联方发生交易后融资租赁公司与该关联方的交易余额占融资租赁公司净资产10%以上的交易。

第五十四条 本办法由银保监会负责解释。

第五十五条 本办法自印发之日起施行。本办法施行前有关规定与本办法不一致的，以本办法为准。

（二）《金融租赁公司管理办法》

第一章 总　则

第一条 为促进融资租赁业务发展，规范金融租赁公司的经营行为，根据《中华人民共和国银行业监督管理法》《中华人民共和国公司法》等法律法规，制定本办法。

第二条 本办法所称金融租赁公司，是指经银监会批准，以经营融资租赁业务为主的非银行金融机构。

金融租赁公司名称中应当标明"金融租赁"字样。未经银监会批准，任何单位不得在其名称中使用"金融租赁"字样。

第三条 本办法所称融资租赁，是指出租人根据承租人对租赁物和供货人的选择或认可，将其从供货人处取得的租赁物按合同约定出租给承租人占有、使用，向承租人收取租金的交易活动。

第四条 适用于融资租赁交易的租赁物为固定资产，银监会另有规定的除外。

第五条 本办法所称售后回租业务，是指承租人将自有物件出卖给出租人，同时与出租人签订融资租赁合同，再将该物件从出租人处租回的融资租赁形式。售后回租业务是承租人和供货人为同一人的融资租赁方式。

第六条 银监会及其派出机构依法对金融租赁公司实施监督管理。

第二章 机构设立、变更与终止

第七条 申请设立金融租赁公司，应当具备以下条件：

（一）有符合《中华人民共和国公司法》和银监会规定的公司章程；

（二）有符合规定条件的发起人；

（三）注册资本为一次性实缴货币资本，最低限额为1亿元人民币或等值的可自由兑换货币；

（四）有符合任职资格条件的董事、高级管理人员，并且从业人员中具有金融或融资租赁工作经历3年以上的人员应当不低于总人数的50%；

（五）建立了有效的公司治理、内部控制和风险管理体系；

（六）建立了与业务经营和监管要求相适应的信息科技架构，具有支撑业务经营的必要、安全且合规的信息系统，具备保障业务持续运营的技术与措施；

（七）有与业务经营相适应的营业场所、安全防范措施和其他设施；

（八）银监会规定的其他审慎性条件。

第八条 金融租赁公司的发起人包括在中国境内外注册的具有独立法人资格的商业银行，在中国境内注册的、主营业务为制造适合融资租赁交易产品的大型企业，在中国境外注册的融资租赁公司以及银监会认可的其他发起人。

银监会认可的其他发起人是指除符合本办法第九条至第十一条规定的发起人以外的其他境内法人机构和境外金融机构。

第九条 在中国境内外注册的具有独立法人资格的商业银行作为金融租赁公司发起人，应当具备以下条件：

（一）满足所在国家或地区监管当局的审慎监管要求；

（二）具有良好的公司治理结构、内部控制机制和健全的风险管理体系；

（三）最近1年年末总资产不低于800亿元人民币或等值的可自由兑换货币；

（四）财务状况良好，最近2个会计年度连续盈利；

（五）为拟设金融租赁公司确定了明确的发展战略和清晰的盈利模式；

（六）遵守注册地法律法规，最近2年内未发生重大案件或重大违法违规行为；

（七）境外商业银行作为发起人的，其所在国家或地区金融监管当局已经与银监会建立良好的监督管理合作机制；

（八）入股资金为自有资金，不得以委托资金、债务资金等非自有资金入股；

（九）承诺5年内不转让所持有的金融租赁公司股权、不将所持有的金融租赁公司股权进行质押或设立信托，并在拟设公司章程中载明；

（十）银监会规定的其他审慎性条件。

第十条 在中国境内注册的、主营业务为制造适合融资租赁交易产品的大型企业作为金融租赁公司发起人，应当具备以下条件：

（一）有良好的公司治理结构或有效的组织管理方式；

（二）最近1年的营业收入不低于50亿元人民币或等值的可自由兑换货币；

（三）财务状况良好，最近2个会计年度连续盈利；

（四）最近1年年末净资产不低于总资产的30%；

（五）最近1年主营业务销售收入占全部营业收入的80%以上；

（六）为拟设金融租赁公司确定了明确的发展战略和清晰的盈利模式；

（七）有良好的社会声誉、诚信记录和纳税记录；

（八）遵守国家法律法规，最近2年内未发生重大案件或重大违法违规行为；

（九）入股资金为自有资金，不得以委托资金、债务资金等非自有资金入股；

（十）承诺5年内不转让所持有的金融租赁公司股权、不将所持有的金融租赁公司股权进行质押或设立信托，并在拟设公司章程中载明；

（十一）银监会规定的其他审慎性条件。

第十一条 在中国境外注册的具有独立法人资格的融资租赁公司作为金融租赁公司发起人，应当具备以下条件：

（一）具有良好的公司治理结构、内部控制机制和健全的风险管理体系；

（二）最近1年年末总资产不低于100亿元人民币或等值的可自由兑换货币；

（三）财务状况良好，最近2个会计年度连续盈利；

（四）遵守注册地法律法规，最近2年内未发生重大案件或重大违法违规行为；

（五）所在国家或地区经济状况良好；

（六）入股资金为自有资金，不得以委托资金、债务资金等非自有资金入股；

（七）承诺5年内不转让所持有的金融租赁公司股权、不将所持有的金融租赁公司股权进行质押或设立信托，并在拟设公司章程中载明；

（八）银监会规定的其他审慎性条件。

第十二条 金融租赁公司至少应当有一名符合第九条至第十一条规定的发起人，且其出资比例不低于拟设金融租赁公司全部股本的30%。

第十三条 其他境内法人机构作为金融租赁公司发起人，应当具备以下条件：

（一）有良好的公司治理结构或有效的组织管理方式；

（二）有良好的社会声誉、诚信记录和纳税记录；

（三）经营管理良好，最近2年内无重大违法违规经营记录；

（四）财务状况良好，且最近2个会计年度连续盈利；

（五）入股资金为自有资金，不得以委托资金、债务资金等非自有资金入股；

（六）承诺5年内不转让所持有的金融租赁公司股权，不将所持有的金融

租赁公司股权进行质押或设立信托,并在公司章程中载明;

(七)银监会规定的其他审慎性条件;

其他境内法人机构为非金融机构的,最近1年年末净资产不得低于总资产的30%;

其他境内法人机构为金融机构的,应当符合与该类金融机构有关的法律、法规、相关监管规定要求。

第十四条 其他境外金融机构作为金融租赁公司发起人,应当具备以下条件:

(一)满足所在国家或地区监管当局的审慎监管要求;

(二)具有良好的公司治理结构、内部控制机制和健全的风险管理体系;

(三)最近1年年末总资产原则上不低于10亿美元或等值的可自由兑换货币;

(四)财务状况良好,最近2个会计年度连续盈利;

(五)入股资金为自有资金,不得以委托资金、债务资金等非自有资金入股;

(六)承诺5年内不转让所持有的金融租赁公司股权、不将所持有的金融租赁公司股权进行质押或设立信托,并在公司章程中载明;

(七)所在国家或地区金融监管当局已经与银监会建立良好的监督管理合作机制;

(八)具有有效的反洗钱措施;

(九)所在国家或地区经济状况良好;

(十)银监会规定的其他审慎性条件。

第十五条 有以下情形之一的企业不得作为金融租赁公司的发起人:

(一)公司治理结构与机制存在明显缺陷;

(二)关联企业众多、股权关系复杂且不透明、关联交易频繁且异常;

(三)核心主业不突出且其经营范围涉及行业过多;

(四)现金流量波动受经济景气影响较大;

(五)资产负债率、财务杠杆率高于行业平均水平;

(六)其他对金融租赁公司产生重大不利影响的情况。

第十六条 金融租赁公司发起人应当在金融租赁公司章程中约定,在金融租赁公司出现支付困难时,给予流动性支持;当经营损失侵蚀资本时,及时补足资本金。

第十七条　金融租赁公司根据业务发展的需要，经银监会批准，可以设立分公司、子公司。设立分公司、子公司的具体条件由银监会另行制定。

第十八条　金融租赁公司董事和高级管理人员实行任职资格核准制度。

第十九条　金融租赁公司有下列变更事项之一的，须报经银监会或其派出机构批准：

（一）变更公司名称；

（二）变更组织形式；

（三）调整业务范围；

（四）变更注册资本；

（五）变更股权或调整股权结构；

（六）修改公司章程；

（七）变更公司住所或营业场所；

（八）变更董事和高级管理人员；

（九）合并或分立；

（十）银监会规定的其他变更事项。

第二十条　金融租赁公司变更股权及调整股权结构，拟投资入股的出资人需符合本办法第八条至第十六条规定的新设金融租赁公司发起人条件。

第二十一条　金融租赁公司有以下情况之一的，经银监会批准可以解散：

（一）公司章程规定的营业期限届满或者公司章程规定的其他解散事由出现；

（二）股东决定或股东（大）会决议解散；

（三）因公司合并或者分立需要解散；

（四）依法被吊销营业执照、责令关闭或者被撤销；

（五）其他法定事由。

第二十二条　金融租赁公司有以下情形之一的，经银监会批准，可以向法院申请破产：

（一）不能支付到期债务，自愿或债权人要求申请破产的；

（二）因解散或被撤销而清算，清算组发现财产不足以清偿债务，应当申请破产的。

第二十三条　金融租赁公司不能清偿到期债务，并且资产不足以清偿全部债务或者明显缺乏清偿能力的，银监会可以向人民法院提出对该金融租赁公司进行重整或者破产清算的申请。

第二十四条 金融租赁公司因解散、依法被撤销或被宣告破产而终止的，其清算事宜，按照国家有关法律法规办理。

第二十五条 金融租赁公司设立、变更、终止和董事及高管人员任职资格核准的行政许可程序，按照银监会相关规定执行。

第三章 业务范围

第二十六条 经银监会批准，金融租赁公司可以经营下列部分或全部本外币业务：

（一）融资租赁业务；
（二）转让和受让融资租赁资产；
（三）固定收益类证券投资业务；
（四）接受承租人的租赁保证金；
（五）吸收非银行股东3个月（含）以上定期存款；
（六）同业拆借；
（七）向金融机构借款；
（八）境外借款；
（九）租赁物变卖及处理业务；
（十）经济咨询。

第二十七条 经银监会批准，经营状况良好、符合条件的金融租赁公司可以开办下列部分或全部本外币业务：

（一）发行债券；
（二）在境内保税地区设立项目公司开展融资租赁业务；
（三）资产证券化；
（四）为控股子公司、项目公司对外融资提供担保；
（五）银监会批准的其他业务。

金融租赁公司开办前款所列业务的具体条件和程序，按照有关规定执行。

第二十八条 金融租赁公司业务经营中涉及外汇管理事项的，需遵守国家外汇管理有关规定。

第四章　经营规则

第二十九条　金融租赁公司应当建立以股东或股东（大）会、董事会、监事（会）、高级管理层等为主体的组织架构，明确职责划分，保证相互之间独立运行、有效制衡，形成科学高效的决策、激励和约束机制。

第三十条　金融租赁公司应当按照全面、审慎、有效、独立原则，建立健全内部控制制度，防范、控制和化解风险，保障公司安全稳健运行。

第三十一条　金融租赁公司应当根据其组织架构、业务规模和复杂程度建立全面的风险管理体系，对信用风险、流动性风险、市场风险、操作风险等各类风险进行有效的识别、计量、监测和控制，同时还应当及时识别和管理与融资租赁业务相关的特定风险。

第三十二条　金融租赁公司应当合法取得租赁物的所有权。

第三十三条　租赁物属于国家法律法规规定所有权转移必须到登记部门进行登记的财产类别，金融租赁公司应当进行相关登记。租赁物不属于需要登记的财产类别，金融租赁公司应当采取有效措施保障对租赁物的合法权益。

第三十四条　售后回租业务的租赁物必须由承租人真实拥有并有权处分。金融租赁公司不得接受已设置任何抵押、权属存在争议或已被司法机关查封、扣押的财产或所有权存在瑕疵的财产作为售后回租业务的租赁物。

第三十五条　金融租赁公司应当在签订融资租赁合同或明确融资租赁业务意向的前提下，按照承租人要求购置租赁物。特殊情况下需提前购置租赁物的，应当与自身现有业务领域或业务规划保持一致，且与自身风险管理能力和专业化经营水平相符。

第三十六条　金融租赁公司应当建立健全租赁物价值评估和定价体系，根据租赁物的价值、其他成本和合理利润等确定租金水平。

售后回租业务中，金融租赁公司对租赁物的买入价格应当有合理的、不违反会计准则的定价依据作为参考，不得低值高买。

第三十七条　金融租赁公司应当重视租赁物的风险缓释作用，密切监测租赁物价值对融资租赁债权的风险覆盖水平，制定有效的风险应对措施。

第三十八条　金融租赁公司应当加强租赁物未担保余值的估值管理，定期评估未担保余值，并开展减值测试。当租赁物未担保余值出现减值迹象时，应当按照会计准则要求计提减值准备。

第三十九条 金融租赁公司应当加强未担保余值风险的限额管理,根据业务规模、业务性质、复杂程度和市场状况,对未担保余值比例较高的融资租赁资产设定风险限额。

第四十条 金融租赁公司应当加强对租赁期限届满返还或因承租人违约而取回的租赁物的风险管理,建立完善的租赁物处置制度和程序,降低租赁物持有期风险。

第四十一条 金融租赁公司应当严格按照会计准则等相关规定,真实反映融资租赁资产转让和受让业务的实质和风险状况。

第四十二条 金融租赁公司应当建立健全集中度风险管理体系,有效防范和分散经营风险。

第四十三条 金融租赁公司应当建立严格的关联交易管理制度,其关联交易应当按照商业原则,以不优于非关联方同类交易的条件进行。

第四十四条 金融租赁公司与其设立的控股子公司、项目公司之间的交易,不适用本办法对关联交易的监管要求。

第四十五条 金融租赁公司的重大关联交易应当经董事会批准。

重大关联交易是指金融租赁公司与一个关联方之间单笔交易金额占金融租赁公司资本净额5%以上,或金融租赁公司与一个关联方发生交易后金融租赁公司与该关联方的交易余额占金融租赁公司资本净额10%以上的交易。

第四十六条 金融租赁公司所开展的固定收益类证券投资业务,不得超过资本净额的20%。

第四十七条 金融租赁公司开办资产证券化业务,可以参照信贷资产证券化相关规定。

第五章 监督管理

第四十八条 金融租赁公司应当遵守以下监管指标的规定:

(一)资本充足率。金融租赁公司资本净额与风险加权资产的比例不得低于银监会的最低监管要求。

(二)单一客户融资集中度。金融租赁公司对单一承租人的全部融资租赁业务余额不得超过资本净额的30%。

(三)单一集团客户融资集中度。金融租赁公司对单一集团的全部融资租赁业务余额不得超过资本净额的50%。

（四）单一客户关联度。金融租赁公司对一个关联方的全部融资租赁业务余额不得超过资本净额的 30%。

（五）全部关联度。金融租赁公司对全部关联方的全部融资租赁业务余额不得超过资本净额的 50%。

（六）单一股东关联度。对单一股东及其全部关联方的融资余额不得超过该股东在金融租赁公司的出资额，且应同时满足本办法对单一客户关联度的规定。

（七）同业拆借比例。金融租赁公司同业拆入资金余额不得超过资本净额的 100%。

经银监会认可，特定行业的单一客户融资集中度和单一集团客户融资集中度要求可以适当调整。

银监会根据监管需要可以对上述指标做出适当调整。

第四十九条 金融租赁公司应当按照银监会的相关规定构建资本管理体系，合理评估资本充足状况，建立审慎、规范的资本补充、约束机制。

第五十条 金融租赁公司应当按照监管规定建立资产质量分类制度。

第五十一条 金融租赁公司应当按照相关规定建立准备金制度，在准确分类的基础上及时足额计提资产减值损失准备，增强风险抵御能力。未提足准备的，不得进行利润分配。

第五十二条 金融租赁公司应当建立健全内部审计制度，审查评价并改善经营活动、风险状况、内部控制和公司治理效果，促进合法经营和稳健发展。

第五十三条 金融租赁公司应当执行国家统一的会计准则和制度，真实记录并全面反映财务状况和经营成果等信息。

第五十四条 金融租赁公司应当按规定报送会计报表及银监会及其派出机构要求的其他报表，并对所报报表、资料的真实性、准确性和完整性负责。

第五十五条 金融租赁公司应当建立定期外部审计制度，并在每个会计年度结束后的 4 个月内，将经法定代表人签名确认的年度审计报告报送银监会或其派出机构。

第五十六条 金融租赁公司违反本办法有关规定的，银监会及其派出机构应当依法责令限期整改；逾期未整改的，或者其行为严重危及该金融租赁公司的稳健运行、损害客户合法权益的，可以区别情形，依照《中华人民共和国银行业监督管理法》等法律法规，采取暂停业务、限制股东权利等监管措施。

第五十七条 金融租赁公司已经或者可能发生信用危机，严重影响客户合法权益的，银监会依法对其实行托管或者督促其重组，问题严重的，有权予以撤销。

第五十八条 凡违反本办法有关规定的，银监会及其派出机构依照《中华人民共和国银行业监督管理法》等有关法律法规进行处罚。金融租赁公司对处罚决定不服的，可以依法申请行政复议或者向人民法院提起行政诉讼。

第六章 附　则

第五十九条 除特别说明外，本办法中各项财务指标要求均为合并会计报表口径。

第六十条 本办法由银监会负责解释。

第六十一条 本办法自公布之日起施行，原《金融租赁公司管理办法》（中国银行业监督管理委员会令 2007 年第 1 号）同时废止。

（三）《金融租赁公司监管评级办法（试行）》

第一章 总则

第一条 为全面评估金融租赁公司的经营管理与风险状况，合理配置监管资源，加强分类监管，促进金融租赁公司持续健康发展，根据《中华人民共和国银行业监督管理法》《金融租赁公司管理办法》等有关法律法规的规定，制定本办法。

第二条 本办法适用于在中华人民共和国境内依法设立且开业时间已满一个完整会计年度以上的金融租赁公司法人机构的监管评级。

第三条 金融租赁公司监管评级是指监管机构根据日常监管掌握情况以及其他相关信息，按照本办法对金融租赁公司的整体状况作出评价判断的监管过程，是实施分类监管的基础。

第四条 金融租赁公司的监管评级工作由中国银行保险监督管理委员会（以下简称银保监会）及其派出机构（包括银保监局和银保监分局）按照本办法组织实施。

第二章 评级要素和评级方法

第五条 金融租赁公司监管评级要素包括资本管理、管理质量、风险管理、战略管理与专业能力等四方面内容。金融租赁公司监管评级要素由定量和定性两类评级指标组成。

第六条 金融租赁公司监管评级主要包含以下内容：

（一）评级要素权重设置。各监管评级要素的标准权重分配如下：资本管理（15%）、管理质量（25%）、风险管理（35%）、战略管理与专业能力（25%）。

（二）评级指标和评级要素得分。评级指标得分由监管人员按照评分标准评估后结合专业判断确定。评级要素得分为各评级指标得分加总。

（三）评级得分。评级得分由各评级要素得分按照要素权重加权汇总后获得。

（四）监管评级结果确定。根据分级标准，以评级得分确定监管评级初步级别和档次，在此基础上，结合监管评级调整因素形成监管评级结果。

第七条 金融租赁公司的监管评级级别和档次分为1级、2级（A、B）、3级（A、B）、4级和5级共5个级别7个档次，级数越大表明评级越差，越需要监管关注。

监管评级得分在90分（含）以上为1级；70分（含）至90分为2级，其中：80分（含）至90分为2A，70分（含）至80分为2B；50分（含）至70分为3级，其中：60分（含）至70分为3A，50分（含）至60分为3B；40分（含）至50分为4级；40分以下为5级。

第八条 对于存在以下情形的金融租赁公司，监管机构应在评级得分对应级别和档次基础上，采取相应措施：

（一）发生重大涉刑案件、存在财务造假、被给予行政处罚和被采取监管强制措施的，应区别情形确定是否采取下调措施，且监管评级结果应低于2级；

（二）无法正常经营，出现严重信用危机，严重影响债权人利益和金融秩序稳定的，监管评级结果应为5级；

（三）监管机构认定的其他应下调监管评级的情形，可视情节轻重决定下调措施。

第三章 评级操作规程

第九条 金融租赁公司的监管评级周期为一年,评价期间为上一年1月1日至12月31日。年度评级工作原则上应于每年5月底前完成。

第十条 金融租赁公司监管评级按照银保监会派出机构初评、银保监会复核、反馈监管评级结果、档案归集的程序进行。

第十一条 银保监会派出机构对辖内金融租赁公司进行监管评级初评。银保监会派出机构在监管评级时应配置充足的监管资源,确保评级工作顺利开展。

第十二条 监管评级初评应当力求广泛汇集各方面信息,全面反映金融租赁公司的公司治理、风险管理、业务经营、并表管理等情况。相关信息包括但不限于:非现场监管信息、现场检查报告、公司有关经营管理文件、审计报告及其他重要外部信息等。信息收集由机构监管部门牵头完成,并充分征求现场检查、功能监管等有关监管部门的意见。

第十三条 监管评级初评应当对收集的信息进行仔细整理、筛选和分析,确定金融租赁公司的关键问题和主要风险以及需要进一步了解的评级信息。必要时,可到被评级金融租赁公司进行现场走访,全面了解情况并收集相关信息。

第十四条 监管评级初评对每一项评级要素的评价应当分析深入、理由充分、判断合理,准确反映金融租赁公司的实际状况,并据此完成相关的评级工作底稿。

银保监局负责审定所辖金融租赁公司的监管评级初评结果,并于每年4月底前将辖内金融租赁公司的监管评级初评结果以监管评级报告形式报送银保监会。

第十五条 银保监会对银保监局报送的初评结果进行复核,并将监管评级最终结果以书面形式反馈相应银保监局。

第十六条 银保监会派出机构应当将金融租赁公司的监管评级最终结果以及存在的主要风险和问题,通过会谈、审慎监管会议、监管意见书等方式通报给金融租赁公司,并提出整改要求。

第十七条 评级工作结束后,银保监会派出机构应将评级信息、评级工作底稿、评级结果、评级结果反馈会谈纪要等文件资料存档。

第十八条 金融租赁公司监管评级结果原则上仅供监管机构内部使用。必要时，监管机构可以采取适当方式向有关政府部门、境外监管当局等通报金融租赁公司的监管评级结果，但应要求其不得向第三方披露或公开。金融租赁公司应对监管评级结果严格保密，不得将监管评级结果对外披露，不得用于广告、宣传、营销等商业目的。

第四章 分类监管

第十九条 金融租赁公司的监管评级结果应当作为监管机构衡量金融租赁公司经营状况、风险程度和风险管理能力，制定监管规划、配置监管资源、采取监管措施和行动的重要依据。金融租赁公司的监管评级结果还应当作为金融租赁公司市场准入参考因素。

银保监会派出机构应当结合金融租赁公司的监管评级结果，深入分析公司存在的风险、问题及其成因，制定每家金融租赁公司的综合监管计划，明确监管重点，确定非现场监测和现场检查的频率、范围，督促金融租赁公司对发现的问题及时整改。

对监管评级为1级的金融租赁公司，以非现场监管为主，定期监测各项监管指标、业务数据，视情况进行现场检查，在创新业务试点等方面给予适当支持。

对监管评级为2级的金融租赁公司，加强日常非现场监管分析，通过走访、会谈和调研等方式掌握最新经营状况，并保持一定的现场检查频率，及时发现公司经营管理中存在的风险和问题，督促其持续改善风险管理和内部控制。

对监管评级为3级的金融租赁公司，适当提高非现场监管和现场检查频率、深度，密切关注公司存在的薄弱环节，必要时约谈董事会和高级管理层，督促公司采取措施改善经营管理、积极化解风险，依法对业务活动等采取一定限制措施。

对监管评级为4级的金融租赁公司，给予高度、持续监管关注，全面、及时掌握公司风险、问题情况和变化趋势，列为现场检查重点对象，制定有针对性的现场检查计划，增加与董事会和高级管理层的监管会谈频度，要求其立即采取措施改善经营状况、降低风险水平，可区别情形依法采取责令暂停部分业务，限制分配红利和其他收入，责令调整董事、高级管理人员或限制其权利,责令控股股东转让股权或者限制有关股东的权利等措施。

对监管评级为 5 级的金融租赁公司,及时制定和启动应急处置预案。对已经无法采取措施进行救助的,可以依法启动市场退出机制。

第二十条 银保监会派出机构应加强对金融租赁公司单项要素评级得分情况的监管关注,结合评级反映问题,视情况采取督促公司制定整改计划、开展专项现场检查等措施。

第五章 附则

第二十一条 银保监会可根据金融租赁公司的风险特征和监管重点,于每年开展监管评级工作前适当调整评级要素和评级方法。

第二十二条 对于在监管评级工作结束后发现金融租赁公司重大风险或重大问题的,银保监局可向银保监会提出下调金融租赁公司监管评级结果的建议,银保监会复核后采取相应调整措施。

第二十三条 本办法由银保监会负责解释。

第二十四条 本办法自印发之日起施行。

(四)《融资租赁公司非现场监管规程》

第一章 总则

第一条 为明确融资租赁公司非现场监管的职责分工,规范非现场监管的程序、内容、方法和报告路径,完善非现场监管报表制度,提升非现场监管质量,依据《融资租赁公司监督管理暂行办法》等有关监管制度,制定本规程。

第二条 本规程所称非现场监管是指地方金融监管部门根据监管需要,通过收集融资租赁公司相关报表数据、经营管理情况和其他内外部资料等信息,对信息进行交叉比对和分析处理,及时作出经营评价和风险预警,并采取相应措施的监管过程。

第三条 银保监会负责制定统一的融资租赁公司非现场监管规则和监管报表,督促指导各地方金融监管部门开展非现场监管工作,加强监管信息共享。

第四条 各地方金融监管部门承担融资租赁公司非现场监管主体责任,负责本地区融资租赁公司法人机构非现场监管工作。

融资租赁公司跨省、自治区、直辖市设立的分支机构和特殊项目公司（SPV），其非现场监管工作由融资租赁公司法人机构注册地地方金融监管部门负责，分支机构和特殊项目公司（SPV）所在地地方金融监管部门予以配合。

分支机构和特殊项目公司（SPV）的监管指标和业务指标与融资租赁公司法人机构合并计算。

建立分支机构、特殊项目公司（SPV）所在地与融资租赁公司法人机构注册地监管协作机制，共享融资租赁公司法人机构及其分支机构、特殊项目公司（SPV）监管信息。

第五条 地方金融监管部门在对本地区融资租赁公司实施非现场监管时，应当坚持风险为本原则，持续全面识别、监测、评估融资租赁公司风险状况。

第六条 地方金融监管部门在对本地区融资租赁公司实施非现场监管时，应当以融资租赁公司法人机构为主要监管对象，遵循法人监管原则，强化法人责任。

第七条 融资租赁公司非现场监管包括信息收集与核实、风险监测与评估、信息报送与使用、监管措施四个阶段。

第二章 信息收集与核实

第八条 各地方金融监管部门应当督促指导融资租赁公司建立和落实非现场监管信息报送制度，按照银保监会和地方金融监管部门有关要求报送各项数据信息和非数据信息，确保报送信息的真实、准确、及时、完整。

第九条 各地方金融监管部门应当要求融资租赁公司建立重大事项报告制度，在下列事项发生后5个工作日内向地方金融监管部门报告：重大关联交易、重大待决诉讼仲裁及地方金融监管部门规定需要报送的其他重大事项。

第十条 本规程为非现场监管的统一规范，地方金融监管部门可以根据履行职责的需要，要求融资租赁公司报送本规程规定之外的文件和资料，全面收集融资租赁公司经营情况和风险状况。

第十一条 各地方金融监管部门应当密切关注政府部门、评级机构、新闻媒体等发布的外部信息，督促指导融资租赁公司防控相关业务风险。

对反映融资租赁公司经营管理中重大变化事项的信息，应当及时予以核实，并采取相应监管措施。

第十二条 各地方金融监管部门应当加强数据审核工作,利用信息技术手段,从报表完整性、逻辑关系、异动情况等方面进行审核。

第十三条 各地方金融监管部门应当根据持续监管的需要,对融资租赁公司的数据质量管理和指标准确性进行确认和证实。确认和证实方式包括但不限于问询、约谈、要求补充材料、专项评估、实地走访和现场检查等。

第十四条 各地方金融监管部门应当按照档案管理有关规定对非现场监管资料进行收集、分类、整理,确保资料完整并及时归档。

第三章 风险监测与评估

第十五条 各地方金融监管部门应当对融资租赁公司报送的各种信息资料进行分析处理,持续监测、评估融资租赁公司风险。

各地方金融监管部门对融资租赁公司的非现场监管,应当重点关注融资租赁公司的外部经营环境变化、公司治理状况、内部控制状况、风险管理能力、资产质量状况、流动性指标等。

第十六条 各地方金融监管部门应当加大对融资租赁公司信用风险、流动性风险的监督检查力度。结合其他监管手段,认真核实融资租赁公司资产质量和风险,重点核查租赁物是否符合监管要求、是否存在违法违规融资、不良资产是否如实反映、业务集中度和关联度是否超标等情况。

第十七条 对于在非现场监管中发现的融资租赁公司监管指标异常变动等情况,各地方金融监管部门可以采取风险提示、约谈、现场走访、要求整改等措施,并密切监督整改进展。

第十八条 融资租赁公司出现重大风险、突发事件、重大待决诉讼仲裁等情况,各地方金融监管部门应当分析原因,督促指导融资租赁公司及时处置,并按照有关重大风险事件报告制度的要求及时向本级人民政府和上级地方金融监管部门报告。

第十九条 各地方金融监管部门应当结合日常监管工作、非现场监管和现场检查等情况撰写年度监管报告,对非现场监管数据变化、发展趋势特点和运行情况以及现场检查情况等进行分析。年度监管报告应当包括以下内容:

(一)辖内融资租赁行业基本情况及主要变化;

(二)本年度在行业监管方面开展的主要工作,制定的监管规制;

(三)本年度在促进行业发展方面开展的主要工作;

（四）行业优秀做法和主要成绩；

（五）存在的问题和风险情况；

（六）融资租赁公司违规及未达标情况；

（七）下一步工作安排和建议；

（八）其他需要特别说明的情况。

第二十条　各地方金融监管部门可以依法查询金融信用信息基础数据库和市场化征信机构数据库有关融资租赁公司的信息。

各地方金融监管部门可以推荐经营稳健、财务状况良好的融资租赁公司按照规定接入金融信用信息基础数据库。

融资租赁公司可以按照商业合作原则与市场化征信机构合作，依法提供、查询和使用信用信息。

第四章　信息报送与使用

第二十一条　各省、自治区、直辖市地方金融监管局应当通过六类机构监管信息系统向银保监会报送本规程要求收集汇总的报表和撰写的报告。

各省、自治区、直辖市地方金融监管局负责收集的年度报表（附件1—5）应当于次年3月31日前报送银保监会，季度报表（附件6）分别应当于5月5日、8月5日、11月5日、次年2月5日前报送银保监会，年度监管报告应当于次年4月10日前报送本级人民政府和银保监会。

第二十二条　各地方金融监管部门应当建立非现场监管与现场检查等的联动监管机制，将非现场监管分析评估结果作为现场检查、分类监管的重要参考，适时采取相应的监管措施，指导融资租赁公司提高风险管理水平，切实防范化解风险。

第五章　监管措施

第二十三条　各地方金融监管部门可以根据融资租赁公司风险严重程度开展差异化监管，采取提高信息报送频率、要求充实风险管理力量、进行风险提示和监管通报、开展监管谈话、提高现场检查频次等监管措施。

各地方金融监管部门对风险突出的重点机构、重点领域、重点地区应当开展专项检查，严防重大风险隐患，并根据检查结果督促公司限期整改，按照法律、法规和监管规定采取相应措施。

第二十四条 融资租赁公司未按照要求报送数据信息、非数据信息、整改方案等文件和资料，各地方金融监管部门可以根据情节轻重，按照法律、法规和监管规定采取相应措施。

第六章 附则

第二十五条 各省、自治区、直辖市地方金融监管局可以依照本规程制定融资租赁公司非现场监管实施细则。

第二十六条 本规程由银保监会负责修订和解释。

第二十七条 本规程自印发之日起施行，施行后不再报送《中国银保监会办公厅关于加强小额贷款公司等六类机构监管联系和情况报告的函》（银保监办便函［2018］1952号）中附件6《融资租赁公司月度情况表》。

（五）《国务院国有资产监督管理委员会关于进一步促进中央企业所属融资租赁公司健康发展和加强风险防范的通知》

各中央企业：

近年来，中央企业所属融资租赁公司在服务集团主业、实现降本增效、支持科技创新等方面发挥了积极作用，但也积累和暴露了一些风险和问题。为进一步促进中央企业所属融资租赁公司健康持续发展，加强风险防范，现将有关事项通知如下：

一、准确把握融资租赁公司功能定位。中央企业要围绕加快构建新发展格局，服务深化供给侧结构性改革，聚焦主责主业发展实体经济，增强国有经济战略支撑作用。中央企业所属融资租赁公司要切实回归租赁本源，立足集团主业和产业链供应链上下游，有效发挥融资和融物相结合的优势，优化业务结构，大力发展直接租赁，不断提升服务主业实业能力和效果，实现健康持续发展。加强中央企业间协同合作，在拓宽上下游企业融资渠道、推进产业转型升级和结构调整、带动新兴产业发展等方面发挥积极作用。

二、严格规范融资租赁公司业务开展。中央企业所属融资租赁公司应当严格执行国家宏观调控政策，模范遵守行业监管要求，规范开展售后回租，不得变相发放贷款。切实完善尽职调查，夯实承租人资信，有效落实增信措施，建立重大项目风控部门专项风险评估机制，加强"第二道防线"作用。规范租赁物管理，租赁物应当依法合规、真实存在，不得虚构，不得接受已设置抵押、权属存在争议、已被司法机关查封、扣押的财产或所有权存在瑕疵的财产作为租赁物，严格限制以不能变现的财产作为租赁物，不得对租赁物低值高买，融资租赁公司应当重视租赁物的风险缓释作用。强化资金投向管理，严禁违规投向违反国家防范重大风险政策和措施的领域，严禁违规要求或接受地方政府提供各种形式的担保。

三、着力推动融资租赁公司优化整合。中央企业要坚持有进有退、有所为有所不为，开展融资租赁公司优化整合，不断提高资源配置效率。中央企业原则上只能控股1家融资租赁公司（不含融资租赁公司子公司），控制2家及以上融资租赁公司的中央企业应当科学论证、统筹布局，对于业务雷同、基本停业的融资租赁公司，应当坚决整合或退出。对于参股的融资租赁公司股权应当认真评估必要性，制定优化整合方案，对风险较大、投资效益低、服务主业效果不明显的及时清理退出。新增融资租赁公司应当按照国资委有关要求进行备案，集团管控能力弱、融资租赁对主业促进效果不大的中央企业不得新增融资租赁公司。

四、持续加强融资租赁公司管理管控。中央企业是融资租赁公司的管理主体，要配备具有相应专业能力的管理人员，厘清管理职责，压实工作责任，科学制定融资租赁公司发展战略，完善融资租赁公司治理结构，提升规范治理水平。要将有效管控与激发活力相结合，合理开展放授权，并根据实际适时调整。强化"三重一大"事项管控，加大派出董事、监事、有关高级管理人员履职评价，落实重大事项向派出机构书面报告制度，确保派出人员在重大问题上与派出机构保持一致，杜绝"内部人控制"。强化对融资租赁公司的考核监督，将服务主业、公司治理、风险防范、合规管理、内控执行等作为重要考核内容并赋予较大权重。

五、不断强化融资租赁公司风险防范。中央企业应当正确处理业务发展与风险防范的关系，防止因盲目追求规模利润提升风险偏好。要将融资租赁公司管理纳入集团公司全面风险管理体系，有效防范法律风险、合规风险、信用风险、流动性风险等。运用互联网、大数据、云计算等金融科技手段加强日常风险监测分析，定期组织开展风险排查，发生可能引发系统性风险的重大风险隐患和风险事件应当在24小时内向国资委报告。融资租赁公司应当完善风险防控机制，健全合规管理体系，强化风控部门的资源配置和作用发挥。严格按照规定准确进行风险资产分类，合理计提资产减值损失准备。不断提高租后管理能力，定期开展租后检查，分析判断承租人真实经营情况。

落实薪酬延期支付制度,建立追索扣回机制。健全劳动合同管理和激励约束制度,依法约束不当行为。

六、加大融资租赁公司风险处置力度。中央企业所属融资租赁公司要切实提升化解风险的能力,稳妥有序处置风险项目。对于逾期的项目,涉及金额较大、承租人资不抵债等情况的,进行展期或续签应当重新履行决策程序。对于已经展期或续签的项目,应当采取特别管控措施,不得视同正常项目管理。对于已经出现风险的项目,应当采取有效措施积极处置化解,不得简单进行账务核销处理,不得将不良资产非洁净出表或虚假出表。国资委将加强对融资租赁公司风险项目处置跟踪,中央企业按要求定期向国资委报告风险项目处置进展。

七、建立健全融资租赁公司问责机制。中央企业应当按照《中央企业违规经营投资责任追究实施办法(试行)》(国资委令第37号)等有关规定,建立健全融资租赁公司责任追究工作机制,完善问题线索移交查处制度,对违反规定、未履行或未正确履行职责造成国有资产损失或其他严重不良后果的企业有关人员,建立追责问责档案,严肃追究责任。国资委加强对融资租赁公司管理和风险防范工作的监督指导,对融资租赁公司存在的突出问题和重大风险隐患等,依据有关规定开展责任约谈工作。中央企业未按照规定和工作职责要求组织开展责任追究工作的,国资委依据有关规定,对相关负责人进行责任追究。

(六)《国家外汇管理局关于融资租赁业务外汇管理有关问题的通知》

国家外汇管理局各省、自治区、直辖市分局、外汇管理部,深圳、大连、青岛、厦门、宁波市分局,各中资银行:

为进一步推进自由贸易试验区改革试点经验的复制推广,切实服务实体经济发展,根据《中华人民共和国外汇管理条例》(国务院令2008年第532号)、《商务部交通运输部工商总局质检总局外汇局关于做好自由贸易试验区第三批改革试点经验复制推广工作的函》(商资函〔2017〕515号)及其他有关法规,现就融资租赁业务外汇管理有关问题通知如下:

一、本通知所称融资租赁类公司包括银行业监督管理部门批准设立的金融租赁公司、商务主管部门审批设立的外商投资融资租赁公司,以及商务部和国家税务总局联合确认的中资融资租赁公司等三类主体。

二、融资租赁类公司办理融资租赁业务时,如果用以购买租赁物的资金

50%以上来源于自身国内外汇贷款或外币外债，可以在境内以外币形式收取租金。

三、在满足前述条件的融资租赁业务下，承租人可自行到银行办理对融资租赁类公司出租人的租金购付汇手续：

（一）出租人出具的支付外币租金通知书；

（二）能够证明出租人"用以购买租赁物的资金50%以上来源于自身国内外汇贷款或外币外债"的文件；

（三）银行要求的其他真实性证明材料。

四、融资租赁类公司收取的外币租金收入，可以进入自身按规定在银行开立的外汇账户；超出偿还外币债务所需的部分，可直接在银行办理结汇。

本通知自发布之日起实施。以前规定与本通知不符的，以本通知为准。请各分局、外汇管理部尽快将本通知转发至辖内中心支局、支局和辖内银行；各中资银行尽快将本通知转发至分支机构。执行中如遇问题，请及时向国家外汇管理局资本项目管理司反馈。

特此通知。

国家外汇管理局

2017年10月2日

（七）《关于利用全国融资租赁企业管理信息系统进行租赁物登记查询等有关问题的公告》

最高人民法院《关于审理融资租赁合同纠纷案件适用法律问题的解释》（法释[2014]3号，以下简称司法解释）已于2014年3月1日正式施行。为保护融资租赁交易当事人和第三人的合法权益，防范和规避企业经营风险，根据《中华人民共和国物权法》《中华人民共和国合同法》等法律和《融资租赁企业监督管理办法》，现将利用全国融资租赁企业管理信息系统进行租赁物登记查询等有关问题公告如下：

一、全国融资租赁企业管理信息系统（http：//leasing.mofcom.gov.cn）是商务部建立的综合性融资租赁服务平台，可为内资融资租赁试点企业、外商投资融资租赁企业及相关企业、组织和个人提供公共信息、租赁物登记公示查询、交流合作等服务。按照司法解释第9条有关规定，为避免租赁物权属冲突，商务部将全国融资租赁企业管理信息系统作为租赁物登记公示和查询平台。

二、各融资租赁企业在开展融资租赁业务时，可及时通过商务部统一配发的账号和密钥，在全国融资租赁企业管理信息系统进行租赁物登记，公示租赁物权利状况，规避租赁物被非法出售、抵押等风险。

融资租赁企业在进行租赁物登记时，可以按照要求在合同登记表中完整、准确地将融资租赁合同中载明的租赁物权属状况进行登记，并对登记内容的真实性、完整性、准确性和合法性负责。租赁物名称、型号、唯一识别码等信息应当明确、易于识别。

为保护融资租赁企业商业秘密，系统仅对与租赁物权属关系有关的信息提供公开查询服务，其他涉及企业商业秘密的信息予以保密，不提供公开查询服务。

三、各融资租赁企业在受让物权，办理抵押、质押等业务，特别是开展售后回租业务时，可以登录全国融资租赁企业管理信息系统对标的物权属状态进行查询，避免产生权属冲突，防止"一物多融"，维护交易安全。

四、其他企业、经济组织和社会公众在受让物权，办理抵押、质押或进行其他物权变动交易时，可以登录全国融资租赁企业管理信息系统查询已经登记的融资租赁企业名录和租赁物权属状态，防止租赁物恶意转卖，规避交易风险。

五、各省级商务主管部门应高度重视租赁物登记公示工作，及时通知、督促本地区融资租赁企业利用全国融资租赁企业管理信息系统进行租赁物登记公示，依法保护自身合法权益，防范交易风险，维护交易安全。

（八）《国务院关于实施动产和权利担保统一登记的决定》

各省、自治区、直辖市人民政府，国务院各部委、各直属机构：

为贯彻落实党中央、国务院决策部署，进一步提高动产和权利担保融资效率，优化营商环境，促进金融更好服务实体经济，现作出如下决定：

一、自2021年1月1日起，在全国范围内实施动产和权利担保统一登记。

二、纳入动产和权利担保统一登记范围的担保类型包括：

（一）生产设备、原材料、半成品、产品抵押；

（二）应收账款质押；

（三）存款单、仓单、提单质押；

（四）融资租赁；

（五）保理；

（六）所有权保留；

（七）其他可以登记的动产和权利担保，但机动车抵押、船舶抵押、航空器抵押、债券质押、基金份额质押、股权质押、知识产权中的财产权质押除外。

三、纳入统一登记范围的动产和权利担保，由当事人通过中国人民银行征信中心（以下简称征信中心）动产融资统一登记公示系统自主办理登记，并对登记内容的真实性、完整性和合法性负责。登记机构不对登记内容进行实质审查。

四、中国人民银行要加强对征信中心的督促指导。征信中心具体承担服务性登记工作，不得开展事前审批性登记。征信中心要做好系统建设和维护工作，保障系统安全、稳定运行，建立高效运转的服务体系，不断提高服务效率和质量。

五、国家市场监督管理总局不再承担"管理动产抵押物登记"职责。中国人民银行负责制定生产设备、原材料、半成品、产品抵押和应收账款质押统一登记制度，推进登记服务便利化。中国人民银行、国家市场监督管理总局应当明确生产设备、原材料、半成品、产品抵押登记的过渡安排，妥善做好存量信息的查询、变更、注销服务和数据移交工作，确保有关工作的连续性、稳定性、有效性。

各地区、各相关部门要相互协作、密切配合，认真落实本决定部署的各项工作，努力优化营商环境。

（九）《中国银保监会非银行金融机构行政许可事项实施办法》

第一章　总　则

第一条　为规范银保监会及其派出机构非银行金融机构行政许可行为，明确行政许可事项、条件、程序和期限，保护申请人合法权益，根据《中华人民共和国银行业监督管理法》《中华人民共和国行政许可法》等法律、行政法规及国务院有关决定，制定本办法。

第二条　本办法所称非银行金融机构包括：经银保监会批准设立的金融资产管理公司、企业集团财务公司、金融租赁公司、汽车金融公司、货币经纪公司、消费金融公司、境外非银行金融机构驻华代表处等机构。

第三条　银保监会及其派出机构依照银保监会行政许可实施程序相关规

定和本办法,对非银行金融机构实施行政许可。

第四条 非银行金融机构以下事项须经银保监会及其派出机构行政许可:机构设立,机构变更,机构终止,调整业务范围和增加业务品种,董事和高级管理人员任职资格,以及法律、行政法规规定和国务院决定的其他行政许可事项。

行政许可中应当按照《银行业金融机构反洗钱和反恐怖融资管理办法》要求进行反洗钱和反恐怖融资审查,对不符合条件的,不予批准。

第五条 申请人应当按照银保监会行政许可事项申请材料目录及格式要求相关规定提交申请材料。

第二章 机构设立

第一节 企业集团财务公司法人机构设立

第六条 设立企业集团财务公司(以下简称财务公司)法人机构应当具备以下条件:

(一)确属集中管理企业集团资金的需要,经合理预测能够达到一定的业务规模;

(二)有符合《中华人民共和国公司法》和银保监会规定的公司章程;

(三)有符合规定条件的出资人;

(四)注册资本为一次性实缴货币资本,最低限额为1亿元人民币或等值的可自由兑换货币;

(五)有符合任职资格条件的董事、高级管理人员,并且在风险管理、资金管理、信贷管理、结算等关键岗位上至少各有1名具有3年以上相关金融从业经验的人员;

(六)财务公司从业人员中从事金融或财务工作3年以上的人员应当不低于总人数的三分之二、5年以上的人员应当不低于总人数的三分之一;

(七)建立了有效的公司治理、内部控制和风险管理体系;

(八)建立了与业务经营和监管要求相适应的信息科技架构,具有支撑业务经营的必要、安全且合规的信息系统,具备保障业务持续运营的技术与措施;

(九)有与业务经营相适应的营业场所、安全防范措施和其他设施;

（十）银保监会规章规定的其他审慎性条件。

第七条 财务公司的出资人主要应为企业集团成员单位，也包括成员单位以外的具有丰富行业管理经验的战略投资者；财务公司原则上应由集团母公司或集团主业整体上市的股份公司控股。

除国家限制外部投资者进入并经银保监会事先同意的特殊行业的企业集团外，新设财务公司应有丰富银行业管理经验的战略投资者作为出资人；或与商业银行建立战略合作伙伴关系，由其为拟设立财务公司提供机构设置、制度建设、业务流程设计、风险管理、人员培训等方面的咨询建议，且至少引进1名具有5年以上银行业从业经验的高级管理人员。

第八条 申请设立财务公司的企业集团，应当具备以下条件：

（一）符合国家产业政策并拥有核心主业。

（二）最近1个会计年度末，按规定并表核算的成员单位的总资产不低于50亿元人民币或等值的可自由兑换货币，净资产不低于总资产的30%。

（三）财务状况良好，最近2个会计年度按规定并表核算的成员单位营业收入总额每年不低于40亿元人民币或等值的可自由兑换货币，税前利润总额每年不低于2亿元人民币或等值的可自由兑换货币；作为财务公司控股股东的，还应满足最近3个会计年度连续盈利。

（四）现金流量稳定并具有较大规模。

（五）具备2年以上企业集团内部财务和资金集中管理经验。

（六）母公司最近1个会计年度末的实收资本不低于8亿元人民币或等值的可自由兑换货币。

（七）母公司具有良好的公司治理结构或有效的组织管理方式，无不当关联交易。

（八）母公司有良好的社会声誉、诚信记录和纳税记录，最近2年内无重大违法违规行为，或者已整改到位并经银保监会或其派出机构认可。

（九）母公司入股资金为自有资金，不得以委托资金、债务资金等非自有资金入股。

（十）权益性投资余额原则上不得超过本企业净资产的50%（含本次投资金额）；作为财务公司控股股东的，权益性投资余额原则上不得超过本企业净资产的40%（含本次投资金额）；国务院规定的投资公司和控股公司除外。

（十一）成员单位数量较多，需要通过财务公司提供资金集中管理和服务。

（十二）银保监会规章规定的其他审慎性条件。

第九条 成员单位作为财务公司出资人，应当具备以下条件：

（一）依法设立，具有法人资格。

（二）具有良好的公司治理结构或有效的组织管理方式。

（三）具有良好的社会声誉、诚信记录和纳税记录。

（四）经营管理良好，最近2年无重大违法违规行为，或者已整改到位并经银保监会或其派出机构认可。

（五）财务状况良好，最近2个会计年度连续盈利；作为财务公司控股股东的，最近3个会计年度连续盈利。

（六）最近1个会计年度末净资产不低于总资产的30%。

（七）入股资金为自有资金，不得以委托资金、债务资金等非自有资金入股。

（八）权益性投资余额原则上不得超过本企业净资产的50%（含本次投资金额）；作为财务公司控股股东的，权益性投资余额原则上不得超过本企业净资产的40%（含本次投资金额）；国务院规定的投资公司和控股公司除外。

（九）该项投资符合国家法律、法规规定。

（十）银保监会规章规定的其他审慎性条件。

第十条 成员单位以外的战略投资者作为财务公司出资人，应为境内外法人金融机构，并具备以下条件：

（一）依法设立，具有法人资格；

（二）有3年以上经营管理财务公司或类似机构的成功经验；

（三）资信良好，最近2年未受到境内外监管机构的重大处罚；

（四）具有良好的公司治理结构、内部控制机制和健全的风险管理体系；

（五）满足所在国家或地区监管当局的审慎监管要求；

（六）财务状况良好，最近2个会计年度连续盈利；

（七）入股资金为自有资金，不得以委托资金、债务资金等非自有资金入股；

（八）权益性投资余额原则上不得超过本企业净资产的50%（含本次投资金额），国务院规定的投资公司和控股公司除外；

（九）作为主要股东自取得股权之日起5年内不得转让所持有的股权（经

银保监会或其派出机构批准采取风险处置措施、银保监会或其派出机构责令转让、涉及司法强制执行或者在同一出资人控制的不同主体间转让股权等特殊情形除外）并在拟设公司章程中载明；

（十）战略投资者为境外金融机构的，其最近 1 个会计年度末总资产原则上不少于 10 亿美元或等值的可自由兑换货币，最近 2 年长期信用评级为良好及以上；

（十一）所在国家或地区金融监管当局已经与银保监会建立良好的监督管理合作机制；

（十二）银保监会规章规定的其他审慎性条件。

第十一条 有以下情形之一的企业不得作为财务公司的出资人：

（一）公司治理结构与机制存在明显缺陷；

（二）股权关系复杂且不透明、关联交易异常；

（三）核心主业不突出且其经营范围涉及行业过多；

（四）现金流量波动受经济景气影响较大；

（五）资产负债率、财务杠杆率高于行业平均水平；

（六）代他人持有财务公司股权；

（七）被列为相关部门失信联合惩戒对象；

（八）存在严重逃废银行债务行为；

（九）提供虚假材料或者作不实声明；

（十）因违法违规行为被金融监管部门或政府有关部门查处，造成恶劣影响；

（十一）其他对财务公司产生重大不利影响的情况。

第十二条 申请设立财务公司，应当遵守并在拟设公司章程中载明下列内容：

（一）股东应当遵守法律法规和监管规定；

（二）应经但未经监管部门批准或未向监管部门报告的股东，不得行使股东大会召开请求权、表决权、提名权、提案权、处分权等权利；

（三）对于存在虚假陈述、滥用股东权利或其他损害财务公司利益行为的股东，银保监会或其派出机构可以限制或禁止财务公司与其开展关联交易，限制其持有财务公司股权的限额等，并可限制其股东大会召开请求权、表决权、提名权、提案权、处分权等权利；

（四）集团母公司及财务公司控股股东应当在必要时向财务公司补充资本。

第十三条 单个战略投资者及关联方（非成员单位）向财务公司投资入股比例不得超过20%。

第十四条 一家企业集团只能设立一家财务公司。

第十五条 财务公司设立须经筹建和开业两个阶段。

第十六条 企业集团筹建财务公司，应由母公司作为申请人向拟设地省级派出机构提交申请，由省级派出机构受理并初步审查、银保监会审查并决定。决定机关自受理之日起4个月内作出批准或不批准的书面决定。

第十七条 财务公司的筹建期为批准决定之日起6个月。未能按期完成筹建的，应在筹建期限届满前1个月向银保监会和拟设地省级派出机构提交筹建延期报告。筹建延期不得超过一次，延长期限不得超过3个月。

申请人应在前款规定的期限届满前提交开业申请，逾期未提交的，筹建批准文件失效，由决定机关注销筹建许可。

第十八条 财务公司开业，应由母公司作为申请人向拟设地省级派出机构提交申请，由省级派出机构受理、审查并决定。省级派出机构自受理之日起2个月内作出核准或不予核准的书面决定，并抄报银保监会。

第十九条 申请人应在收到开业核准文件并领取金融许可证后，办理工商登记，领取营业执照。

财务公司应自领取营业执照之日起6个月内开业。不能按期开业的，应在开业期限届满前1个月向省级派出机构提交开业延期报告。开业延期不得超过一次，延长期限不得超过3个月。

未在前款规定期限内开业的，开业核准文件失效，由决定机关注销开业许可，发证机关收回金融许可证，并予以公告。

第二十条 外资投资性公司申请设立财务公司适用本节规定的条件和程序。

第二节 金融租赁公司法人机构设立

第二十一条 设立金融租赁公司法人机构，应当具备以下条件：

（一）有符合《中华人民共和国公司法》和银保监会规定的公司章程；

（二）有符合规定条件的发起人；

（三）注册资本为一次性实缴货币资本，最低限额为1亿元人民币或等值的可自由兑换货币；

（四）有符合任职资格条件的董事、高级管理人员，并且从业人员中具有金融或融资租赁工作经历3年以上的人员应当不低于总人数的50%；

（五）建立了有效的公司治理、内部控制和风险管理体系；

（六）建立了与业务经营和监管要求相适应的信息科技架构，具有支撑业务经营的必要、安全且合规的信息系统，具备保障业务持续运营的技术与措施；

（七）有与业务经营相适应的营业场所、安全防范措施和其他设施；

（八）银保监会规章规定的其他审慎性条件。

第二十二条 金融租赁公司的发起人包括在中国境内外注册的具有独立法人资格的商业银行，在中国境内注册的、主营业务为制造适合融资租赁交易产品的大型企业，在中国境外注册的具有独立法人资格的融资租赁公司以及银保监会认可的其他发起人。

银保监会规定的其他发起人是指除符合本办法第二十三条至第二十五条规定的发起人以外的其他境内法人机构和境外金融机构。

第二十三条 在中国境内外注册的具有独立法人资格的商业银行作为金融租赁公司发起人，应当具备以下条件：

（一）满足所在国家或地区监管当局的审慎监管要求；

（二）具有良好的公司治理结构、内部控制机制和健全的风险管理体系；

（三）最近1个会计年度末总资产不低于800亿元人民币或等值的可自由兑换货币；

（四）财务状况良好，最近2个会计年度连续盈利；

（五）为拟设立金融租赁公司确定了明确的发展战略和清晰的盈利模式；

（六）遵守注册地法律法规，最近2年内未发生重大案件或重大违法违规行为，或者已整改到位并经银保监会或其派出机构认可；

（七）境外商业银行作为发起人的，其所在国家或地区金融监管当局已经与银保监会建立良好的监督管理合作机制；

（八）入股资金为自有资金，不得以委托资金、债务资金等非自有资金入股；

（九）权益性投资余额原则上不得超过本企业净资产的50%（含本次投

资金额），国务院规定的投资公司和控股公司除外；

（十）银保监会规章规定的其他审慎性条件。

第二十四条 在中国境内注册的、主营业务为制造适合融资租赁交易产品的大型企业作为金融租赁公司发起人，应当具备以下条件：

（一）有良好的公司治理结构或有效的组织管理方式。

（二）最近 1 个会计年度的营业收入不低于 50 亿元人民币或等值的可自由兑换货币。

（三）财务状况良好，最近 2 个会计年度连续盈利；作为金融租赁公司控股股东的，最近 3 个会计年度连续盈利。

（四）最近 1 个会计年度末净资产不低于总资产的 30%。

（五）最近 1 个会计年度主营业务销售收入占全部营业收入的 80% 以上。

（六）为拟设立金融租赁公司确定了明确的发展战略和清晰的盈利模式。

（七）有良好的社会声誉、诚信记录和纳税记录。

（八）遵守国家法律法规，最近 2 年内未发生重大案件或重大违法违规行为，或者已整改到位并经银保监会或其派出机构认可。

（九）入股资金为自有资金，不得以委托资金、债务资金等非自有资金入股。

（十）权益性投资余额原则上不得超过本企业净资产的 50%（含本次投资金额）；作为金融租赁公司控股股东的，权益性投资余额原则上不得超过本企业净资产的 40%（含本次投资金额）；国务院规定的投资公司和控股公司除外。

（十一）银保监会规章规定的其他审慎性条件。

第二十五条 在中国境外注册的具有独立法人资格的融资租赁公司作为金融租赁公司发起人，应当具备以下条件：

（一）具有良好的公司治理结构、内部控制机制和健全的风险管理体系。

（二）最近 1 个会计年度末总资产不低于 100 亿元人民币或等值的可自由兑换货币。

（三）财务状况良好，最近 2 个会计年度连续盈利；作为金融租赁公司控股股东的，最近 3 个会计年度连续盈利。

（四）最近 1 个会计年度末净资产不低于总资产的 30%。

（五）遵守注册地法律法规，最近 2 年内未发生重大案件或重大违法违规行为，或者已整改到位并经银保监会或其派出机构认可。

（六）所在国家或地区经济状况良好。

（七）入股资金为自有资金，不得以委托资金、债务资金等非自有资金入股。

（八）权益性投资余额原则上不得超过本企业净资产的50%（含本次投资金额）；作为金融租赁公司控股股东的，权益性投资余额原则上不得超过本企业净资产的40%（含本次投资金额）。

（九）银保监会规章规定的其他审慎性条件。

第二十六条　金融租赁公司至少应当有1名符合第二十三条至第二十五条规定的发起人，且其出资比例不低于拟设金融租赁公司全部股本的30%。

第二十七条　其他境内非金融机构作为金融租赁公司发起人，应当具备以下条件：

（一）有良好的公司治理结构或有效的组织管理方式。

（二）有良好的社会声誉、诚信记录和纳税记录。

（三）经营管理良好，最近2年内无重大违法违规行为，或者已整改到位并经银保监会或其派出机构认可。

（四）最近1个会计年度末净资产不低于总资产的30%。

（五）财务状况良好，最近2个会计年度连续盈利；作为金融租赁公司控股股东的，最近3个会计年度连续盈利。

（六）入股资金为自有资金，不得以委托资金、债务资金等非自有资金入股。

（七）权益性投资余额原则上不得超过本企业净资产的50%（含本次投资金额）；作为金融租赁公司控股股东的，权益性投资余额原则上不得超过本企业净资产的40%（含本次投资金额）；国务院规定的投资公司和控股公司除外。

（八）银保监会规章规定的其他审慎性条件。

第二十八条　其他境内金融机构作为金融租赁公司发起人，应满足第二十三条第一项、第二项、第四项、第六项、第八项、第九项及第十项规定。

第二十九条　其他境外金融机构作为金融租赁公司发起人，应当具备以下条件：

（一）满足所在国家或地区监管当局的审慎监管要求；

（二）具有良好的公司治理结构、内部控制机制和健全的风险管理体系；

（三）最近1个会计年度末总资产原则上不低于10亿美元或等值的可自由兑换货币；

（四）财务状况良好，最近2个会计年度连续盈利；

（五）入股资金为自有资金，不得以委托资金、债务资金等非自有资金入股；

（六）权益性投资余额原则上不得超过本企业净资产的50%（含本次投资金额）；

（七）所在国家或地区金融监管当局已经与银保监会建立良好的监督管理合作机制；

（八）具有有效的反洗钱措施；

（九）所在国家或地区经济状况良好；

（十）银保监会规章规定的其他审慎性条件。

第三十条 有以下情形之一的企业不得作为金融租赁公司的发起人：

（一）公司治理结构与机制存在明显缺陷；

（二）关联企业众多、股权关系复杂且不透明、关联交易频繁且异常；

（三）核心主业不突出且其经营范围涉及行业过多；

（四）现金流量波动受经济景气影响较大；

（五）资产负债率、财务杠杆率高于行业平均水平；

（六）代他人持有金融租赁公司股权；

（七）被列为相关部门失信联合惩戒对象；

（八）存在严重逃废银行债务行为；

（九）提供虚假材料或者作不实声明；

（十）因违法违规行为被金融监管部门或政府有关部门查处，造成恶劣影响；

（十一）其他对金融租赁公司产生重大不利影响的情况。

第三十一条 申请设立金融租赁公司，应当遵守并在拟设公司章程中载明下列内容：

（一）股东应当遵守法律法规和监管规定；

（二）应经但未经监管部门批准或未向监管部门报告的股东，不得行使股东大会召开请求权、表决权、提名权、提案权、处分权等权利；

（三）对于存在虚假陈述、滥用股东权利或其他损害金融租赁公司利益行为的股东，银保监会或其派出机构可以限制或禁止金融租赁公司与其开展关联交易，限制其持有金融租赁公司股权的限额等，并可限制其股东大会召开请求权、表决权、提名权、提案权、处分权等权利；

（四）主要股东承诺不将所持有的金融租赁公司股权质押或设立信托；

（五）主要股东自取得股权之日起5年内不得转让所持有的股权（经银保监会或其派出机构批准采取风险处置措施、银保监会或其派出机构责令转让、涉及司法强制执行或者在同一出资人控制的不同主体间转让股权等特殊情形除外）；

（六）主要股东应当在必要时向金融租赁公司补充资本，在金融租赁公司出现支付困难时给予流动性支持。

第三十二条 金融租赁公司设立须经筹建和开业两个阶段。

第三十三条 筹建金融租赁公司，应由出资比例最大的发起人作为申请人向拟设地省级派出机构提交申请，由省级派出机构受理并初步审查、银保监会审查并决定。决定机关自受理之日起4个月内作出批准或不批准的书面决定。

第三十四条 金融租赁公司的筹建期为批准决定之日起6个月。未能按期完成筹建的，应在筹建期限届满前1个月向银保监会和拟设地省级派出机构提交筹建延期报告。筹建延期不得超过一次，延长期限不得超过3个月。

申请人应在前款规定的期限届满前提交开业申请，逾期未提交的，筹建批准文件失效，由决定机关注销筹建许可。

第三十五条 金融租赁公司开业，应由出资比例最大的发起人作为申请人向拟设地省级派出机构提交申请，由省级派出机构受理、审查并决定。省级派出机构自受理之日起2个月内作出核准或不予核准的书面决定，并抄报银保监会。

第三十六条 申请人应在收到开业核准文件并领取金融许可证后，办理工商登记，领取营业执照。

金融租赁公司应当自领取营业执照之日起6个月内开业。不能按期开业的，应在开业期限届满前1个月向省级派出机构提交开业延期报告。开业延期不得超过一次，延长期限不得超过3个月。

未在前款规定期限内开业的，开业核准文件失效，由决定机关注销开业许可，发证机关收回金融许可证，并予以公告。

第八节 金融租赁公司专业子公司设立

第八十一条 金融租赁公司申请设立境内专业子公司，应当具备以下条件：

（一）具有良好的公司治理结构，风险管理和内部控制健全有效；

（二）具有良好的并表管理能力；

（三）各项监管指标符合《金融租赁公司管理办法》的规定；

（四）权益性投资余额原则上不超过净资产的50%（含本次投资金额）；

（五）在业务存量、人才储备等方面具备一定优势，在专业化管理、项目公司业务开展等方面具有成熟的经验，能够有效支持专业子公司开展特定领域的融资租赁业务；

（六）入股资金为自有资金，不得以委托资金、债务资金等非自有资金入股；

（七）遵守国家法律法规，最近2年内未发生重大案件或重大违法违规行为，或者已整改到位并经银保监会或其派出机构认可；

（八）监管评级良好；

（九）银保监会规章规定的其他审慎性条件。

第八十二条 金融租赁公司设立境内专业子公司原则上应100%控股，有特殊情况需引进其他投资者的，金融租赁公司的持股比例不得低于51%。引进的其他投资者应符合本办法第二十二条至第二十五条以及第二十七条至第三十条规定的金融租赁公司发起人条件，且在专业子公司经营的特定领域有所专长，在业务开拓、租赁物管理等方面具有比较优势，有助于提升专业子公司的业务拓展能力和风险管理水平。

第八十三条 金融租赁公司设立的境内专业子公司，应当具备以下条件：

（一）有符合《中华人民共和国公司法》和银保监会规定的公司章程；

（二）有符合规定条件的发起人；

（三）注册资本最低限额为5000万元人民币或等值的可自由兑换货币；

（四）有符合任职资格条件的董事、高级管理人员和熟悉融资租赁业务的从业人员；

（五）有健全的公司治理、内部控制和风险管理体系，以及与业务经营相适应的管理信息系统；

（六）有与业务经营相适应的营业场所、安全防范措施和其他设施；

（七）银保监会规章规定的其他审慎性条件。

第八十四条 金融租赁公司设立境内专业子公司须经筹建和开业两个阶段。

第八十五条 金融租赁公司筹建境内专业子公司，由金融租赁公司作为申请人向拟设地省级派出机构提交申请，同时抄报金融租赁公司所在地省级派出机构，由拟设地省级派出机构受理并初步审查、银保监会审查并决定。决定机关自受理之日起 2 个月内作出批准或不批准的书面决定。拟设地省级派出机构在将初审意见上报银保监会之前应征求金融租赁公司所在地省级派出机构的意见。

第八十六条 金融租赁公司境内专业子公司的筹建期为批准决定之日起 6 个月。未能按期完成筹建的，应在筹建期限届满前 1 个月向银保监会和拟设地省级派出机构提交筹建延期报告。筹建延期不得超过一次，延长期限不得超过 3 个月。

申请人应在前款规定的期限届满前提交开业申请，逾期未提交的，筹建批准文件失效，由决定机关注销筹建许可。

第八十七条 金融租赁公司境内专业子公司开业，应由金融租赁公司作为申请人向拟设地省级派出机构提交申请，由拟设地省级派出机构受理、审查并决定。省级派出机构自受理之日起 1 个月内作出核准或不予核准的书面决定，并抄报银保监会，抄送金融租赁公司所在地省级派出机构。

第八十八条 申请人应在收到开业核准文件并领取金融许可证后，办理工商登记，领取营业执照。

境内专业子公司应当自领取营业执照之日起 6 个月内开业。不能按期开业的，应在开业期限届满前 1 个月向拟设地省级派出机构提交开业延期报告。开业延期不得超过一次，延长期限不得超过 3 个月。

未在前款规定期限内开业的，开业核准文件失效，由决定机关注销开业许可，收回金融许可证，并予以公告。

第八十九条 金融租赁公司申请设立境外专业子公司，除适用本办法第八十一条规定的条件外，还应当具备以下条件：

（一）确有业务发展需要，具备清晰的海外发展战略；

(二) 内部管理水平和风险管控能力与境外业务发展相适应;
(三) 具备与境外经营环境相适应的专业人才队伍;
(四) 经营状况良好,最近2个会计年度连续盈利;
(五) 所提申请符合有关国家或地区的法律法规。

第九十条 金融租赁公司设立境外专业子公司,应由金融租赁公司作为申请人向所在地省级派出机构提出申请,由省级派出机构受理并初步审查、银保监会审查并决定。决定机关自受理之日起2个月内作出批准或不批准的书面决定。

金融租赁公司获得银保监会批准文件后应按照拟设子公司注册地国家或地区的法律法规办理境外子公司的设立手续,并在境外子公司成立后15个工作日内向银保监会及金融租赁公司所在地省级派出机构报告境外子公司的名称、成立时间、注册地点、注册资本、注资币种、母公司授权的业务范围等。

第三章 机构变更

第一节 法人机构变更

第一百一十条 非银行金融机构法人机构变更事项包括:变更名称,变更股权或调整股权结构,变更注册资本,变更住所,修改公司章程,分立或合并,金融资产管理公司变更组织形式,以及银保监会规定的其他变更事项。

第一百一十一条 金融资产管理公司变更名称,由银保监会受理、审查并决定。其他非银行金融机构变更名称,由地市级派出机构或所在地省级派出机构受理、审查并决定。决定机关自受理之日起3个月内作出批准或不批准的书面决定。由地市级派出机构或省级派出机构决定的,应将决定抄报上级监管机关。

第一百一十二条 出资人及其关联方、一致行动人单独或合计拟首次持有非银行金融机构资本总额或股份总额5%以上或不足5%但对非银行金融机构经营管理有重大影响的,以及累计增持非银行金融机构资本总额或股份总额5%以上或不足5%但引起实际控制人变更的,均应事先报银保监会或其派出机构核准。

出资人及其关联方、一致行动人单独或合计持有非银行金融机构资本总额或股份总额1%以上、5%以下的,应当在取得相应股权后10个工作日内向银保监会或所在地省级派出机构报告。

第一百一十三条 同一出资人及其控股股东、实际控制人、控股子公司、一致行动人、实际控制人控制或共同控制的其他企业作为主要股东入股非银行金融机构的家数原则上不得超过2家,其中对同一类型非银行金融机构控股不得超过1家或参股不得超过2家。

国务院规定的投资公司和控股公司、根据国务院授权持有非银行金融机构股权的投资主体入股非银行金融机构的,投资人经银保监会批准入股或并购重组高风险非银行金融机构的,不受本条前款规定限制。

第一百一十四条 金融资产管理公司以外的非银行金融机构变更股权或调整股权结构须经审批的,拟投资入股的出资人应分别具备以下条件:

(一)财务公司出资人的条件适用本办法第七条至第十三条及第一百一十三条的规定;因企业集团合并重组引起财务公司股权变更的,经银保监会认可,可不受第八条第二项至第六项、第十项以及第九条第五项、第六项、第八项规定限制。

(二)金融租赁公司出资人的条件适用本办法第二十二条至第三十一条及第一百一十三条的规定。

(三)汽车金融公司出资人的条件适用本办法第三十八条至第四十二条及第一百一十三条的规定。

(四)货币经纪公司出资人的条件适用本办法第四十九条至第五十二条及第一百一十三条的规定。

(五)消费金融公司出资人的条件适用本办法第五十九条至第六十四条及第一百一十三条的规定。

涉及处置高风险非银行金融机构的许可事项,可不受出资人类型等相关规定限制。

第一百一十五条 金融资产管理公司变更股权或调整股权结构须经审批的,应当有符合条件的出资人,包括境内金融机构、境外金融机构、境内非金融机构和银保监会认可的其他出资人。

第一百一十六条 境内金融机构作为金融资产管理公司的出资人,应当具备以下条件:

(一)主要审慎监管指标符合监管要求;

（二）公司治理良好，内部控制健全有效；

（三）财务状况良好，最近 2 个会计年度连续盈利；

（四）社会声誉良好，最近 2 年无严重违法违规行为和重大案件，或者已整改到位并经银保监会认可；

（五）入股资金为自有资金，不得以委托资金、债务资金等非自有资金入股；

（六）权益性投资余额原则上不得超过本企业净资产的 50%（含本次投资金额），国务院规定的投资公司和控股公司除外；

（七）银保监会规章规定的其他审慎性条件。

第一百一十七条 境外金融机构作为金融资产管理公司的出资人，应当具备以下条件：

（一）最近 1 个会计年度末总资产原则上不少于 100 亿美元或等值的可自由兑换货币。

（二）最近 2 年长期信用评级为良好。

（三）财务状况良好，最近 2 个会计年度连续盈利。

（四）商业银行资本充足率应当达到其注册地银行业资本充足率平均水平且不低于 10.5%；非银行金融机构资本总额不低于加权风险资产总额的 10%。

（五）内部控制健全有效。

（六）注册地金融机构监督管理制度完善。

（七）所在国（地区）经济状况良好。

（八）入股资金为自有资金，不得以委托资金、债务资金等非自有资金入股。

（九）权益性投资余额原则上不得超过本企业净资产的 50%（含本次投资金额）。

（十）银保监会规章规定的其他审慎性条件。

第一百一十八条 境内非金融机构作为金融资产管理公司的出资人，应当符合以下条件：

（一）依法设立，具有法人资格。

（二）具有良好的公司治理结构或有效的组织管理方式。

（三）具有良好的社会声誉、诚信记录和纳税记录，能按期足额偿还金融机构的贷款本金和利息。

（四）具有较长的发展期和稳定的经营状况。

（五）具有较强的经营管理能力和资金实力。

（六）财务状况良好，最近2个会计年度连续盈利；作为金融资产管理公司控股股东的，最近3个会计年度连续盈利。

（七）最近1个会计年度末净资产不低于总资产的30%。

（八）入股资金为自有资金，不得以委托资金、债务资金等非自有资金入股。

（九）权益性投资余额原则上不得超过本企业净资产的50%（含本次投资金额）；作为金融资产管理公司控股股东的，权益性投资余额原则上不得超过本企业净资产的40%（含本次投资金额）；国务院规定的投资公司和控股公司除外。

（十）银保监会规章规定的其他审慎性条件。

第一百一十九条 存在以下情形之一的企业不得作为金融资产管理公司的出资人：

（一）公司治理结构与机制存在明显缺陷；

（二）关联企业众多、股权关系复杂且不透明、关联交易频繁且异常；

（三）核心主业不突出且其经营范围涉及行业过多；

（四）现金流量波动受经济景气影响较大；

（五）资产负债率、财务杠杆率高于行业平均水平；

（六）代他人持有金融资产管理公司股权；

（七）被列为相关部门失信联合惩戒对象；

（八）存在严重逃废银行债务行为；

（九）提供虚假材料或者作不实声明；

（十）因违法违规行为被金融监管部门或政府有关部门查处，造成恶劣影响；

（十一）其他对金融资产管理公司产生重大不利影响的情况。

第一百二十条 入股金融资产管理公司，应当遵守并在公司章程中载明下列内容：

（一）股东应当遵守法律法规和监管规定；

（二）应经但未经监管部门批准或未向监管部门报告的股东，不得行使股东大会召开请求权、表决权、提名权、提案权、处分权等权利；

（三）对于存在虚假陈述、滥用股东权利或其他损害金融资产管理公司利益行为的股东，银保监会或其派出机构可以限制或禁止金融资产管理公司与其开展关联交易，限制其持有金融资产管理公司股权的限额等，并可限制其股东大会召开请求权、表决权、提名权、提案权、处分权等权利；

（四）主要股东自取得股权之日起5年内不得转让所持有的股权（经银保监会或其派出机构批准采取风险处置措施、银保监会或其派出机构责令转让、涉及司法强制执行或者在同一出资人控制的不同主体间转让股权等特殊情形除外）；

（五）主要股东应当在必要时向金融资产管理公司补充资本。

第一百二十一条 金融资产管理公司变更股权或调整股权结构须经审批的，由银保监会受理、审查并决定。银保监会自受理之日起3个月内作出批准或不批准的书面决定。

财务公司、金融租赁公司、汽车金融公司、货币经纪公司、消费金融公司变更股权或调整股权结构引起实际控制人变更的，由所在地省级派出机构受理并初步审查、银保监会审查并决定，决定机关自受理之日起3个月内作出批准或不批准的书面决定。

财务公司、金融租赁公司、汽车金融公司、货币经纪公司、消费金融公司变更股权或调整股权结构须经审批且未引起实际控制人变更的，由地市级派出机构或所在地省级派出机构受理并初步审查、省级派出机构审查并决定，决定机关自受理之日起3个月内作出批准或不批准的书面决定，并抄报银保监会。

第一百二十二条 非银行金融机构申请变更注册资本，应当具备以下条件：

（一）变更注册资本后仍然符合银保监会对该类机构最低注册资本和资本充足性的要求；

（二）增加注册资本涉及出资人资格须经审批的，出资人应符合第一百一十四条至第一百二十条规定的条件；

（三）银保监会规章规定的其他审慎性条件。

第一百二十三条 非银行金融机构申请变更注册资本的许可程序适用本办法第一百一十一条的规定，变更注册资本涉及出资人资格须经审批的，许可程序适用本办法第一百二十一条的规定。

第一百二十四条 非银行金融机构以公开募集和上市交易股份方式,以及已上市的非银行金融机构以配股或募集新股份的方式变更注册资本的,应当符合中国证监会规定的条件。

向中国证监会申请前,有关方案应先获得银保监会或其派出机构的批准,许可程序适用本办法第一百二十一条的规定。

第一百二十五条 非银行金融机构变更住所,应当有与业务发展相符合的营业场所、安全防范措施和其他设施。

非银行金融机构因行政区划调整等原因而引起的行政区划、街道、门牌号等发生变化而实际位置未变化的,不需进行变更住所的申请,但应当于变更后15日内报告为其颁发金融许可证的银行保险监督管理机构,并换领金融许可证。

非银行金融机构因房屋维修、增扩建等原因临时变更住所6个月以内的,不需进行变更住所申请,但应当在原住所、临时住所公告,并提前10日内向为其颁发金融许可证的银行保险监督管理机构报告。临时住所应当符合安全、消防主管部门的相关要求。非银行金融机构回迁原住所,应当提前10日将有权部门出具的消防证明文件等材料抄报为其颁发金融许可证的银行保险监督管理机构。

第一百二十六条 非银行金融机构同城变更住所的许可程序适用本办法第一百一十一条的规定。

第一百二十七条 非银行金融机构异地变更住所分为迁址筹建和迁址开业两个阶段。

第一百二十八条 非银行金融机构跨省级派出机构迁址筹建,向迁出地省级派出机构提交申请,同时抄报拟迁入地省级派出机构,由迁出地省级派出机构受理、审查并决定。迁出地省级派出机构自受理之日起2个月内作出批准或不批准的书面决定,并抄报银保监会,抄送拟迁入地省级派出机构。迁出地省级派出机构在作出书面决定之前应征求拟迁入地省级派出机构的意见。在省级派出机构辖内跨地市级派出机构迁址筹建,向省级派出机构提交申请,由省级派出机构受理、审查并决定。省级派出机构自受理之日起2个月内作出批准或不批准的书面决定,并抄报银保监会,抄送有关地市级派出机构。省级派出机构在作出书面决定之前应征求有关地市级派出机构的意见。

非银行金融机构应在收到迁址筹建批准文件之日起6个月内完成异地迁

址的准备工作，并在期限届满前提交迁址开业申请，逾期未提交的，迁址筹建批准文件失效。

第一百二十九条 非银行金融机构异地迁址开业，向迁入地省级派出机构提交申请，由其受理、审查并决定。省级派出机构自受理之日起1个月内作出批准或不批准的书面决定，并抄报银保监会，抄送迁出地省级派出机构。

第一百三十条 非银行金融机构修改公司章程应符合《中华人民共和国公司法》、《金融资产管理公司监管办法》、《企业集团财务公司管理办法》、《金融租赁公司管理办法》、《汽车金融公司管理办法》、《货币经纪公司试点管理办法》、《消费金融公司试点管理办法》、《商业银行股权管理暂行办法》及其他有关法律法规的规定。

第一百三十一条 非银行金融机构申请修改公司章程的许可程序适用本办法第一百一十一条的规定。

非银行金融机构因为发生变更名称、股权、注册资本、住所或营业场所、业务范围等前置审批事项以及因股东名称、住所变更等原因而引起公司章程内容变更的，不需申请修改章程，应将修改后的章程向监管机构报备。

第一百三十二条 非银行金融机构分立应符合有关法律、行政法规和规章的规定。

金融资产管理公司分立，向银保监会提交申请，由银保监会受理、审查并决定。银保监会自受理之日起3个月内作出批准或不批准的书面决定。其他非银行金融机构分立，向所在地省级派出机构提交申请，由省级派出机构受理并初步审查、银保监会审查并决定。决定机关自受理之日起3个月内作出批准或不批准的书面决定。

非银行金融机构分立后依然存续的，在分立公告期限届满后，应按照有关变更事项的条件和程序通过行政许可。分立后成为新公司的，在分立公告期限届满后，应按照法人机构开业的条件和程序通过行政许可。

第一百三十三条 非银行金融机构合并应符合有关法律、行政法规和规章的规定。

金融资产管理公司吸收合并，向银保监会提交申请，由银保监会受理、审查并决定。银保监会自受理之日起3个月内作出批准或不批准的书面决定。其他非银行金融机构吸收合并，由吸收合并方向其所在地省级派出机构提出申请，并抄报被吸收合并方所在地省级派出机构，由吸收合并方所在地省级派出机构受理并初步审查、银保监会审查并决定。决定机关自受理之日起3个月内作出批准或不批准的书面决定。吸收合并方所在地省级派出机构在将初审意见上报银保监会之前应征求被吸收合并方所在地省级派出机构的意见。

吸收合并事项涉及吸收合并方变更股权或调整股权结构、注册资本、名称，以及被吸收合并方解散或改建为分支机构的，应符合相应事项的许可条件，相应事项的许可程序可按照相关规定执行或与吸收合并事项一并受理、审查并决定。一并受理的，吸收合并方所在地省级派出机构在将初审意见上报银保监会之前应就被吸收合并方解散或改建分支机构征求其他相关省级派出机构的意见。

金融资产管理公司新设合并，向银保监会提交申请，由银保监会受理、审查并决定。银保监会自受理之日起3个月内作出批准或不批准的书面决定。其他非银行金融机构新设合并，由其中一方作为主报机构向其所在地省级派出机构提交申请，同时抄报另一方所在地省级派出机构，由主报机构所在地省级派出机构受理并初步审查、银保监会审查并决定。决定机关自受理之日起3个月内作出批准或不批准的书面决定。主报机构所在地省级派出机构在将初审意见上报银保监会之前应征求另一方所在地省级派出机构的意见。

新设机构应按照法人机构开业的条件和程序通过行政许可。新设合并事项涉及被合并方解散或改建为分支机构的，应符合解散或设立分支机构的许可条件，许可程序可按照相关规定执行或与新设合并事项一并受理、审查并决定。一并受理的，主报机构所在地省级派出机构在将初审意见上报银保监会之前应就被合并方解散或改建分公司征求其他相关省级派出机构的意见。

第一百三十四条　金融资产管理公司变更组织形式，应当符合《中华人民共和国公司法》《金融资产管理公司监管办法》以及其他法律、行政法规和规章的规定。

第一百三十五条　金融资产管理公司变更组织形式，由银保监会受理、审查并决定。银保监会自受理之日起3个月内作出批准或不批准的书面决定。

第二节　子公司变更

第一百三十六条　非银行金融机构子公司须经许可的变更事项包括：金融资产管理公司境外全资附属或控股金融机构变更名称、注册资本、股权或调整股权结构，分立或合并，重大投资事项（指投资额为1亿元人民币以上或等值的可自由兑换货币或者投资额占其注册资本5%以上的股权投资事项）；金融租赁公司专业子公司变更名称、注册资本；金融租赁公司境内专业子公司变更股权或调整股权结构，修改公司章程；财务公司境外子公司变更名称、注册资本；以及银保监会规定的其他变更事项。

第一百三十七条 出资人及其关联方、一致行动人单独或合计拟首次持有非银行金融机构子公司资本总额或股份总额5%以上或不足5%但对非银行金融机构子公司经营管理有重大影响的，以及累计增持非银行金融机构子公司资本总额或股份总额5%以上或不足5%但引起实际控制人变更的，均应事先报银保监会或其派出机构核准。

出资人及其关联方、一致行动人单独或合计持有非银行金融机构子公司股权1%以上、5%以下的，应当在取得股权后10个工作日内向银保监会或所在地省级派出机构报告。

第一百三十八条 金融资产管理公司境外全资附属或控股金融机构变更股权或调整股权结构须经审批的，由金融资产管理公司向银保监会提交申请，由银保监会受理、审查并决定。银保监会自受理之日起3个月内作出批准或不批准的书面决定。

第一百三十九条 金融资产管理公司境外全资附属或控股金融机构变更名称、注册资本，分立或合并，或进行重大投资，由金融资产管理公司向银保监会提交申请，银保监会受理、审查并决定。银保监会自受理之日起3个月内作出批准或不批准的书面决定。

第一百四十条 金融租赁公司境内专业子公司变更股权或调整股权结构须经审批的，拟投资入股的出资人应符合第八十二条规定的条件。

金融租赁公司境内专业子公司变更股权或调整股权结构须经审批的，由境内专业子公司向地市级派出机构或所在地省级派出机构提出申请，地市级派出机构或省级派出机构受理、省级派出机构审查并决定。决定机关自受理之日起3个月内作出批准或不批准的书面决定，并抄报银保监会。

第一百四十一条 金融租赁公司境内专业子公司变更名称，由专业子公司向地市级派出机构或所在地省级派出机构提出申请，金融租赁公司境外专业子公司变更名称，由金融租赁公司向地市级派出机构或所在地省级派出机构提出申请，地市级派出机构或省级派出机构受理、审查并决定。地市级派出机构或省级派出机构应自受理之日起3个月内作出批准或不批准的书面决定,并抄报上级监管机关。

第一百四十二条 金融租赁公司专业子公司变更注册资本,应当具备以下条件:

(一)变更注册资本后仍然符合银保监会的相关监管要求;

(二)增加注册资本涉及出资人资格须经审批的,出资人应符合第八十二条规定的条件;

(三)银保监会规章规定的其他审慎性条件。

金融租赁公司专业子公司变更注册资本的许可程序适用第一百四十一条的规定,变更注册资本涉及出资人资格须经审批的,许可程序适用第一百四十条的规定。

第一百四十三条 金融租赁公司境内专业子公司修改公司章程应符合《中华人民共和国公司法》《金融租赁公司专业子公司管理暂行规定》的规定。

金融租赁公司境内专业子公司申请修改公司章程的许可程序适用第一百一十一条的规定。金融租赁公司境内专业子公司因为发生变更名称、股权或调整股权结构、注册资本等前置审批事项以及因股东名称、住所变更等原因而引起公司章程内容变更的,不需申请修改章程,应将修改后的章程向地市级派出机构或所在地省级派出机构报备。

第一百四十四条 财务公司境外子公司变更名称、注册资本,由财务公司向地市级派出机构或所在地省级派出机构提出申请,地市级派出机构或省级派出机构受理、审查并决定。地市级派出机构或省级派出机构应自受理之日起 3 个月内作出批准或不批准的书面决定,并抄报上级监管机关。

第三节 分公司和代表处变更

第一百四十五条 非银行金融机构分公司和代表处变更名称,由其法人机构向分公司或代表处所在地地市级派出机构或所在地省级派出机构提出申请,由地市级派出机构或所在地省级派出机构受理、审查并决定。地市级派出机构或省级派出机构应自受理之日起 3 个月内作出批准或不批准的书面决定,并抄报上级监管机关。

第一百四十六条 境外非银行金融机构驻华代表处申请变更名称,由其母公司向代表处所在地省级派出机构提交申请,由省级派出机构受理、审查并决定。省级派出机构应自受理之日起 3 个月内作出批准或不批准的决定,并抄报银保监会。

第四章 机构终止

第一节 法人机构终止

第一百四十七条 非银行金融机构法人机构满足以下情形之一的，可以申请解散：

（一）公司章程规定的营业期限届满或者规定的其他解散事由出现时；

（二）股东会议决定解散；

（三）因公司合并或者分立需要解散；

（四）其他法定事由。

组建财务公司的企业集团解散，财务公司应当申请解散。

第一百四十八条 金融资产管理公司解散，向银保监会提交申请，由银保监会受理、审查并决定。银保监会自受理之日起3个月内作出批准或不批准的书面决定。

其他非银行金融机构解散，向所在地省级派出机构提交申请，省级派出机构受理并初步审查、银保监会审查并决定。决定机关自受理之日起3个月内作出批准或不批准的书面决定。

第一百四十九条 非银行金融机构法人机构有以下情形之一的，向法院申请破产前，应当向银保监会申请并获得批准：

（一）不能清偿到期债务，并且资产不足以清偿全部债务或者明显缺乏清偿能力的，自愿或应其债权人要求申请破产的；

（二）已解散但未清算或者未清算完毕，依法负有清算责任的人发现该机构资产不足以清偿债务，应当申请破产的。

第一百五十条 金融资产管理公司拟破产，向银保监会提交申请，由银保监会受理、审查并决定。银保监会自受理之日起3个月内作出批准或不批准的书面决定。

其他非银行金融机构拟破产，向所在地省级派出机构提交申请，由省级派出机构受理并初步审查、银保监会审查并决定。决定机关自受理之日起3个月内作出批准或不批准的书面决定。

第二节 子公司终止

第一百五十一条 金融资产管理公司境外全资附属或控股金融机构、金融租赁公司专业子公司、财务公司境外子公司解散或破产的条件，参照第一百四十七条和第一百四十九条的规定执行。

第一百五十二条 金融资产管理公司境外全资附属或控股金融机构解散或拟破产，由金融资产管理公司向银保监会提交申请，银保监会受理、审查并决定。银保监会自受理之日起3个月内作出批准或不批准的书面决定。

金融租赁公司境内专业子公司解散或拟破产，由金融租赁公司向专业子公司所在地省级派出机构提出申请，省级派出机构受理并初步审查、银保监会审查并决定。决定机关自受理之日起3个月内作出批准或不批准的书面决定。

金融租赁公司境外专业子公司解散或拟破产，由金融租赁公司向其所在地省级派出机构提出申请，省级派出机构受理并初步审查、银保监会审查并决定。决定机关自受理之日起3个月内作出批准或不批准的书面决定。

财务公司境外子公司解散或拟破产，由财务公司向其所在地省级派出机构提出申请，省级派出机构受理并初步审查、银保监会审查并决定。决定机关自受理之日起3个月内作出批准或不批准的书面决定。

第三节 分公司和代表处终止

第一百五十三条 非银行金融机构分公司、代表处，以及境外非银行金融机构驻华代表处终止营业或关闭（被依法撤销除外），应当提出终止营业或关闭申请。

第一百五十四条 非银行金融机构分公司、代表处申请终止营业或关闭，应当具备以下条件：

（一）公司章程规定的有权决定机构决定该分支机构终止营业或关闭；

（二）分支机构各项业务和人员已依法进行了适当的处置安排；

（三）银保监会规章规定的其他审慎性条件。

第一百五十五条 非银行金融机构分公司或代表处终止营业或关闭，由其法人机构向分公司或代表处地市级派出机构或所在地省级派出机构提交申请，由地市级派出机构或省级派出机构受理并初步审查、省级派出机构审查并决定。决定机关自受理之日起3个月内作出批准或不批准的书面决定，并抄报银保监会。

第一百五十六条 境外非银行金融机构驻华代表处申请关闭，由其母公司向代表处所在地省级派出机构提交申请，由省级派出机构受理并初步审查、银保监会审查并决定。决定机关自受理之日起 3 个月内作出批准或不批准的书面决定。

第五章 调整业务范围和增加业务品种

第一节 财务公司经批准发行债券等五项业务资格

第一百五十七条 财务公司申请经批准发行债券业务资格、承销成员单位的企业债券、有价证券投资、对金融机构的股权投资，以及成员单位产品的消费信贷、买方信贷和融资租赁业务，应具备以下条件：

（一）财务公司开业 1 年以上，且经营状况良好；

（二）注册资本不低于 3 亿元人民币或等值的可自由兑换货币；

（三）符合审慎监管指标要求；

（四）有比较完善的业务决策机制、风险控制制度、业务操作规程；

（五）具有与业务经营相适应的安全且合规的信息系统，具备保障业务持续运营的技术与措施；

（六）有相应的合格专业人员；

（七）监管评级良好；

（八）银保监会规章规定的其他审慎性条件。

第一百五十八条 财务公司申请开办有价证券投资业务，除符合第一百五十七条规定外，还应具备以下条件：

（一）申请固定收益类有价证券投资业务的，最近 1 年月均存放同业余额不低于 5 亿元；申请股票投资以外的有价证券投资业务的，最近 1 年资金集中度达到且持续保持在 30% 以上，且最近 1 年月均存放同业余额不低于 10 亿元；申请股票投资业务的，最近 1 年资金集中度达到且持续保持在 40% 以上，且最近 1 年月均存放同业余额不低于 30 亿元。

（二）负责投资业务的从业人员中三分之二以上具有相应的专业资格或一定年限的从业经验。

第一百五十九条 财务公司申请开办对金融机构的股权投资业务，除符合第一百五十七条规定外，还应具备以下条件之一：

（一）最近 1 年资金集中度达到且持续保持在 50% 以上，且最近 1 年月均存放同业余额不低于50亿元；

（二）最近1年资金集中度达到且持续保持在30%以上，且最近1年月均存放同业余额不低于80亿元。

第一百六十条 财务公司申请开办成员单位产品消费信贷、买方信贷及融资租赁业务，除符合第一百五十七条规定外，还应符合以下条件：

（一）注册资本不低于5亿元人民币或等值的可自由兑换货币；

（二）集团应有适合开办此类业务的产品；

（三）现有信贷业务风险管理情况良好。

第一百六十一条 财务公司申请以上五项业务资格，向地市级派出机构或所在地省级派出机构提交申请，由地市级派出机构或省级派出机构受理并初步审查、省级派出机构审查并决定。决定机关自受理之日起3个月内作出批准或不批准的书面决定，并抄报银保监会。

第二节 财务公司发行金融债券

第一百六十二条 财务公司申请发行金融债券，应具备以下条件：

（一）具有良好的公司治理结构、完善的内部控制体系；

（二）具有从事金融债券发行的合格专业人员；

（三）符合审慎监管指标要求；

（四）注册资本不低于5亿元人民币或等值的可自由兑换货币；

（五）最近1年不良资产率低于行业平均水平，贷款损失准备充足；

（六）无到期不能支付债务；

（七）最近1年净资产不低于行业平均水平；

（八）经营状况良好，最近3年连续盈利，3年平均可分配利润足以支付所发行金融债券1年的利息，申请前1年利润率不低于行业平均水平，且有稳定的盈利预期；

（九）已发行、尚未兑付的金融债券总额不得超过公司净资产总额的100%；

（十）最近3年无重大违法违规行为，或者已整改到位并经银保监会或其派出机构认可；

（十一）监管评级良好；

（十二）银保监会规章规定的其他审慎性条件。

财务公司发行金融债券应由集团母公司或其他有担保能力的成员单位提供担保。

第一百六十三条 财务公司申请发行金融债券的许可程序适用本办法第一百六十一条的规定。

第三节 财务公司开办外汇业务

第一百六十四条 财务公司申请开办外汇业务，应当具备以下条件：

（一）依法合规经营，内控制度健全有效，经营状况良好；

（二）有健全的外汇业务操作规程和风险管理制度；

（三）具有与外汇业务经营相适应的安全且合规的信息系统，具备保障业务持续运营的技术与措施；

（四）有与开办外汇业务相适应的合格外汇业务从业人员；

（五）监管评级良好；

（六）银保监会规章规定的其他审慎性条件。

第一百六十五条 财务公司申请开办外汇业务的许可程序适用本办法第一百六十一条的规定。

第四节 金融租赁公司在境内保税地区设立项目公司开展融资租赁业务

第一百六十六条 金融租赁公司在境内保税地区设立项目公司开展融资租赁业务，应具备以下条件：

（一）符合审慎监管指标要求；

（二）提足各项损失准备金后最近1个会计年度期末净资产不低于10亿元人民币或等值的可自由兑换货币；

（三）具备良好的公司治理和内部控制体系；

（四）具有与业务经营相适应的安全且合规的信息系统，具备保障业务持续运营的技术与措施；

（五）具备开办业务所需要的有相关经验的专业人员；

（六）制定了开办业务所需的业务操作流程、风险管理、内部控制和会计核算制度，并经董事会批准；

（七）最近3年内无重大违法违规行为，或者已整改到位并经银保监会或其派出机构认可；

（八）监管评级良好；

（九）银保监会规章规定的其他审慎性条件。

第一百六十七条 金融租赁公司在境内保税地区设立项目公司开展融资租赁业务的许可程序适用本办法第一百六十一条的规定。

第五节 金融资产管理公司、金融租赁公司及其境内专业子公司、
消费金融公司、汽车金融公司募集发行债务、资本补充工具

第一百六十八条 金融资产管理公司募集发行优先股、二级资本债券、金融债及依法须经银保监会许可的其他债务、资本补充工具，应具备以下条件：

（一）具有良好的公司治理机制、完善的内部控制体系和健全的风险管理制度；

（二）风险监管指标符合审慎监管要求，但出于维护金融安全和稳定需要的情形除外；

（三）最近3个会计年度连续盈利；

（四）银保监会规章规定的其他审慎性条件。

第一百六十九条 金融租赁公司及其境内专业子公司、消费金融公司、汽车金融公司募集发行优先股、二级资本债券、金融债及依法须经银保监会许可的其他债务、资本补充工具，应具备以下条件：

（一）具有良好的公司治理机制、完善的内部控制体系和健全的风险管理制度；

（二）资本充足性监管指标不低于监管部门的最低要求；

（三）最近3个会计年度连续盈利；

（四）风险监管指标符合审慎监管要求；

（五）监管评级良好；

（六）银保监会规章规定的其他审慎性条件。

对于资质良好但成立未满3年的金融租赁公司及其境内专业子公司，可由具有担保能力的担保人提供担保。

第一百七十条 金融资产管理公司募集发行债务、资本补充工具，应由金融资产管理公司作为申请人向银保监会提交申请，由银保监会受理、审查并决定。银保监会自受理之日起3个月内作出批准或不批准的书面决定。

金融租赁公司及其境内专业子公司、消费金融公司、汽车金融公司募集

发行债务、资本补充工具，发行金融债券的许可程序适用本办法第一百六十一条的规定。

第六节　非银行金融机构资产证券化业务资格

第一百七十一条　非银行金融机构申请资产证券化业务资格，应当具备以下条件：

（一）具有良好的社会信誉和经营业绩，最近3年内无重大违法违规行为，或者已整改到位并经银保监会或其派出机构认可；

（二）具有良好的公司治理、风险管理体系和内部控制；

（三）对开办资产证券化业务具有合理的目标定位和明确的战略规划，并且符合其总体经营目标和发展战略；

（四）具有开办资产证券化业务所需要的专业人员、业务处理系统、会计核算系统、管理信息系统以及风险管理和内部控制制度；

（五）监管评级良好；

（六）银保监会规章规定的其他审慎性条件。

第一百七十二条　金融资产管理公司申请资产证券化业务资格，应由金融资产管理公司作为申请人向银保监会提交申请，由银保监会受理、审查并决定。银保监会自受理之日起3个月内作出批准或不批准的书面决定。

其他非银行金融机构申请资产证券化资格的许可程序适用本办法第一百六十一条的规定。

第七节　非银行金融机构衍生产品交易业务资格

第一百七十三条　非银行金融机构衍生产品交易业务资格分为基础类资格和普通类资格。

基础类资格只能从事套期保值类衍生产品交易；普通类资格除基础类资格可以从事的衍生产品交易之外，还可以从事非套期保值类衍生产品交易。

第一百七十四条　非银行金融机构申请基础类衍生产品交易业务资格，应当具备以下条件：

（一）有健全的衍生产品交易风险管理制度和内部控制制度；

（二）具有接受相关衍生产品交易技能专门培训半年以上、从事衍生产品或相关交易2年以上的交易人员至少2名，相关风险管理人员至少1名，风险模型研究或风险分析人员至少1名，熟悉套期会计操作程序和制度规范的人员至少1名，以上人员均需专岗专人，相互不得兼任，且无不良记录；

（三）有适当的交易场所和设备；

（四）有处理法律事务和负责内控合规检查的专业部门及相关专业人员；

（五）符合审慎监管指标要求；

（六）监管评级良好；

（七）银保监会规章规定的其他审慎性条件。

第一百七十五条 非银行金融机构申请普通类衍生产品交易业务资格，除符合第一百七十四条规定外，还应当具备以下条件：

（一）完善的衍生产品交易前中后台自动联接的业务处理系统和实时风险管理系统；

（二）衍生产品交易业务主管人员应当具备5年以上直接参与衍生产品交易活动或风险管理的资历，且无不良记录；

（三）严格的业务分离制度，确保套期保值类业务与非套期保值类业务的市场信息、风险管理、损益核算有效隔离；

（四）完善的市场风险、操作风险、信用风险等风险管理框架；

（五）银保监会规章规定的其他审慎性条件。

第一百七十六条 非银行金融机构申请衍生产品交易业务资格的许可程序适用本办法第一百七十二条的规定。

第八节 非银行金融机构开办其他新业务

第一百七十七条 非银行金融机构申请开办其他新业务，应当具备以下基本条件：

（一）有良好的公司治理和内部控制；

（二）经营状况良好，主要风险监管指标符合要求；

（三）具有能有效识别和控制新业务风险的管理制度和健全的新业务操作规程；

（四）具有与业务经营相适应的安全且合规的信息系统，具备保障业务持续运营的技术与措施；

（五）有开办新业务所需的合格管理人员和业务人员；

（六）最近3年内无重大违法违规行为，或者已整改到位并经银保监会或其派出机构认可；

（七）监管评级良好；

（八）银保监会规章规定的其他审慎性条件。

前款所称其他新业务，是指除本章第一节至第七节规定的业务以外的现行法律法规中已明确规定可以开办，但非银行金融机构尚未开办的业务。

第一百七十八条 非银行金融机构开办其他新业务的许可程序适用本办法第一百七十二条的规定。

第一百七十九条 非银行金融机构申请开办现行法规未明确规定的业务，由银保监会另行规定。

第六章 董事和高级管理人员任职资格许可

第一节 任职资格条件

第一百八十条 非银行金融机构董事长、副董事长、独立董事和其他董事等董事会成员须经任职资格许可。

非银行金融机构的总经理（首席执行官、总裁）、副总经理（副总裁）、风险总监（首席风险官）、财务总监（首席财务官）、合规总监（首席合规官）、总会计师、总审计师（总稽核）、运营总监（首席运营官）、信息总监（首席信息官）、公司内部按照高级管理人员管理的总经理助理（总裁助理）和董事会秘书，金融资产管理公司财务部门、内审部门负责人，分公司总经理、副总经理、总经理助理、风险总监，财务公司、金融租赁公司、货币经纪公司分公司总经理（主任），境外非银行金融机构驻华代表处首席代表等高级管理人员，须经任职资格许可。

金融资产管理公司境外全资附属或控股金融机构从境内聘任的董事长、副董事长、总经理、副总经理、总经理助理，金融租赁公司境内专业子公司的董事长、副董事长、总经理、副总经理及境外专业子公司从境内聘任的董事长、副董事长、总经理、副总经理，财务公司境外子公司从境内聘任的董事长、副董事长、总经理、副总经理，须经任职资格许可。金融资产管理公司境外全资附属或控股金融机构从境外聘任的董事长、副董事长、总经理、副总经理、总经理助理，金融租赁公司境外专业子公司及财务公司境外子公司从境外聘任的董事长、副董事长、总经理、副总经理不需申请核准任职资格，应当在任职后5日内向监管机构报告。

未担任上述职务，但实际履行前三款所列董事和高级管理人员职责的人员，应按银保监会有关规定纳入任职资格管理。

第一百八十一条 申请非银行金融机构董事和高级管理人员任职资格，拟任人应当具备以下基本条件：

（一）具有完全民事行为能力；

（二）具有良好的守法合规记录；

（三）具有良好的品行、声誉；

（四）具有担任拟任职务所需的相关知识、经验及能力；

（五）具有良好的经济、金融从业记录；

（六）个人及家庭财务稳健；

（七）具有担任拟任职务所需的独立性；

（八）履行对金融机构的忠实与勤勉义务。

第一百八十二条 拟任人有以下情形之一的，视为不符合本办法第一百八十一条第（二）项、第（三）项、第（五）项规定的条件，不得担任非银行金融机构董事和高级管理人员：

（一）有故意或重大过失犯罪记录的；

（二）有违反社会公德的不良行为，造成恶劣影响的；

（三）对曾任职机构违法违规经营活动或重大损失负有个人责任或直接领导责任，情节严重的；

（四）担任或曾任被接管、撤销、宣告破产或吊销营业执照的机构的董事或高级管理人员的，但能够证明本人对曾任职机构被接管、撤销、宣告破产或吊销营业执照不负有个人责任的除外；

（五）因违反职业道德、操守或者工作严重失职，造成重大损失或恶劣影响的；

（六）指使、参与所任职机构不配合依法监管或案件查处的；

（七）被取消终身的董事和高级管理人员任职资格，或受到监管机构或其他金融管理部门处罚累计达到 2 次以上的；

（八）不具备本办法规定的任职资格条件，采取不正当手段以获得任职资格核准的。

第一百八十三条 拟任人有以下情形之一的，视为不符合本办法第一百八十一条第（六）项、第（七）项规定的条件，不得担任非银行金融机构董事和高级管理人员：

（一）截至申请任职资格时，本人或其配偶仍有数额较大的逾期债务未能偿还，包括但不限于在该金融机构的逾期贷款；

（二）本人及其近亲属合并持有该金融机构 5% 以上股份，且从该金融机构获得的授信总额明显超过其持有的该金融机构股权净值；

（三）本人及其所控股的股东单位合并持有该金融机构 5% 以上股份，且从该金融机构获得的授信总额明显超过其持有的该金融机构股权净值；

（四）本人或其配偶在持有该金融机构 5% 以上股份的股东单位任职，且该股东单位从该金融机构获得的授信总额明显超过其持有的该金融机构股权净值，但能够证明授信与本人及其配偶没有关系的除外；

（五）存在其他所任职务与其在该金融机构拟任、现任职务有明显利益冲突，或明显分散其在该金融机构履职时间和精力的情形。

前款第（四）项不适用于财务公司董事和高级管理人员。

第一百八十四条 申请非银行金融机构董事任职资格，拟任人除应符合第一百八十一条至第一百八十三条的规定外，还应当具备以下条件：

（一）具有 5 年以上的经济、金融、法律、财会或其他有利于履行董事职责的工作经历，其中拟担任独立董事的还应是经济、金融、法律、财会等方面的专家；

（二）能够运用非银行金融机构的财务报表和统计报表判断非银行金融机构的经营管理和风险状况；

（三）了解拟任职非银行金融机构的公司治理结构、公司章程以及董事会职责，并熟知董事的权利和义务。

第一百八十五条 拟任人有以下情形之一的，不得担任非银行金融机构独立董事：

（一）本人及其近亲属合并持有该非银行金融机构 1% 以上股份或股权；

（二）本人或其近亲属在持有该非银行金融机构 1% 以上股份或股权的股东单位任职；

（三）本人或其近亲属在该非银行金融机构、该非银行金融机构控股或者实际控制的机构任职；

（四）本人或其近亲属在不能按期偿还该非银行金融机构贷款的机构任职；

（五）本人或其近亲属任职的机构与本人拟任职非银行金融机构之间存在法律、会计、审计、管理咨询、担保合作等方面的业务联系或债权债务等方面的利益关系，以致于妨碍其履职独立性的情形；

（六）本人或其近亲属可能被拟任职非银行金融机构大股东、高管层控制或施加重大影响，以致于妨碍其履职独立性的其他情形；

（七）本人已在同类型非银行金融机构任职。

第一百八十六条 申请非银行金融机构董事长、副董事长任职资格，拟任人除应符合第一百八十一条至第一百八十四条的规定外，还应分别具备以下条件：

（一）担任金融资产管理公司董事长、副董事长，应具备本科以上学历，从事金融工作8年以上，或相关经济工作12年以上（其中从事金融工作5年以上）；

（二）担任财务公司董事长、副董事长，应具备本科以上学历，从事金融工作5年以上，或从事企业集团财务或资金管理工作8年以上，或从事企业集团核心主业及相关管理工作10年以上；

（三）担任金融租赁公司董事长、副董事长，应具备本科以上学历，从事金融工作或融资租赁工作5年以上，或从事相关经济工作10年以上；

（四）担任汽车金融公司董事长、副董事长，应具备本科以上学历，从事金融工作5年以上，或从事汽车生产销售管理工作10年以上；

（五）担任货币经纪公司董事长、副董事长，应具备本科以上学历，从事金融工作5年以上，或从事相关经济工作10年以上（其中从事金融工作3年以上）；

（六）担任消费金融公司董事长、副董事长，应具备本科以上学历，从事金融工作5年以上，或从事相关经济工作10年以上；

（七）担任金融资产管理公司境外全资附属或控股金融机构董事长、副董事长，应具备本科以上学历，从事金融工作6年以上，或从事相关经济工作10年以上（其中从事金融工作3年以上），且能较熟练地运用1门与所任职务相适应的外语；

（八）担任财务公司境外子公司董事长、副董事长，应具备本科以上学历，从事金融工作3年以上，或从事企业集团财务或资金管理工作6年以上，且能较熟练地运用1门与所任职务相适应的外语；

（九）担任金融租赁公司境内外专业子公司董事长、副董事长，应具备本科以上学历，从事金融工作或融资租赁工作3年以上，或从事相关经济工作8年以上（其中从事金融工作或融资租赁工作2年以上），担任境外子公司董事长、副董事长的，还应能较熟练地运用1门与所任职务相适应的外语。

第一百八十七条 申请非银行金融机构法人机构高级管理人员任职资格，拟任人除应符合第一百八十一条至第一百八十三条的规定外，还应分别具备以下条件：

（一）担任金融资产管理公司总裁、副总裁，应具备本科以上学历，从事金融工作8年以上或相关经济工作12年以上（其中从事金融工作4年以上）；

（二）担任财务公司总经理（首席执行官、总裁）、副总经理（副总裁），应具备本科以上学历，从事金融工作5年以上，或从事财务或资金管理工作10年以上（财务公司高级管理层中至少应有一人从事金融工作5年以上）；

（三）担任金融租赁公司总经理（首席执行官、总裁）、副总经理（副总裁），应具备本科以上学历，从事金融工作或从事融资租赁工作5年以上，或从事相关经济工作10年以上（其中从事金融工作或融资租赁工作3年以上）；

（四）担任汽车金融公司总经理（首席执行官、总裁）、副总经理（副总裁），应具备本科以上学历，从事金融工作5年以上，或从事汽车生产销售管理工作10年以上；

（五）担任货币经纪公司总经理（首席执行官、总裁）、副总经理（副总裁），应具备本科以上学历，从事金融工作5年以上，或从事相关经济工作10年以上（其中从事金融工作3年以上）；

（六）担任消费金融公司总经理（首席执行官、总裁）、副总经理（副总裁），应具备本科以上学历，从事金融工作5年以上，或从事与消费金融相关领域工作10年以上（消费金融公司高级管理层中至少应有一人从事金融工作5年以上）；

（七）担任各类非银行金融机构财务总监（首席财务官）、总会计师、总审计师（总稽核），以及金融资产管理公司财务部门、内审部门负责人的，应具备本科以上学历，从事财务、会计或审计工作6年以上；

（八）担任各类非银行金融机构风险总监（首席风险官），应具备本科以上学历，从事金融机构风险管理工作3年以上，或从事其他金融工作6年以上；

（九）担任各类非银行金融机构合规总监（首席合规官），应具备本科以上学历，从事金融或法律工作6年以上；

（十）担任各类非银行金融机构信息总监（首席信息官），应具备本科以上学历，从事信息科技工作6年以上；

（十一）非银行金融机构运营总监（首席运营官）和公司内部按照高级管理人员管理的总经理助理（总裁助理）、董事会秘书以及实际履行高级管理人员职责的人员，任职资格条件比照同类机构副总经理（副总裁）的任职资格条件执行。

第一百八十八条 申请非银行金融机构子公司或分公司高级管理人员任职资格，拟任人除应符合第一百八十一条至第一百八十三条的规定外，还应分别具备以下条件：

（一）担任金融资产管理公司境外全资附属或控股金融机构总经理、副总经理、总经理助理或担任金融资产管理公司分公司总经理、副总经理、总经理助理、风险总监，应具备本科以上学历，从事金融工作6年以上或相关经济工作10年以上（其中从事金融工作3年以上），担任境外全资附属或控股金融机构总经理、副总经理、总经理助理的，还应能较熟练地运用1门与所任职务相适应的外语；

（二）担任财务公司境外子公司总经理、副总经理或担任财务公司分公司总经理（主任），应具备本科以上学历，从事金融工作5年以上，或从事财务或资金管理工作8年以上（其中从事金融工作2年以上），担任境外子公司总经理或副总经理的，还应能较熟练地运用1门与所任职务相适应的外语；

（三）担任金融租赁公司境内外专业子公司总经理、副总经理或担任金融租赁公司分公司总经理（主任），应具备本科以上学历，从事金融工作或融资租赁工作3年以上，或从事相关经济工作8年以上（其中从事金融工作或融资租赁工作2年以上），担任境外子公司总经理、副总经理的，还应能较熟练地运用1门与所任职务相适应的外语；

（四）担任货币经纪公司分公司总经理（主任），应具备本科以上学历，从事金融工作5年以上，或从事相关经济工作8年以上（其中从事金融工作2年以上）；

（五）担任境外非银行金融机构驻华代表处首席代表，应具备本科以上学历，从事金融工作或相关经济工作3年以上。

第一百八十九条 拟任人未达到第一百八十六条至第一百八十八条规定的学历要求，但具备以下条件之一的，视同达到规定的学历：

（一）取得国家教育行政主管部门认可院校授予的学士以上学位；

（二）取得注册会计师、注册审计师或与拟（现）任职务相关的高级专业技术职务资格，且相关从业年限超过相应规定 4 年以上。

第一百九十条 拟任董事长、总经理任职资格未获核准前，非银行金融机构应指定符合相应任职资格条件的人员代为履职，并自作出指定决定之日起 3 日内向监管机构报告。代为履职的人员不符合任职资格条件的，监管机构可以责令非银行金融机构限期调整。非银行金融机构应当在 6 个月内选聘具有任职资格的人员正式任职。

非银行金融机构分支机构确因特殊原因未能按期选聘正式人员任职的，应在代为履职届满前 1 个月向银保监会或任职机构所在地银保监会派出机构提交代为履职延期报告，分支机构代为履职延期不得超过一次，延长期限不得超过 6 个月。

第二节 任职资格许可程序

第一百九十一条 金融资产管理公司及其境外全资附属或控股金融机构申请核准董事和高级管理人员任职资格，由金融资产管理公司向银保监会提交申请，银保监会受理、审查并决定。银保监会自受理之日起 30 日内作出核准或不予核准的书面决定。

其他非银行金融机构法人机构申请核准董事和高级管理人员任职资格，向地市级派出机构或所在地省级派出机构提交申请，由地市级派出机构或省级派出机构受理并初步审查、省级派出机构审查并决定。决定机关自受理之日起 30 日内作出核准或不予核准的书面决定，并抄报银保监会。

财务公司境外子公司申请核准董事和高级管理人员任职资格，由财务公司向地市级派出机构或所在地省级派出机构提交申请，地市级派出机构或省级派出机构受理并初步审查、省级派出机构审查并决定。决定机关自受理之日起 30 日内作出核准或不予核准的书面决定，并抄报银保监会。

金融租赁公司境内专业子公司申请核准董事和高级管理人员任职资格，由专业子公司向地市级派出机构或所在地省级派出机构提交申请，金融租赁公司境外专业子公司申请核准董事和高级管理人员任职资格，由金融租赁公司向地市级派出机构或所在地省级派出机构提交申请，地市级派出机构或省级派出机构受理并初步审查、省级派出机构审查并决定。决定机关自受理之日起30日内作出核准或不予核准的书面决定，并抄报银保监会。

非银行金融机构分公司申请核准高级管理人员任职资格，由其法人机构向分公司地市级派出机构或所在地省级派出机构提交申请，地市级派出机构或省级派出机构受理并初步审查、省级派出机构审查并决定。决定机关自受理之日起30日内作出核准或不予核准的书面决定，并抄报银保监会，抄送法人机构所在地省级派出机构。

境外非银行金融机构驻华代表处首席代表的任职资格核准，向所在地省级派出机构提交申请，由省级派出机构受理、审查并决定。省级派出机构自受理之日起30日内作出核准或不予核准的书面决定，并抄报银保监会。

第一百九十二条　非银行金融机构或其境内分支机构设立时，董事和高级管理人员的任职资格申请，按照该机构开业的许可程序一并受理、审查并决定。

第一百九十三条　具有董事、高级管理人员任职资格且未连续中断任职1年以上的拟任人在同一法人机构内以及在同质同类机构间，同类性质平级调动职务（平级兼任）或改任（兼任）较低职务的，不需重新申请核准任职资格。拟任人应当在任职后5日内向银保监会或任职机构所在地银保监会派出机构报告。

第七章　附则

第一百九十四条　获准机构变更事项许可的，非银行金融机构及其分支机构应自许可决定之日起6个月内完成有关法定变更手续，并向决定机关和所在地银保监会派出机构报告。获准董事和高级管理人员任职资格许可的，拟任人应自许可决定之日起3个月内正式到任，并向决定机关和所在地银保监会派出机构报告。

未在前款规定期限内完成变更或到任的，行政许可决定文件失效，由决定机关注销行政许可。

第一百九十五条　非银行金融机构设立、终止事项，涉及工商、税务登记变更等法定程序的，应当在完成有关法定手续后1个月内向银保监会和所在地银保监会派出机构报告。

第一百九十六条 本办法所称境外含香港、澳门和台湾地区。

第一百九十七条 本办法中的"日"均为工作日,"以上"均含本数或本级。

第一百九十八条 除特别说明外,本办法中各项财务指标要求均为合并会计报表口径。

第一百九十九条 本办法中下列用语的含义:

(一)控股股东,是指根据《中华人民共和国公司法》第二百一十六条规定,其出资额占有限责任公司资本总额百分之五十以上或者其持有的股份占股份有限公司股本总额百分之五十以上的股东;出资额或者持有股份的比例虽然不足百分之五十,但依其出资额或者持有的股份所享有的表决权已足以对股东会、股东大会的决议产生重大影响的股东。

(二)主要股东,是指持有或控制非银行金融机构百分之五以上股份或表决权,或持有资本总额或股份总额不足百分之五但对非银行金融机构经营管理有重大影响的股东。

前款中的"重大影响",包括但不限于向非银行金融机构派驻董事、监事或高级管理人员,通过协议或其他方式影响非银行金融机构的财务和经营管理决策以及银保监会或其派出机构认定的其他情形。

(三)实际控制人,是指根据《中华人民共和国公司法》第二百一十六条规定,虽不是公司的股东,但通过投资关系,协议或者其他安排,能够实际支配公司行为的人。

(四)关联方,是指根据《企业会计准则第36号——关联方披露》规定,一方控制、共同控制另一方或对另一方施加重大影响,以及两方或两方以上同受一方控制、共同控制或重大影响的。但国家控制的企业之间不仅因为同受国家控股而具有关联关系。

(五)一致行动,是指投资者通过协议、其他安排,与其他投资者共同扩大其所能够支配的一个公司股份表决权数量的行为或者事实。达成一致行动的相关投资者,为一致行动人。

第二百条 其他非银行金融机构相关规则另行制定。

第二百零一条 银保监会根据法律法规和市场准入工作实际,有权对行政许可事项中受理、审查和决定等事权的划分进行动态调整。

第二百零二条 根据国务院或地方政府授权,履行国有金融资本出资人职责的各级财政部门及受财政部门委托管理国有金融资本的其他部门、机构，发起设立、投资入股本办法所列非银行金融机构的资质条件和监管要求等参照本办法有关规定执行，国家另有规定的从其规定。

第二百零三条 本办法由银保监会负责解释。本办法自公布之日起施行，《中国银监会非银行金融机构行政许可事项实施办法》（中国银监会令2015年第6号公布，根据2018年8月17日《中国银保监会关于废止和修改部分规章的决定》修正）同时废止。

附录3

融资租赁合同模板

出租方：

承租方：

鉴于：

1. 出租人系经有权部门批准，依据中国法律设立并合法存续的有限责任公司。

2. 承租人系依据中国法律设立并合法存续的有限责任公司，领有_____市工商行政管理局核发的《企业法人营业执照》。

3. 双方同意，承租人向出租人转让《租赁物清单》所列示的租赁物，出租人受让该租赁物后，将其租赁给承租人使用。承租期内或承租期满后由承租方进行回购。

4. 承租人与出租人双方已就签订本合同获得必要批准及所有授权。

出租人与承租人依据《中华人民共和国民法典》及有关法律、法规，经平等协商一致，订立本合同，以资共同遵守。

第一条 定义

本合同中除非文意另有所指，下列词语具有如下含义：

1.1 释义

1.1.1 本合同或《融资租赁合同》：指编号为_____.的《融资租赁合同》及对本合同的任何修订和补充。

1.1.2 租赁物：指本合同约定的、出租人向承租人购买并租赁给承租人使用的标的物。租赁物的详细类别、规格、数量。

1.1.3 租赁或回租：指出租人与承租人依据编号为＿＿的《融资租赁合

同》，按照承租人将租赁物出卖给出租人，再将租赁物从出租人处租回或回租的融资租赁模式进行的融资租赁交易。

1.1.4 买价：指出租人向承租人购买租赁物所应支付的价格。

1.1.5 租赁物原购买文件：指承租人保管和持有的与确认和行使租赁物权利有关的法律文件。包括但不限于承租人与供货人签订的租赁物、租赁物购买发票、承租人向供货人购买价款支付凭证等。

1.1.6 交付：指依据本合同的约定，出租人向承租人支付购买租赁物买价、将租赁物出租至承租人，由承租人实际占有、使用的行为。

1.1.7 起租日：起租日为出租人向承租人交付租赁物的当日

1.1.8 工作日：指法定节假日及公休日以外的日期。

1.1.9 年：指本合同约定的租赁期限内，自起租日开始往后每一对应月对应日的年度。

1.1.10 法律：指立法机关及行政机关制定的法律、行政法规、行政规章等法律文件以及原机关对其所颁布或制定的法律文件作出的任何修改或变更。

1.1.11 租赁期间：指承租人对租赁物实施占有、使用的期限。

1.2 解释

本合同的条款标题仅为了方便阅读，不影响对本合同条款的理解。

第二条　租赁物

2.1 本合同项下的融资租赁方式为回租式融资租赁，由出租人、承租人双方签订《融资租赁合同》，承租人将其未设置抵押权、质押权和其他担保权益、不存在优先权、拥有完全所有权但已经由承租人出租的租赁物转让给出租人，再由出租人出租给承租人使用。回租式融资租赁中租赁物的出卖人和承租人均为承租人，附件一《租赁物清单》中列明的租赁物即为本合同项下的租赁物。

2.2 出租人根据《融资租赁合同》的约定支付租赁物转让款后，出租人即取得租赁物的所有权；根据法律法规规定需要登记所有权的，承租人应先办理登记手续，出租人提供必要的协助，登记部门出具的所有权证书上载明的日期为出租人取得所有权的日期。

如因国家政策或承租人原因导致出租人未取得租赁物所有权或所有权有瑕疵的，出租人有权决定双方继续履行本合同并要求承租人支付租金。出租人亦可要求终止本合同及相关合同等，承租人应支付到期和未到期的全部租金、名义货价等应收款，已支付的租金和咨询服务费不予退还。

2.3 本合同项下租赁物为出租人依承租人要求，从承租人处买入的价值人民币元的设备。

2.4 出租人和承租人双方一致同意并约定，出租人购买租赁物回租给承租人使用。

2.5 租赁物的详细类别、规格、数量详见本合同附件一《租赁物清单》，《租赁物清单》是本合同不可分割的部分。

2.6 租赁物由出租人按照承租人的要求向承租人购买，且出租人购买租赁物的唯一目的即为租赁给承租人或再转租他人使用，故承租人对租赁物的名称、商标、规格、型号、质量、数量、价值认定、技术标准及服务内容等承担全部责任，出租人不承担租赁物件任何瑕疵担保责任。

第三条 租赁物的购买

3.1 承租人以人民币元的价格向出租人转让其享有所有权的租赁物，并于支付转让款之时承租人享有对租赁物的使用权。

3.2 承租人保证其转让的租赁物与承租的租赁物在质量、数量、规格等各项指标是一致的，出租人无须对此承担任何责任。

3.3 出租人应于本合同生效、并满足相关约定之日，将租赁物全额买价划付至承租人以下账户：

收款单位：

开户银行：_____

账号：

3.4 买价支付日期以价款实际到达承租人账户日期为准。

3.5 具体的约定详见有关《设备资产出让协议》。

第四条 交付、验收和责任限制

4.1 双方确认：租赁物由出租人向承租人购买，承租人确认租赁物在本《融资租赁合同》签订时已由承租人实际占有，并且该等占有至出租人向承租人支付购买租赁物买价时仍呈持续状态，出租人和承租人之间不需要履行实际的租赁物转移交付行为。出租人不对交付迟延或不能实现交付所产生的任何损失、费用、责任包括预期收益损失承担责任。

4.2 由于本项租赁为承租人回租，在出租人按本合同第三条的约定向承租人将租赁物的全部买价付讫时，即视为承租人将租赁物的所有权转移至出租人。

4.3 如果认为需要，出租人可以在不影响承租人使用有关租赁物进行营运的前提下于交付日前对有关租赁物进行查验，并由双方共同签署查验的有关确认书。

4.4 承租人应确保其将租赁物出售给出租人时，对租赁物享有真实有效的所有权，在整个租赁期间直到承租人依本合同约定取得租赁物的所有权之前，出租人对租赁物的所有权不会因承租人的原因被他人提出异议，租赁物不会因承租人的原因被查封、扣押等，否则，承租人应按本合同第十六条"承租人的违约责任"之 16.2.2 项约定向出租人承担违约责任。

4.5 承租人签署验收证明书并将其交付给出租人即确切证明：有关租赁物是"照现状"交付的，承租人并已检验有关租赁物，其对制造商或卖方就有关租赁物提供的保证满意，其已无条件地接受有关租赁物在本协议项下的租赁，以及有关租赁物于交付日处于良好工作状态并在各个方面令承租人满意。

4.6 承租人同意，与租赁物的进口、交付、使用或移动有关的任何及一切运输收费，以及任何及一切税款、关税和任何其他收费，由承租人独自承担。

4.7 在承租人遵守本协议和其他有关协议条款的情况下，出租人将不做出任何妨碍承租人在租赁期内占用和使用有关租赁物的事情。

第五条 租赁物的所有权

5.1 在租赁期内，本合同项下租赁物的所有权属于出租人，承租人在租赁期内只享有使用权。承租人不得将租赁物予以销售、转让、抵押、投资或采取其他侵犯出租人所有权的行为。在征得出租方书面同意的情况下，如果承租人将租赁物进行出租的，应将最终用户的名称以书面形式告知出租方，并且告知最终用户关于租赁物所有权转让的事实。

5.2 在承租人清偿本合同项下的所有债务前，租赁物的所有权始终属于出租人，除出租人外的其他任何人无权处置租赁物。承租人将租赁物出租的，租赁物由最终用户占有、使用，但是不影响出租人对租赁物的所有权。

5.3 出租人或出租人委托的代理人有权检查租赁物的使用和完好情况，承租人应提供一切方便。未经出租人书面同意，承租人不得对租赁物加拆任何零部件或改变使用地点。如承租人在租赁物上添加、更换零部件或对租赁物进行升级、更新，而出租人根据本合同约定或通过司法途径处置租赁物实现债权时，承租人无权就添加物或更新物主张任何权利。

5.4 在不影响承租人使用租赁物的前提下,出租人可以将本合同项下的权利进行质押,也可以将本合同项下的权利转让给第三人,但应及时通知承租人,承租人应予以配合。

第六条 租赁期间

6.1 租赁期间为_____个月,自起租日起连续计算,即自_____年_____月_____日起至 年_____月_____日止。

6.2 起租日为出租人向承租人将租赁物的全部买价付讫的当日,即出租人按《融资租赁合同》的约定向承租人付讫购买租赁物的全部买价之日。自起租日起计算租赁租金。

6.3 起租日为确定的不可更改的日期,不受任何其他因素的影响。

6.4 在第6.1条所列的租赁期内,除非经出租人书面同意,承租人不得中止和终止对租赁物的租赁,并不得以任何理由提出变更本租赁合同的要求。

第七条 租金

7.1 租赁本金总额为人民币_____元整。

7.2 起租的租赁物每期租金计算公式为:

7.3 在本合同租赁期内,如中国政府针对融资租赁业务增加税种、提高现有税种的税率,则租赁利率亦应进行相应调整,调整的幅度等于由于税务政策的变更导致出租人基于本合同而应承担的税务负担的变动幅度,以保证出租人在本合同项下的收入和成本维持不变。

7.4 承租人同意按出租人编制的附表二所列明的租金等款项的数额和支付日期履行。

7.5 租赁期内采用预付方式支付租金,每期租金应于当期租金期开始两个工作日前支付,出租方应于每个租金期开始十个工作日前向承租方发出该租金期的收付款通知单,每期租金的支付时间、金额等详见本合同附件二《租金支付表》。

7.6 承租人应根据《租金支付表》所列示的金额和支付时间,在支付时间的前两个工作日前将租金划付至出租人以下账户:

收款单位:

开户银行:

账号:

7.7 如租金支付日遇法定节假日,则租金支付日提前至节假日前一个工作日。

7.8 如乙方出现延迟支付租金，则其后承租人付给出租人的款项，出租人有权先扣收违约金、赔偿金，再按租金到期的先后顺序依次扣收租金及其他应付款项直至足额及时支付到期的租金。

第八条 保证金

8.1 出租人支付租赁物转让款前，承租人应按本合同的约定向出租人支付保证金。保证金也可以由出租人在支付租赁物转让款时扣收，出租人应出具相应的手续。

8.2 本协议项下保证金用于担保本合同项下债务的及时清偿。

8.3 承租人缴存的保证金应占本合同项下承租人支付租金本金金额的5%。

8.4 本协议签订后一日内，承租人必须将保证金交付专门账户，由双方共同占有保管，其保证金：

账户：_____

金额：_____人民币。

8.5 本协议项下保证金担保范围为主债权、利息、违约金、损害赔偿金及出租人实现债权的费用等。出租人实现债权的费用均包括但不限于诉讼费用、财产保全费、申请执行费、律师代理费、办案费用、公告费、评估费、拍卖费等。

8.6 保证金存管期限按下列约定执行：本保证金为活期保证金，保证金存管至本合同项下债务清偿完毕为止。

第九条 索赔及赔偿

9.1 承租人确认需自行对租赁物的质量、性能及服务承担责任及法律后果。

9.2 双方约定，租赁期间内，一旦租赁物出现质量问题或技术服务缺陷而导致损失的，首先由承租人直接向租赁物厂商等责任方索赔；如租赁物厂商等以租赁物所有权转移为由提出异议，或通过诉讼/仲裁等法律途径索赔，由出租人索赔，承租人应提供有关证据。

9.3 双方约定，在出租人无过错的情况下，对租赁物厂商等索赔的费用和结果，均由承租人承担和享有。

9.4 索赔并不影响本合同的效力和继续履行，不论索赔结果如何，承租人仍应按本合同约定向出租人及时足额支付租金。

9.5 承租人在占有、使用租赁物期间，如租赁物造成第三人的人身伤害或者财产损害，一切责任均由承租人承担，出租人不承担任何责任。如因此使出租人遭受任何损失，则承租人应于接到出租人通知后三个工作日内予以全部赔偿。此损失包括损失本身及有关直接费用，包括但不限于利息、滞纳金、诉讼费、保全费、审计、评估费、鉴定费、政府规费、律师费等。

第十条 保险

10.1 承租人应在出租人付款前，向_____保险公司以不低于租赁本金金额_____%的比例对租赁物投保财产一切险、机械损坏险及通常应投保的其他险种，并承担全部投保费用。

10.2 保险合同的具体内容应征得出租人的同意。

10.3 如承租人未按时投保或续保，出租人获悉或发现后，有权及时通知承租人并要求承租人投保。情况紧急时，出租人可代为续保或代为投保，费用由承租人承担，自该费用发生之日起至承租人偿还之日止按每日万分之五计算利息。

10.4 如承租人未按本合同约定投保，租赁物因不可归责于双方当事人的事由而发生毁损、灭失时，出租人有权提前终止合同，并要求承租人立即付清所有租金及租赁合同项下应付的其他款项。

10.5 租赁物的保险须以出租人为被保险人，受益人由出租人在向承租人支付租赁物买价时予以指定。投保期限至租赁期满后三个月，一切保险费用和支出均由承租人负担。承租人应在保险合同签订之日起五日内将保险合同及保险单原件交由出租人保管。

10.6 租赁期内如发生保险事故，承租人应立即通知出租人和保险公司并以出租人的名义办理索赔事宜，出租人应给予必要的协助。

10.7 保险赔偿金由出租人收取。

10.8 对于保险赔偿未能弥补的损失部分，由承租人在保险责任确定后三个工作日内赔付给出租人。该赔款不计入租金。

10.9 保险赔偿金的延迟给付并不能构成承租人向出租人延迟给付的理由，承租人更不能将保险索赔权冲抵其应付出租人的任何款项。

第十一条 租赁物的使用、保管、维修和税费

11.1 承租人应当妥善保管、使用租赁物，未经出租人书面同意，承租人不得改变附件一所列租赁物的安装、使用地点；除本合同有约定外，不得改动租赁物的外形、结构。承租人应负责租赁物的维修、保养，并承担由此产生的全部费用。出租人有权随时检查租赁物的使用和保养情况，承租人应提供检查所需便利条件。

11.2 租赁期间内，承租人不得以任何形式明示或暗示其对租赁物享有所有权及处分权。

11.3 租赁物在安装、使用和保管等过程中发生的一切税款、费用，均由承租人负担。

11.4 在本合同履行完毕之前，租赁物造成的人身伤害或者财产损害，由承租人承担责任。

第十二条 租赁物的毁损、灭失处理

12.1 租赁物在交付给承租人后的毁损、灭失风险，由承租人承担。

12.2 租赁物发生损坏时，承租人应及时通知出租人，并自费将租赁物修复至完全正常使用的状态。属于保险责任范围的，按本合同第十条相关约定处理。

12.3 如租赁物灭失或者毁损至无法恢复原状的程度时，本合同终止，承租人应立即付清所有租金及其他应付款项。属于保险责任范围的，按本合同第十条相关约定处理。

12.4 如果有关租赁物发生承租人认为可以修复的任何损坏，承租人应迅速修理有关租赁物，并将其根据本协议购买的保险就上述损坏所收到的任何款项用于支付承租人修复上述损坏的费用。在修复期间，不影响承租人有义务及时足额支付修复期间的租金。

第十三条 租赁期满后租赁物的处理

13.1 租赁期限届满后，租赁物采取留购方式处理，即承租人在支付全部租金及租赁合同项下应付的所有款项，并支付人民币＿＿＿＿＿＿＿元的名义货价后，出租人将租赁物以当时的现状出卖给承租人。

13.2 名义货价应与最后一期租金一并支付。

13.3 全部租金和名义货价按约定付清后，出租人将租赁物的所有权转移给承租人。出租人向承租人出具了关于租赁物所有权转移的书面声明后，即视作出租人履行了租赁物交付义务。在租赁物所有权转移给承租人时，出租人不对租赁物当时的状态承担任何责任。

第十四条　提前终止合同及解除合同

14.1 在租赁期间内，除非出现本合同约定终止事由或依本合同约定行使提前终止权，任何一方不得无故终止本合同。

14.2 承租人有权提前终止本合同，但应至少提前 30 日书面通知出租人，并于向出租人发出该书面解除通知之日起_____日内，向出租人一次性付清下述全部款项：

承租人按照本合同约定应当支付的全部租金；

对未归还的租赁本金按本合同约定的租赁利率加收____%计收租赁利息，对未还的贷款利息按本合同约定的租赁利率加收%计收复利，以及出租人因本合同提前终止造成的一切损失；

租赁物的名义价款_____元人民币。

出租人收到全部上述款项后，本合同终止。本合同终止后，租赁物归承租人所有。

14.3 合同解除

14.3.1 有下列情形之一的，出租人有权提前解除本合同：

承租人逾期 60 日支付本合同项下的租金或其他款项；

承租人违反本合同第 15.2.4 条的约定；

经营或财务状况严重恶化或连续四个季度营业利润亏损的；转移财产或抽逃资金；

承租人向出租人提供虚假的或者隐瞒重要事实的《资产负债表》《损益表》或其他财务报表，或者拒绝接受出租人对租赁物使用情况和有关经营、财务活动的监督、检查；

因违法经营行为受到行政处罚；

在其他金融机构有到期债务未能偿还或其他金融机构提前解除其与承租人的合同的；

承租人或承租人的法定代表人、主要管理人员卷入或即将卷入刑事案件或其他法律纠纷的；

出租人有确切的证据证明承租人有丧失或可能丧失履行债务能力的其他情形的；

违反本合同第 5.1 条的约定侵犯出租人租赁物所有权的；

违反本合同第 5.1 条的约定，承租人未向最终用户履行通知义务的；

涉及诉讼、仲裁或行政措施，或者主要资产或本合同项下抵押物被采取了财产保全或其他强制措施；

承租人停产、歇业、解散、停业整顿、被撤销或营业执照被吊销、申请破产、破产；

本租赁项目的相关方拒绝履行其保证、抵押、质押、回购、代偿等义务的；

承租人或本租赁项目的相关方在办理过户登记、保证、抵押、质押等手续时存在瑕疵、不完善等情况，经出租人指出，承租人或相关方拒绝改正的；

违反本合同或本租赁项目项下合同约定的其他义务；

违反本合同第10.1条，或者租赁物灭失或永久不适用或不能使用的；

法律或双方约定的其他可以解除合同的情形。

14.3.2 本合同解除后，出租人有权选择下列一种解决办法：

承租人以到期租金、未到期租金、名义货价、违约金等应收款的总金额购回租赁物；

出租人收回租赁物，承租人支付到期租金、未到期租金、名义货价、违约金等应收款的总金额20%的违约金，如出租人的实际损失超过违约金的，承租人还应赔偿出租人超过违约金以上部分的实际损失。

第十五条 声明和保证

15.1 出租人的声明和保证

15.1.1 出租人是依法成立且在租赁期间内合法存续的企业法人，有资格从事融资租赁业务；

15.1.2 出租人签订本合同已得到董事会或企业相应权力机构的同意，符合公司章程和相关规定；

15.1.3 本租赁业务项目未超出公司章程和营业执照许可的范围，符合国家相关政策和行业规定；

15.1.4 出租人进行承包经营、合并、分立、联营、重组、歇业、解散等影响本合同的事项，保证事先书面通知承租人。

15.2 承租人的声明和保证

15.2.1 承租人是依法成立且在租赁期间内合法存续的企业法人，有资格签订并履行本合同；

15.2.2 承租人签订本合同已得到董事会或企业相应权力机构的同意，符合公司章程和相关规定；

15.2.3 承租人使用租赁物未超出公司章程和营业执照许可的范围，且用于合法目的；

15.2.4 承租人实行承包经营、合并、分立、联营、重组、歇业、解散等影响本合同的事项，应提前 30 日事先书面通知出租人，承租人应尽量避免上述事项对出租人造成不利影响。

15.3 双方特别声明

本合同系双方协商一致的真实意思表示。

本合同有关限制权利、加重、免除责任的条款已经由出租人和承租人向对方详细说明且为对方理解和接受，而并非一方格式文本。

第十六条　违约责任

16.1 出租人的违约责任

16.1.1 如出租人在租赁期内无理干涉承租人对租赁物的占有和使用，则构成出租人在本合同项下的违约，承租人有权要求出租人立即停止干涉行为，并要求出租人赔偿损失。如出租人拒绝纠正或停止违约行为，则承租人有权单方解除本合同，并要求出租人按合同项下租金总额的_____%支付违约金，即违约金=租金总额×_____%

16.1.2 如出租人违反诚实信用原则，所作的声明和保证是不准确的，或出租人不履行本协议项下的附随义务的，承租人有权要求出租人继续履行、采取补救措施，并要求出租人赔偿直接损失。

16.2 承租人的违约责任

16.2.1 如承租人未能按本合同约定，按时向出租人支付租金及所有其他应付款项，则自承租人逾期之日起，对未归还的租赁本金按本合同约定的租赁利率加收_____%计收租赁利息，对未还的贷款利息按本合同约定的租赁利率加收_____%计收复利，或按人民银行同期公布的贷款逾期利率按日向承租人收取违约金，对于承租人逾期支付租金而造成的出租人对银行违约所造成的一切损失均由承租人承担。

16.2.2 承租人发生如下行为：

承租人未能于到期付款日支付本协议项下到期应付的任何租金或其他款项，并且在收到出租人发出的有关拖欠付款书面通知后_____天内还未能支付有关欠款；

承租人在任何时候没有按照本协议购买、续展或维持任何保险险别，或者做出或不做出任何事情，而其后果是使有关承保人有权废止保单或以其他方式免除或解除该承保人在该保单项下的一切或任何责任；

承租人没有遵守或履行其在本协议或其他有关协议项下的任何其他义务，而未能在接获出租人发出的有关要求补救的书面通知后_____天内予以补救；

承租人没有按照本协议将有关租赁物的保险受益转让到出租人处，或者有关租赁物保险受益的转让不能在整个租赁期间持续有效；

承租人在本协议或其他有关协议项下提供的声明、保证或承诺被证明在任何实质方面是不正确的，或是于任何时候重新提及当时存在的事情和情况时会在任何实质方面是不准确的；而承租人未能在接获出租人发出的有关要求补救的书面通知后天内予以补救；

承租人破产或被宣布为破产或无能力偿还任何其他债务；

任何有关协议失效或变成不合法或不能执行；

发生任何其他事情令出租人合理地相信承租人履行本协议和有关协议的能力受到损害；均视作承租人在本合同项下的严重违约，出租人有权采取以下任何一种措施或同时采取以下多种措施：

要求承租人立即停止侵害，恢复租赁物交付时原状并按本合同项下租金总额的_____%向出租人支付违约金，即违约金＝租金总额×_____%。

行使加速到期权，宣布本合同立即到期，要求承租人立即付清所有到期未付及未到期的租金及其他应付款项，并将上述款项划至出租人指定的银行账户。

要求承租人赔偿全部直接损失。

收回租赁物。出租人收回租赁物后，有权选择：在承租人付清所有应付款项后，将租赁物退还承租人，或立即解除合同，将租赁物出售并将出售所得用以抵偿承租人应付款项，不足部分再向承租人追索。

取消尚未交付的有关租赁物的售后回租安排。

请求损害赔偿。

其他法律法规下享有的救济。

出租人采取以上条款之相关措施，并不以此免除承租人在本合同项下的其他义务。

16.2.3 如承租人违反诚实信用原则，所作的声明和保证是不准确的，或承租人不履行本合同项下的附随义务的，出租人有权要求承租人继续履行、采取补救措施，并要求承租人赔偿直接损失。

16.2.4 无论再承租人是否向承租人支付租金，或对出租人因租赁而造成损失的，承租人必须按合同约定的时间、金额向出租人履行支付义务或赔偿相关损失。

16.3 一方如有违约或侵权行为，须承担另一方为实现债权而支出的诉讼费用、律师代理费和其他费用。

第十七条 补偿

承租人特此同意于一切时候均就下述各项向出租人和出租人的董事、雇员、顾问、代理人、股东、关联公司以及其他有关人士作出补偿，并使上述各方和其他有关人士免受下列损害：

因承租人或任何其他人占有、管理、控制、使用或操作有关租赁物或其任何部分而引起的一切责任、索赔、诉讼程序、罚金、罚款、费用和开支；

第十八条 出租人权利的累加性

出租人在本合同项下的权利是累加的，并不影响和排除出租人根据法律和其他合同对承租人所享有的任何权利。除非出租人书面表示，出租人对其任何权利的不行使、部分行使和/或延期行使，均不构成对该权利的放弃或部分放弃，也不影响和妨碍出租人对该权利的继续行使或对其任何其他权利的行使。

第十九条 争议处理

19.1 本合同在履行中，如双方发生争议，在协商不成时，双方均同意将争议提交出租人住所地有管辖权的人民法院处理。

19.2 双方同意以本合同约定为解决争议的依据，为此双方均自愿放弃对本合同全部或部分内容公平、效力及违约金比例过高或过低的异议权。

19.3 本条款为独立条款，本合同的无效、变更、解除和终止均不影响本条款的效力。

第二十条 通知

本合同项下任何一方当事人对其他当事人的通知须按本合同首页所列地址进行。任何一方当事人变更名称、地址、邮政编码、电话和传真号码，须及时书面通知其他当事人。

第二十条 以信件邮寄或传真发出的通知，信件交邮后的第七日视为收件日期，传真发出后的第二日为收件日期。

第二十一条 其他

21.1 下列合同附件，为本合同不可分割的组成部分，与本合同其他条款具有同等约束力。

《租赁物清单》；

《租金支付表》；

《租金支付调整表》。

21.2 除非特别说明，本合同中所指"本合同"应包括本合同的附件及补充合同、补充协议。

21.3 本协议对承租人和出租人及他们各自的继承人和受让人有约束力并适用于他们的利益。

21.4 未经对方事先书面同意，承租人不得转让其在本协议项下的任何权利和义务。出租人可以不时转让其在本协议项下的任何权利和义务，但应当通知承租人。

21.5 承租人和出租人同意不时做出和履行法律规定或对方要求的进一步的行为以及签署和交付法律规定或对方要求的任何及一切进一步的文件，以便确定、维持和保护对方的权利和补救措施以及从事和实施本协议的意向和目的。

21.6 出租人可从到期和应付给承租人的任何款项中抵付或预扣承租人在本协议或任何其他协议项下或因任何其他原因到期应付给出租人的任何款项。

21.7 除本协议另有规定者外，本协议项下应发出或做出的每项通知、要求或其他通讯，应以中文和书面形式、用函件或传真发出或做出，按本合同首页所列明的地址发往有关方。

21.8 如果本协议签署后，有关法律法规发生变化或是由于有关政府机关或有权部门的要求，使得本协议售后回租安排不再合法，或是使得出租人和承租人就有关租赁物承担的税费负担大幅增加，出租人和承租人均有权要求提前终止有关售后回租安排，在此情形下，承租人应按照附件三《提前终止款项表》立即向出租人支付提前终止款项以及出租人所有因为终止而出现的其他费用，出租人在收到上述款项后，应签署必要的文件和采取必要的行动使有关租赁物的所有权及其他相关权益得以转让或转移给承租人。

21.9 如果本合同的某条款或某条款的部分内容在现在或将来成为无效或不可强制执行的,该无效条款或该无效部分并不影响本合同及本合同其他条款或该条款其他内容的有效性或可强制执行性。

21.10 本合同经出租人、承租人双方的法定代表人或授权人签字并加盖公章后生效。

21.11 本合同一式六份,出租人和承租人各执三份,每份均具有同等法律效力。

出租人:

授权代表:

签署日期:_____年___月___日

承租人:

授权代表:

签署日期:_____年___月___日

附表一　租赁物清单

序号	规格型号	生产商	出厂序号	数量	设备原值	设备现值	备注

附表二　租金支付表

尊敬的　　　先生/女士:

感谢您选择　　融资租赁有限公司为您提供服务,现附上您的《租金支付表》(以下称"支付表"),您可以看到合同的还款时间、每月还款额。我们将根据该支付表,按月从您在《划扣授权书》中列明的账户中扣除相应的金额。请注意,如果您未能按照支付表要求履行缴款义务,则支付表中所列的月还款额将会根据《融资租赁合同》(合同号:　　　)规定执行相应调整,所以,请您确保还款日以前在您的银行账户中留存足够金额。随函附上您的《租金支付表》。

再次感谢您对融资租赁有限公司的信任与支持。如需我们为您提供帮助,敬请与我们的客户服务部门联系。

此致

敬礼!

租金支付表

还款人姓名:

融资合同编号:

费率 %　　　　　　　　　　　　　　　期限(年)

附表三　租金调整支付表

　　由于国家有关部门已对　　进行了调整,从原有的　　调整到　　,根据　年租字第　号《融资租赁合同》的约定,现将租金支付表进行相应的调整,自　年　月起将租赁利率从　%调整为　%,租金按新的利率进行计算,承租人自　年　月　日(即第　期)起按本次调整后的租金支付表支付租金。

单位:元

期数	支付时间	租金		未偿还租金本息
		租金本金	租金利息	应付租金